圖鑑百年文獻

晚清民國年間畫報源流特點探究

◎祝均宙 著

airiti press

華藝學術出版社

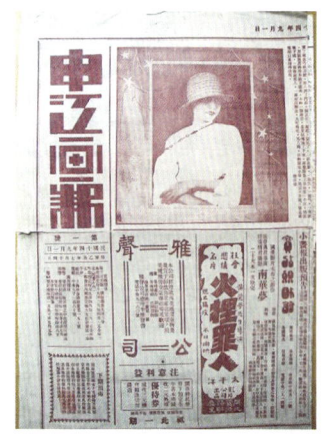
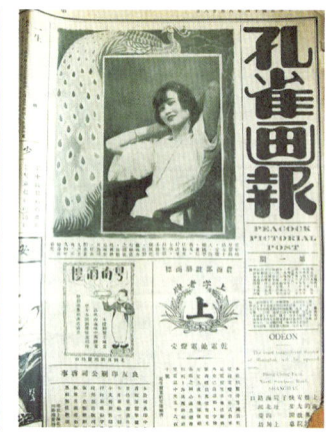

1. 潮起潮落的三日刊銅鋅版畫報曾風靡二十世紀二〇年代下半葉。在此之前，非驢非馬的《真相畫報》插圖，可看出石印畫報向銅版畫報兩種技術相互轉換的痕跡。

2. 在銅鋅版印刷技術向影寫凹版技術革新的浪潮中,《良友畫報》乃是一面引領整個畫報界的旗幟,無論在內容或是形式上,它是上世紀二〇至四〇年代畫報界的典範。

芝蘭畫報

民國三十五年六月九日 第七號（每逢星期日出版）

社址：四川中路二二三號 電話：一〇七一四 轉接各部

每冊三百元

十萬人流血的慘案！

請向政府準備如何為人民昭雪

耳朧病

巨奸一堂

PICTORIAL WEEKLY

February, 11 1928 Published by China Photographic Society VOL. III. No. 125

捲筒紙畫報

每份銅元三枚

第一百廿五期

Mrs. B. M. Tseu Designed by T.T. Su

納也維

美麗牌

美麗的舞侶 與美麗牌香煙 互相輝映

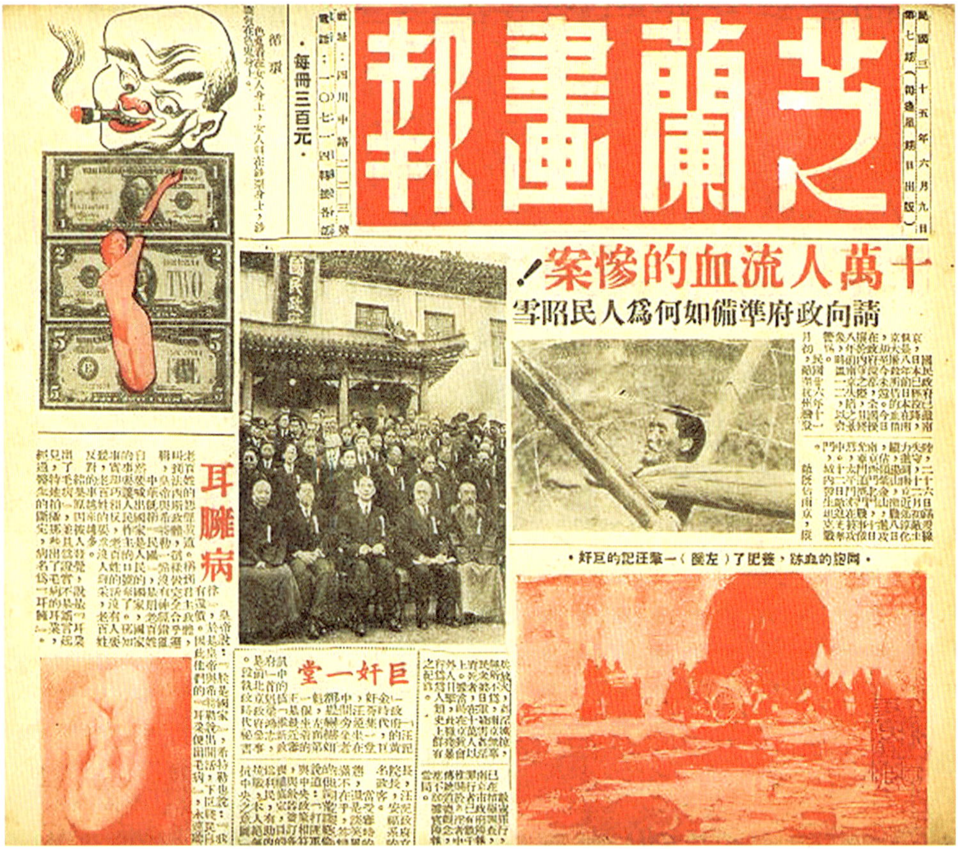

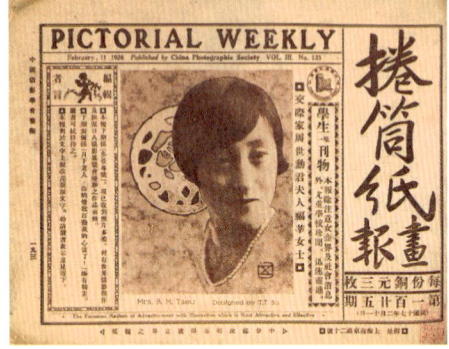

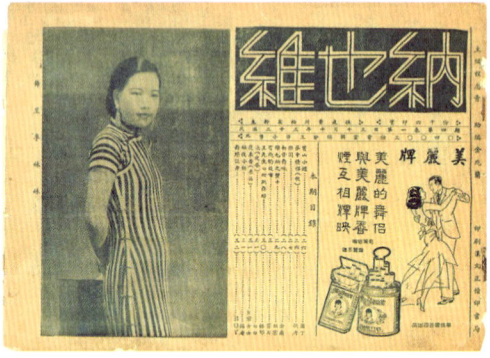

3. 方形刊物畫報和娛樂休閒類畫報並非是畫報界的主流品種，前者主要流行於 1946 年至 1948 年間，後者風行於沿海大都市的市民消費圈中。

4. 抗日戰爭的爆發，使中國近現代史上兩股最大的政治對抗勢力，形成了抗擊日本侵略的第二次國共統一戰線，《大美畫報》可說是該階段畫報領域的代表。

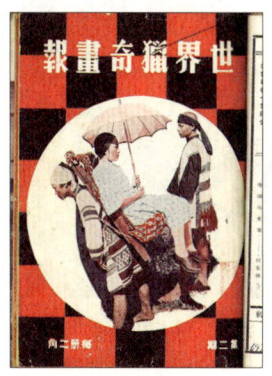 

5.《世界獵奇畫報》的編輯風格獨樹於三〇年代的畫報界，它以世界眼光報導五大洲各國各民族的風土民情、奇風異俗，無疑擴大了中國人的視野。

6. 晚清民國年間，畫報界常會採用各地地標建築作為畫報封面，《東西畫報》採用了北京天壇和上海外灘的實景照片，可說是此類畫報的代表。

7.《特寫》將抽象、唯美、海派的繪畫藝術帶入畫報封面，使三四〇年代的畫報界增添了無窮的藝術魅力，其封面設計體現了當時畫報界的潮流。

8. 同為「世界」的兩份畫報，在中國畫報史上均占有重要的地位：《世界》是中國近代第一份採用銅版技術印製的畫報，《世界畫報》是石印畫報轉向銅版畫報技術過渡期間的代表性畫報。

9.《真相畫報》既是石印畫報的終結者，又是現代銅版畫報的先行者。被後人喻為畫報界「走入第三期變革的先聲」與「中國攝影照片的圖畫雜誌之開元」。

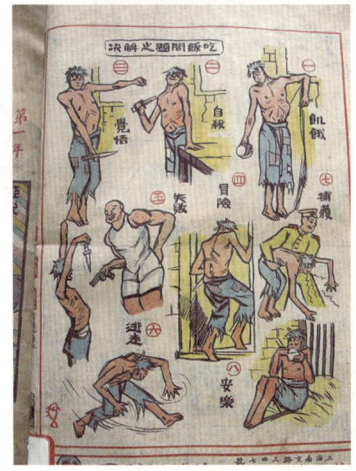
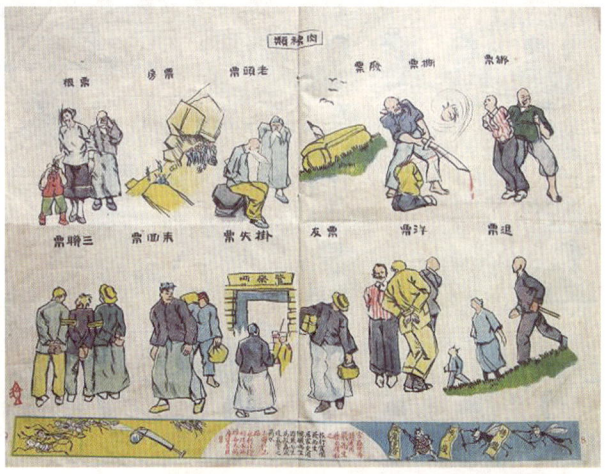

10. 採用寓意深刻的漫畫形式描繪社會現實生活，並在漫畫雜誌中開創色彩明亮豔麗的漫畫作品，《笑畫》堪稱一流。漫畫作者以社會的小人物和政治時局為本，從不同角度反映了漫畫雜誌的內容傾向。

11. 圖文並茂、色彩斑斕的兒童畫報是兒童成長的良師益友,它們更注重寓教於樂、心靈情操的薰陶,具有形式美、裝飾美、童性化、趣味化的特點。

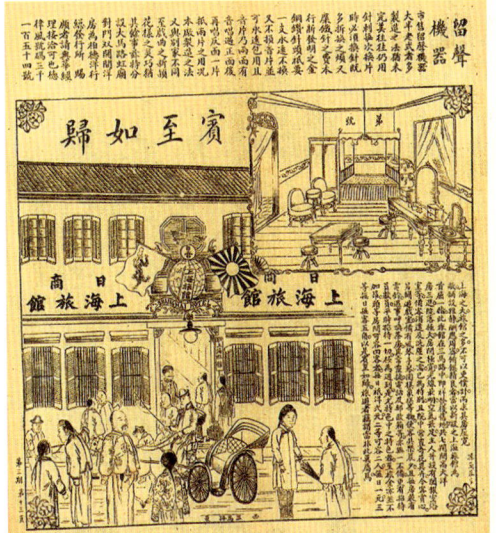
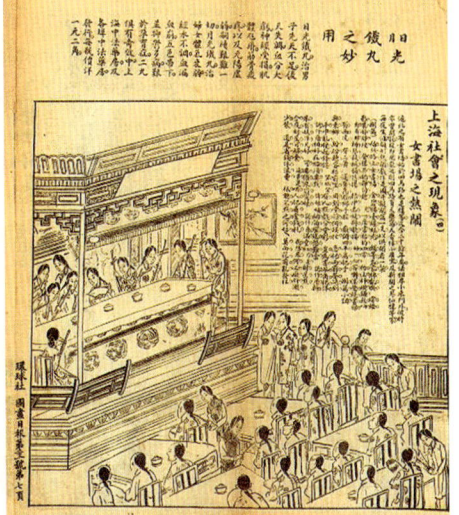

12. 清末盛行的石印畫報，為中國人打開了觀察世界和中國社會的另一個視窗，人們可從一幅幅畫面中嗅到迎面而來的時代氣息，感受到社會轉型跳動的脈搏。

13. 影寫凹版技術畫報在畫報領域稱雄二十餘年，它以一幅幅客觀真實的歷史鏡頭完整地反映出中國社會的前進步伐。

14. 電影類畫報忠實地記錄下中國近現代電影事業從起步到發展的全過程。

上午八时

街头理发师

三百六十行之算命郎中

三百六十行之顶碗

15.「三百六十行，行行出狀元」，各種街頭小景描繪了職業百相。自畫報誕生起，此類創作就一直伴隨且活躍於綜合性或專業性畫報中。

16.追蹤都市生活裡千變萬化的女性形象與服飾潮流，幾乎是各類畫報的永恆主題，彩頁畫就是從婦女時裝開始的。它還經常作為各類畫報的封面，成為市場招攬讀者的慣用手段。

17.「商女不知亡國恨,隔江猶唱後庭花」,這些插畫反映出畫報界的創編者,常將他們的視角伸向社會各個角落,描摹社會的百態風情。

18. 政治諷刺漫畫起源且盛行於清末民初社會改朝換代的大變革時期與抗戰年代，漫畫作品成為革命黨人和漫畫家手中最有力的筆中之刀與創作的靈感泉源。

推薦序

（作者按姓名筆畫順序排列）

　　2009年適逢五四運動九十週年，舊香居除了與國圖、南村落協辦五四相關紀念活動之外，也在店內舉行「五四光影—近代文學期刊展」，展出上自晚清小說雜誌，下至民國時期文學期刊將近250種。作為一間古舊書店，除了盡力保存各項文獻史料、珍貴書刊，也希望能定期舉辦展覽，編寫圖錄，讓更多人了解舊書、文獻的各種價值。所以當我翻閱《圖鑑百年文獻》系列套書時，連帶回想起籌劃展覽、編撰展刊時的酸甜苦辣，更佩服於作者的毅力和努力。中國的期刊畫報史一直都是非常值得深入研究的議題，無奈資料內容龐大、繁瑣，個別刊物、主題的研究雖已有許多，但尚未出現以整體研究，讓人可以一窺全貌，見樹又見林的。既要梳理清楚的發展經過，又要從歷史與文化的角度，完整呈現出客觀的撰述與評論，實為一大挑戰！刊物畫報的研究面向十分廣大。在脈絡上，作者以印刷技術演進勾勒出圖象刊物的歷史風貌，從石印、銅版、影寫這三階段來探究發展歷程，提綱挈領、深入淺出地描述圖象文獻的發展史、出版重點與特色，加上作者多年來親訪資料、分門別類的匯總成書，實為紮實又有分量的研究成果！

　　市民文學與通俗文藝，白話文與新文化運動，交互對話，藉由此套書更能一窺民國豐富繽紛的出版文化，我深信此書的出版問世，也將為現代書刊文獻研究開創出新的學術視野及文化省思。

吳雅慧　舊香居店主

在大學歷史系開設「中國現代史」、「中國新聞史」等課程多年的我，面對學生詢問如何收集報刊史料，常覺得資料浩瀚、一時不知如何回答。介紹一份報刊，不能只有時間起迄、發行地點、報館立場等文字說明，生動寫實的圖片展示，往往更能使學生理解。

目前年輕學子收集史料，第一步就是上網搜尋，無奈網路資料良莠不齊，以報刊史料來說，常有報史介紹莫衷一是、報刊圖片張冠李戴的情況。祝均宙老師的《圖鑑百年文獻：晚清民國年間畫報源流特點探究》、《圖鑑百年文獻：晚清民國年間期刊源流特點探究》、《圖鑑百年文獻：晚清民國年間小報源流特點探究》成功解決這些困境，如果你想瞭解近代中國報刊發展概況、或想利用報刊史料來進行研究，這套書將成為很好的參考書籍。

高郁雅　輔仁大學歷史學系副教授

在學界引頸期盼下，《圖鑑百年文獻》套書終於出版了。作者祝均宙先生長期在上海圖書館工作，對於晚清、民國時期的出版史料，如數家珍；這套書可說是他畢生埋首浩瀚報海、潛心研究的心血結晶。本書資料豐富，不但廣泛蒐羅近代上海及其他城市所出版的畫報、期刊及小報，也對收錄報刊標明起迄日期及主編列表介紹，是研究近代報刊不可或缺的工具書。作者對近代中國出版史亦十分熟稔，書中時而穿插出版界的趣聞軼事，增添本書的可讀性。尤為難得的是，本書附上大量的刊物封面圖片，其中不少還是圖書館難得開放的珍本。這些書影不但大大提高閱讀的興趣，更有助於研究者進行圖象分析。本書的另一個特點是專冊介紹過去被忽略的報刊類型。礙於其濃厚的休閒性質，畫報與小報甚少登上學術研究的殿堂，直到最近，學界才開始注意這些「另類報刊」，卻苦於缺乏相關的入門工具。本套書的畫報及小報分冊，彌補這方面的缺憾，使讀者對於近代畫報及小報有個概括性的掌握。《圖鑑百年文獻》套書的出版，不但打開報刊研究的大門，也是近代中國城市文化的研究指南。

連玲玲　中央研究院近代史研究所副研究員

隨著圖象研究的興起、中國大陸近代史史料的開放，以及復刊資料的陸續出版，研究中國近代史的史料愈來愈多元，畫報、期刊與小報更被廣泛的運用在文化史、藝術史、社會史與性別史等研究上；由於這三類文獻得之不易，且零碎分散，研究者對文獻背後的發展歷史，多半認識有限。祝均宙撰寫的《圖鑑百年文獻》系列套書，為研究者彌補了這項缺憾。本套書是祝均宙根據多年來的講稿、講義與論文，加以歸納、修正而集結成書；全套書根據文獻的類別屬性分成畫報、期刊與小報三冊敘述，揭示從清末民初到戰爭期間，這三種文獻的發展與變遷經緯，並收錄近兩千張圖片，不僅讓讀者明白這類史料的特色、內容，也使讀者了解報刊史料印刷的過程、轉型與歷史地位；最難得的是，本書所引用的圖文資料均係第一手史料，是祝均宙在上海徐家匯藏書樓、上海市歷史文獻圖書館、上海市報刊圖書館等典藏機構工作時，孜孜矻矻蒐集所得；同時，全套書的615條注釋，也以作者所見的實物文獻為準。此外，從這套叢書可以看到一些散佚的文獻，激發讀者做進一步尋繹。整體來說，這套書帶給研究者的貢獻，實不容忽視。

游鑑明　中央研究院近代史研究所研究員

　　清末民初是現代各式報刊的重要起點，也是各種新式報刊極度繁榮的階段。無論是今日人們已然十分熟悉的報紙，或是定期發行的期刊、雜誌，也無論是以文字為主要載體，或是以圖畫為主要載體，或者圖文並茂、相輔相成，這些大致上有一定的出版時間，且具有連續發行事實的紙本媒體，幾乎都是在一百多年前的清末民初萌發、茁長。當時這些體製或大或小、壽命或短或長琳瑯滿目的報刊，總數究竟有多少，恐怕沒有人能夠說得準，乃至現今留存下來的，總共有多少種，由於收藏分散，恐怕也很難統計。上海圖書館是目前已知清末民初報刊館藏最為豐富的公共圖書館，然而文獻浩瀚，龐大繁多的資料足以汗牛充棟，故迄今仍很少有人能做較為全面或大面積的整理。祝均宙先生於該館供職多年，浸淫甚深，對於大量原始文獻的接觸經驗與熟悉程度，實非僅能短期訪書的學者所能望其項背。如今祝先生願意將

多年親閱、整理的研究成果，以《圖鑑百年文獻》三巨冊公諸大眾，不但是學界盛事，也是今日學子之福。祈願此舉可以喚起同好的注意，也盼望各館藏機構能夠更重視這些文獻材料的流通與使用。

黃錦珠 國立中正大學中國文學系教授

目 次

推薦序 i

前言 1

第一章　石印畫報時期 1874 — 1920

　第一節　石印畫報萌芽期（1875–1880）的開拓者 8

　第二節　石印畫報繁榮期（1884–1913）的典範旗幟 26

　第三節　石印畫報衰落期（1914–1920）之出版物和歷史價值 67

第二章　銅鋅版畫報時期 1925 — 1930

　第一節　銅鋅版畫報的翹楚：《世界》與李石曾、吳稚暉 81

　第二節　報紙附刊中引領銅鋅技術風氣之先的畫刊：
　　　　　《時報圖畫週刊》 85

　第三節　技術轉型階段中「非驢非馬」的主要畫報：
　　　　　《真相畫報》、《世界畫報》及《革命畫報》 92

　第四節　南北地區畫報界的座向標：
　　　　　《上海畫報》和《北洋畫報》 98

　第五節　風靡各地的三日刊畫報：《三日畫報》等 104

第三章　影寫凹版畫報時期 1930 — 1949

　第一節　影寫凹版技術之先驅：《良友》畫報與四大主編 115

　第二節　不斷創新改革的《攝影畫報》及其創辦人林澤蒼 121

　第三節　各領風騷的其它重要影寫技術畫報：《文華》等 128

　第四節　黑白對壘的抗日畫報和日偽畫報 139

　第五節　抗戰勝利後復甦中的畫報界 147

第四章　政治諷刺的風向標——漫畫類畫報

　第一節　漫畫畫報的孕育期（1898–1917）：
　　　　　從近代第一張漫畫作品到漫畫畫報的正式出版 160

第二節　漫畫畫報的萌芽期（1918—1931）.........................170

　　第三節　漫畫畫報的繁榮期（1931—1949）.........................180

第五章　各具風采的專題畫報

　　第一節　蒙太奇鏡頭的記錄者：電影類畫報.........................211

　　第二節　聚焦特定物件的史料集萃：個人專集類與特刊類畫報.........233

　　第三節　知識導航的啟蒙階梯：兒童類畫報.........................243

　　第四節　繽紛異彩的藝苑天地：美術類畫報.........................253

　　第五節　都市休閒文化的新寵兒：娛樂業畫報.........................274

後記...285

徵引文獻...295

前 言

「畫報」，顧名思義是指採用手繪圖畫或攝影圖片之形式，記載人類社會發展的一種圖象文獻載體。遺憾的是，在眾多的工具性詞典中，並沒有給它一個明確的定義和解釋。被報刊出版界公認為「報刊前輩」、「畫報界先鋒」的著名報人戈公振曾評價此類文獻：「文義有深淺，而圖畫則盡人可閱；記事有真偽，而圖畫則赤裸裸表出。蓋圖畫先於文字，為人類天然愛好之物」，並用四個「最」突顯此類文獻的社會功能和教育功能：「圖畫乃最能表現真實者」且「為最妙之有形新聞」，並「最能引起讀者之興趣，既而能增進其知識，最後演進為有益社會國家之刊物」。[1] 從其印刷技術變革角度審視，戈公振認為「吾意畫報之精彩，第一在印刷清晰，圖畫則必取生動者」。[2]

自鴉片戰爭中國的國門被打開後，西學東漸的進程迅速加快，歐美的傳教士們紛紛從各通商口岸踏入了這塊鎖國長達幾百年的土地，他們將西方的政治哲學、科學技術、宗教、文化等也帶進了中國，「畫報」作為一種圖文並茂的文獻出版形式，也是在這個歷史大背景中引入中國。中國近代畫報作為一種新型的獨立文獻載體，其溯源可追到十九世紀七〇年代以後。它同近代期刊、報

紙等文獻載體一樣，也是「仿自泰西」的一種文獻形式，最早源於模仿歐美等西方國家的同類文獻。從空間上審視，它的引入時間顯然比同時期引入的另兩類文獻載體遲了幾十年，與中國出版的第一種中文期刊，1833年8月在廣州出版的《東西洋考每月統計》相比，晚了四十一年；與中國出版的第一份中文報紙——1861年11月創刊的《上海新報》相比晚了十三年。一直到二十世紀二〇年代末，中國圖象文獻仍處於初級階段：「吾國今日之畫報，尚在幼稚時代，正宜追蹤東西各國之出版物比較之，以期日新而又日新也」。[3]

　　從畫報的類別性質來分，戈公振認為「畫報的種類至多，有以新聞為主體者，有以美術為主體者，有以諷刺畫為主體者，亦有以照相技術為主體者」。[4]筆者將這些以「主體者」為主的圖象文獻，分別歸納為綜合性畫報和專業性畫報兩大類：綜合性畫報是中國近代歷史上最重要的圖象文獻，創編者們透過手中的畫筆和各種攝影器材搜尋記錄下社會發展的角角落落，用敏銳的目光捕捉那具有重大歷史價值的一瞬間，在宏觀微觀的世界裡尋覓著那些具有新聞生命力意義的方方面面。它將近現代中國社會政治、經濟、文化、法律、外交、社會生活、軍事、科學、藝術、教育等領域所發生的情況，用圖象的時空形式客觀地記載在一本本畫報中，其作用堪比純粹的長篇大論。有時一張圖片，或一個鏡頭，隱藏在其背後的新聞也許就是一段歷史，一個里程碑意義的歷史事件，一份用攝影者生命換來的真實故事。據粗略統計，自1877年誕生了中國近代第一份具有手繪圖象的《寰瀛畫報》，1903年發行了第一份用攝影鏡頭作為圖片畫報主體的畫報《世界》後，至1949年10月，中國共出版了大約七百餘種綜合性畫報；專題性畫報涉及的層面相當廣，幾乎遍及美術、電影、戲劇、娛樂，甚至個人生平、歷史事件、各地風土人情等各個方面。與綜合性畫報相比，它的範圍更廣更具專指性、專業性和事件性，因其數量太龐大，本書只能重點地大致勾勒出近現代期間出版數量較多的五種專題性畫報的基本輪廓和線索。不論是綜合性畫報，還是專題性畫報，大致都經歷了石印、

銅版、影寫三個階段。下面先從綜合性圖象文獻的印刷技術發展平臺角度，對該類文獻予以梳理、理清、分析和論述。

第一章

石印畫報時期
1874—1920

所謂石印畫報，即是採用來自西方近代先進的石印技術來印刷的圖象文獻。在這之前，中國的傳統印刷均採用雕版印刷。雕版印刷技術早在宋元時期已經非常發達，到明清時期則更加繁榮。現在我們見到的所謂明、清間出版的各種文獻刻本，不管是官方監刻、民間坊刻、還是家刻或私刻等均是採用此類技術成書的。這些刻本都進行過縝密的校勘，一般均十分精良，刀法純熟，紙墨晶瑩，其字體也成為後世仿照的書法藝術。十九世紀中葉，以西方教會為背景的墨海書館、美華書館和土山灣印刷所最先在五口通商的廣州、上海相繼成立，近代的石印技術開始替代傳統的雕版印刷技術，並在中國逐步推廣開來。1843年由英國倫敦傳教會在上海創辦的墨海書館，就是最早擁有西方石印設備的專業印刷機構。它採用英、漢兩種文字活字排版，但因為當時尚無電力，鐵製的印刷機得靠牲畜牽動。1859年由法國天主教傳教士愛桑在上海創辦土山灣印刷所，從1876年繼廣州後引進了大石印機及木製石印架，成為近代中國最早使用石印技術的少數幾個大印刷廠。自此以後，美華書館、江南機器製造局同文館、點石齋印書局、商務印書館、文明書局、中國圖書公司、中華書局等清末民初年間創立的印刷機構紛紛採用石印技術，大量的印刷出版各類文獻。這些就為石印畫報的誕生和發展提供了最厚實的技術支撐和物質條件。據現存資料粗略統計，從1875年至1919年間，這類石印畫報共出版了118種。[5]這種有別於傳統的新穎印刷方法曾引起社會各界的廣泛注意，王韜的《瀛壖雜誌》記載它：「以鐵制印書車床，長一丈數尺，廣三

尺許，旁置有齒重輪二，一旁以二人司理印事，用牛旋轉，推送出入。懸大空軸二，以皮條為之經，用以遞紙，每轉一過，則兩面皆印，甚簡而速。一日可印四萬餘紙。字用活版，以鉛澆制。墨用明膠，煤油合攪煎成」。還有一些文人，如清孫次公撰詩讚美其先進的印刷技術：「車翻墨海轉輪圖，百種奇編宇內傳。忙殺老牛渾未解，不耕禾隴種書田。」可見，由於石印技術遠勝於中國傳統的雕版印刷技術，因此，到十九世紀末期，這類石印技術已在沿海城市得到廣泛的應用。從石印圖象文獻本身的發展來看，它又可分兩個時期：萌芽時期和繁榮時期。

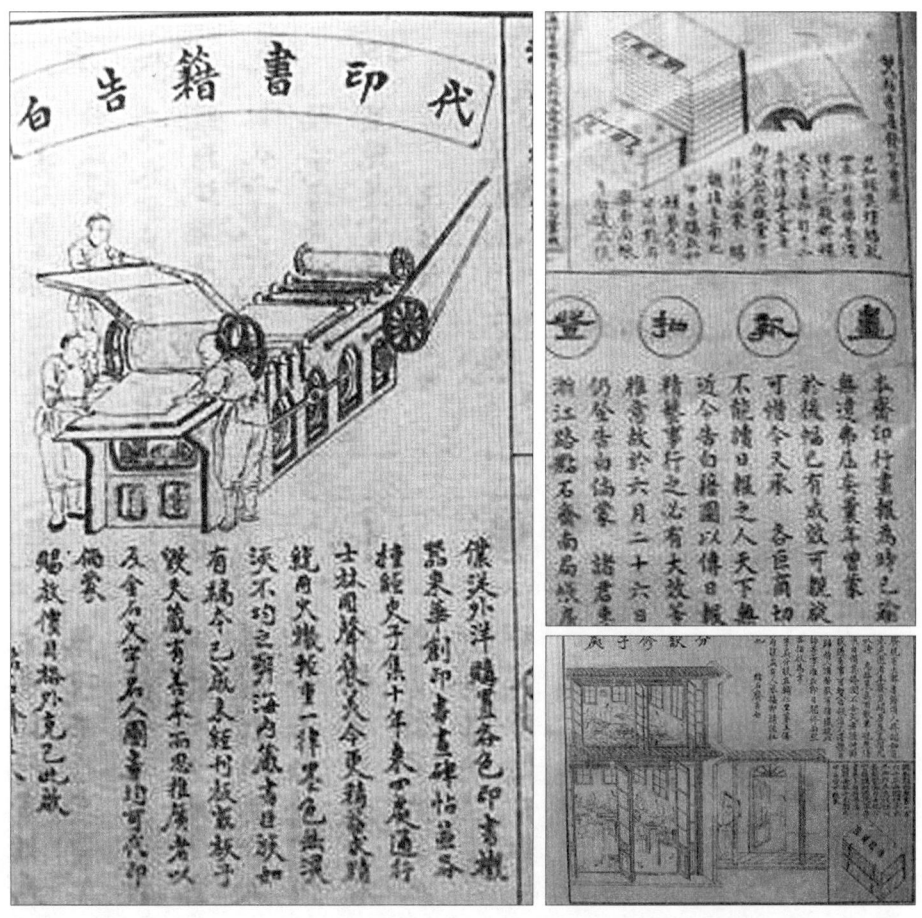

第一節
石印畫報萌芽期（1875—1880）的開拓者

萌芽時期出版的畫報數量不多。據前人研究和現存材料看，約有四種，它們是：1875年創刊的《小孩月報》、1877年創刊的《寰瀛畫報》、1880年創刊的《花圖新報》（1881年改名為《畫圖新報》）、1886年出版的《成童畫報》。之所以稱它們為石印畫報出版的「萌芽」，是因為在一些學者文章中，對有些畫報是否可視為圖象文獻尚有爭議。有的學者認為它們乃是「中國近代畫報的鼻祖」，戈公振《中國報學史》和薩空了的《五十年來中國畫報之三個時期及其批評》[6]，均持此觀點。有的認為其中的《小孩月報》稱為畫報「是不太適當的」，它「實為一種文字刊物，附加插圖」，這是〈中國畫報發展之經過——為《良友》一百五十期紀念號而作〉的作者阿英的論述。他認為，其餘數種才能稱為「畫報的前驅」。而筆者查閱了這幾種畫報後認為，稱它們為「萌芽時期的畫報」更為確切，其理由為：任何一種新型文獻載體的誕生，總是有一個從不成熟的非驢非馬載體向成熟載體類型轉變的過渡與發展階段。

從這幾種刊物的內容審視，不論是以文字為主配有插圖的《小孩月報》；還是以圖畫為主，文字為副的《寰瀛畫報》、《畫圖新報》，它們的基本出發點是採用圖文並茂的形式，向讀者傳達知識功能。這種圖文畫報比單純的文字載體文獻在形式上要生動通俗的多，只是它們還處在雛形之中，尚未成熟。

這種介於全文字或全圖畫形式之間的文獻載體，正是這一特定歷史時期的產物，它們在近代中國印刷技術轉型期間，都摒棄了傳統的雕版技術，最先採用了石印新技術，這對比它們整整晚出版了十年左右的全圖式的新聞畫報《點石齋畫報》還是有著先驅性的示範作用。

這些刊物的創辦人均是西方傳教士，印刷機構也是由他們在華創設的印刷機構或傳教機構編印發行的，出版地點均在上海。作為一個系統的畫報來說，從這些畫報的主辦人來說，除《寰瀛畫報》外，其它畫報刊名數度變化，出版的時間都較長，如：《花圖新報》→《畫圖新報》→《新民報》，前後歷時21年。又如：《小孩月報》→《月報》→《圖畫月刊》→《開風報》→《少年友》，歷時四十餘年。《成童畫報》→《福幼報》，歷時63年。

《成童畫報》筆者未見實物，薩空了曾在他寫的文章中提及過它，稱它「光緒初年發行於上海」。[7]然而他的這一論斷是根據民國年間畫報收藏家梁芸齋說的「其令岳肄業於中西畫院時曾向該畫報投稿」。[8]筆者懷疑他指的就是「小孩月報」。因為當時的《小孩月報》為連火紙鉛印本。封面封底採用黃色毛邊紙，封面印「小孩月報」加雙線欄，仿書籤式。中間印「小成孩子德，月朔報嘉音」。只有1888年上海廣學會曾編輯出版過類似的同名刊物，也叫《成童畫報》。[9]該刊也由上海墨海書局印行。鋅版製圖，鉛印文字，每年出版12冊。1915年改名為《福幼報》。1951年2月出版至第37卷第2期後終刊，它是該類畫報出版時間最長的一份刊物。筆者疑梁芸齋之說可能記憶有誤，或是將《小孩月報》當作《成童畫報》，或是錯將後者出版時間提前了十幾年。

壹、命名「畫報」第一刊：《寰瀛畫報》

萌芽時期畫報的代表首推《寰瀛畫報》，這是近代中國第一份採用「畫報」命名的不定期連續出版物，它正式創刊於1877年6月6日（丁丑四月），由申報館編輯發行印製。為了出版這份畫報，申報

館足足用了一年的時間作各項準備工作。首先在它出版一年之前，即1876年5月26日；申報館就在報上刊登將要出版《洋畫出售》的廣告，內稱「本館現從外洋購得英國有名畫師所繪中外景致名勝圖。」廣告中列舉其中五幅畫的名稱：「京師天壇大祭，南口商賈往來，外洋北極冰海，新造鐵甲兵船，英法俄三國交仗」，「雖中國工筆畫界，無此精緻，共計十有八幅。本館逐幅題明來歷，以便閱者一望而知。」這原本是申報館投石問路，探求報館財路的一種商業之道。誰知初露鋒芒，赴《申報》購買此畫者絡繹不絕。為此，該報僅隔半月，於1876年6月7日再次登報申明此份所印畫冊「因銷場繁旺，逐日裝訂成編，祇敷上海人購閱。」同時為滿足外埠市場需求，「現已催令趕緊裝潢，一俟工竣，發往各碼頭銷售」。正是由於畫冊的暢銷，因此引發了申報館創辦人美查創設《寰瀛畫報》的念頭。於是一份由寰瀛畫報主人啟事的《寰瀛畫圖待售》的廣告出現在1877年5月12日《申報》第6版第3欄上。現全文登載如下：

「啟者，今擬創設一《寰瀛畫報》，定於西曆7月內先出第一號，諸事由申報館經手。其第一號報中之畫先列如右：計一，遇邑加土系英國歷代之皇宮也；一，火船名哦士辦，蓋英太子遊歷之火船也；一，印土王名義白系恩者之陸；一，英之巾幗時新裝飾各圖樣；一，不用鐵條之大輪客車在洞內者；一，為火車甫由洞中出來者；一，東洋人新舊衣冠各式；一，日本女士坐車並隨從各人；一，中國萬里長城，此畫甚大，不訂於報本內，蓋合於裱好掛壁也。按以上所列各畫，皆工細如生，為英國名人之作」。（編按：「遇邑加土」是英國一幢建築物的名稱，「哦士辦」是一艘英國輪船的名稱，「義白系恩者之陸」是一位印度土著首領的人名。它們均是英

第一章　石印畫報時期 | 11

文的譯名。晚清報刊上的英文譯名並沒有統一的標準譯名，譯者常根據自己的水準加以翻譯，同一個人名或事物會有不同的譯名。這幾個譯名均根據原中文報刊上文字照錄。）

　　也就在《寰瀛畫報》出版的前二日，即清光緒丁丑三年（1877年4月23日），《申報》再次刊登廣告，聲稱「今擬創設《寰瀛畫報》定於華曆四月二十五日先出售一號，諸事由《申報》館經手」。畫報正式出版後，其中的文字和圖畫有所變化。筆者的同事黃志偉和葛伯熙曾先後於1986年和1988年發行的雜誌《新聞記者》與《新聞傳播與研究》上介紹過這份畫報，文中所列的第一卷圖畫目錄與《申報》廣告中所列的，以及阿英在〈中國畫報發展的三個階段〉文中所列的同卷目錄，在圖畫的內容、順序和詞語的用字上還是有些許差異的。

　　黃志偉的列目順序為：英國古宮溫色加土之圖、英國女子太子遊歷火船名哦士辦之圖、日本新易衣服之圖、日本女士乘車遊覽之圖、印度秘加普五義白系恩陵寢之圖、英巾幗時新裝飾之圖、印度所造不用鐵條之火車圖、火輪行山洞之圖，「此外，另有中國天壇大祭圖一紙。篇幅甚闊，不能間訂，故只有附章，閱者或將此幅裝璜成帙，可作考掌故之一助也」。

阿英的列目順序為：英古宮溫色加士圖、英太子遊歷火船名哦士辨圖、日本新更冠服圖、日本女士乘車遊覽圖、印度秘加普王古陵圖、英巾幗時新裝束圖、印度不用鐵條火車圖、火車行山洞圖、中國天壇大祭圖。

　　筆者分析，阿英也許並沒有直接看到原刊，他的目錄很可能源自1877年5月印行的《申報館書目》一書中，據瓦格納教授透露，這本書是蔡爾康早年與美查討論出版事項而撰寫的，書目中不僅列畫目，而且對每幅畫進行了評點：

　　「《寰瀛畫報》一卷：是圖為英國名畫師所繪，而縷馨仙史志之。計共九幅，一為英古宮溫色加士之圖，規模壯麗，墓址崇閎，怳親其境；二為英國太子遊歷火船名哦士辨之圖，畫舫掠波，錦帆耀目，如在目前；三為日本新更冠服之圖；四為日本女士乘車遊覽之圖，人物豐昌，神情逼肖，仿佛李龍眠之白描高手也；五為印度秘加普王古陵之圖，與第一幅同為考古者之助；六為英巾幗時新裝束之圖，釧環襟袖，簇簇生新；七為印度所造不用鐵條之火車圖；八為火車行山洞中之圖，巧奪天工，神遊地軸；另為中國天壇大祭之圖，衣冠肅穆，典麗堂皇，此紙篇幅較大，不能訂入，故附售焉。閱之者於列邦之風土人情，怳若與接，為構不僅如宗少文之作臥遊計也。計每卷一本，價洋一角。」

　　黃志偉曾親自翻閱過這本畫報，因此，他完全是按照文獻實物的原始目錄記載的，同時他還拍過一張畫報的照片，特別指出《寰瀛畫報》的第1卷是沒有封面的。

　　從這三段重要的圖畫題名目錄中，我們可明確的察覺到，原1876年5月26日《申報》廣告中所列的「京師天壇大祭，南口商賈往來，外洋北極冰海，新造鐵甲兵船，英法俄三國多仗」，除了〈京師天壇大祭〉一圖保留外，其它內容都已變化。而1877年5月12日《申報》登載的《寰瀛畫報》廣告與正式出版的畫報內容已經相差無異。只有其中的〈中國萬里長城〉一圖改為了〈中國天壇大祭〉圖。

　　德國海德堡大學漢學系教授魯道夫·G·瓦格納，他曾於2001年

第一章　石印畫報時期 | 13

在《中國學術》第 4 期上發表過一篇文章：〈進入全球想像圖景：上海的《點石齋畫報》〉，這是筆者所見最具權威性的中外同類學術文章。在這篇長達四萬餘字的文章中，瓦格納教授將美查的生平、家庭環境與他在中國所創辦的《申報》及其它事業作了最詳細、最嚴謹、最完整的深入研究，尤其是對各類統計資料的歸納與分析令人信服。其中也談到了美查所創辦的《寰瀛畫報》，據瓦格納教授文中披露，當時申報報館還曾專門隨報免費發行，並出售各類單幅圖畫、地圖、甚至月份牌，這可在 1879 年 1 月 2 日《申報》上刊登的「畫報出售」廣告上得到印證：「啟者，茲有《瀛寰畫報》托本館銷售，計共有四個花樣：一象、一獅、一鯨、一犀，均圖繪分明，栩栩欲活，每幅邊

上並附有說略，閱者較為省目。計著色者每張洋價一角，黑色者每張洋價五分，賣報人及本館帳房均有出售，此布」。請注意，這裡的「著色」和「黑色」兩個關鍵字，前者指的是彩色繪圖，後者指的就是石印平板繪圖。〈京師天壇大祭圖〉也就是以附張形式附錄於《寰瀛畫報》後，一年前曾在「洋畫出售」廣告中提到的〈京師天壇大祭〉一圖。

更為重要的是瓦格納教授文中，還收錄了《寰瀛畫報》二篇特別重要的原始文獻性史料，一篇是蔡爾康在第 1 卷上撰寫的〈小敘〉：

「昔日傳鄭虔三絕，曰詩、書、畫，圖畫固與詩、書並垂不朽者也。西國好學之士，橐筆游四方，其創見創聞之事，輒筆之於簡，有筆所不能達者，又傳之於畫。鑄鼎象物，夏禹不以為誕，西土猶行古之道歟？《寰瀛畫報》者，行於泰西，已非伊朝夕。尊聞閣主（美查）郵致來華，裝璜成帙以問世。夫中國之以善畫者王右丞（王維）尚矣。厥後荊（浩）關（仝）輩出，類能模山範水，以寫其性靈。西士更即其法而雙通之，勾勒分明，渲染工細，雖李龍眠（公麟）之白描高手，殆不是過。是冊首繪英國故宮，規模巨集壯，已非手所能及。其他如古陵、車路、舟船，幽深杳渺，筆足以達難顯之情。至圖士女之豐昌，狀衣冠之變易，毫添頰上，竹具胸中，於是歎觀止焉。爰於此冊告成時，既詳譯其事端，並先述其緣起如此。丁丑（1877 年）四月鑄鐵生（蔡爾康）志。」

另一篇是美查親自在第 2 卷上寫的〈小敘〉：

「且古今來事事物物，形形色色之奇，有宣之於口而不能永者，則必以文傳之。有筆之於文而不能罄者，則必以畫達之。所以左史右圖，古有明訓。顧晚近來，中國書籍，汗牛充棟，幽奇詭異，莫可名言。而圖畫則絕無而僅有。閱者知其名而不能究其狀，此博物之所以難也。泰西之學，務實理而不務虛名，其著述之流傳，皆能破其奧突，啟其扃鐍。又恐急索解人不得也，竭渲染勾勒之工，必使風、雲、日、月、山、石、宮室、飛潛動植諸物，湧現毫端而後已。閱者循名質實，一望了然。其嘉惠後學之苦心，不甚深哉！若夫日報者，固泰西之美

政也。上論國計，下述民生，旁及列國之得失，君相於以知法戒，黎庶予以達隱微。以一髮而繫千鈞，殆與懸諸國門不能增損一字者相埒。近年來又有畫報之制，流插寰區，其第一卷已傳入中華，譯其梗概，恢眼界者，詫為得未曾有。今復繪成一冊，附輪舶而至申江，外附西字之論數則，皆不憚煩言，悉中窾要用。特潛心翻譯，附以考證，俾廣見聞。至於繪事之惟妙惟肖（維妙維肖），此圖有目共賞，毋待鄙人之贅言已。譯既竟，為附數語於簡端。光緒三年（1877年）十月朔日尊聞閣主撰。」

這兩篇文獻從中外人士的不同角度和立場出發，其闡明《寰瀛畫報》發行的初衷和目的，仔細揣摩兩人字裡行間的詞語，的確非常耐人尋味。

從上述的重要表述中，我們基本上可得知：

一、館址位在倫敦：

該畫報的實際館址並不設在上海，而是設在倫敦：「《寰瀛畫報》，行於泰西，已非伊朝夕，尊聞閣主郵政來華，裝璜成帙以問世」[10]，「近年來又有畫報之制，流插寰區，其第一卷已傳入中華，譯其梗概，恢眼界者，詫為得未曾有。今復繪成一冊，附輪船而至申江，外附西字之論數則，皆不憚煩言，悉中窾要用，特潛心翻譯，附以考證，俾廣見聞。」[11]在第三卷美查所撰的〈序〉裡，他再次重申「是報由泰西寄來，另有西字各小序，今仍前例，一併譯錄，以免觀者按圖搜索之苦云」。其實際繪畫印行者均是英國人，所載畫稿據瓦格納教授研究，均源自於英國的《倫敦插圖新聞》和《圖畫》兩份畫報上的舊印版。這些圖畫在英國編排印刷後，透過海路運至上海，編撰者是負責申報報館事務的美查或職員，由申報報館負責具體裝訂發行事宜。

二、裝幀與印刷技術中西合璧：

從實物裝幀形式看，畫報完全採用中國古籍傳統裝幀形式。其封

面設計風格相仿於1872年11月由美查主編的中國第一份文學雜誌《瀛寰瑣記》，它長32公分，寬24公分。封面題簽用檳榔紙，置於封面中間的「寰瀛畫報」以行楷體書寫，右上角印卷期數，左上角標明出版年月，左下角印有「寄菴書簽」四字。考察它第一、二卷中圖畫採用洋紙（銅板紙）黃楊木雕版印刷，精工勾勒，畫面清晰，文字說明卻採用連史紙，而第3至第5卷圖文均採用連史紙印刷裝訂，這一細節說明該畫報的第一、二卷的雕版畫是在國外印刷，然後與中國連史紙印刷的文字說明一同裝訂成冊。這也印證了瓦格納教授文中所提出的「這些圖象是木版印刷的，是基於由西方人繪製、在倫敦印刷、並用船運到上海的那些插圖」，「實際上紙張來自倫敦」的觀點，同時也回應了他認為葛伯熙一文中，關於《寰瀛畫報》全部是在倫敦編輯的假設是缺乏證據的疑問。這個疑問也因1876年5月25日的《申報》廣告中所說：「所繪中外各景致畫圖」，「俱用頂上潔白外國紙裝裱成冊，加以藍色蠟箋蓋面，均極工整」，「內中人物、房屋、樹木、器械以及一切情景，雖中國工筆界畫，無此精緻」中得到驗證。

三、圖文並茂之畫報受大眾喜愛：

作為一種新型的圖文並茂的文獻載體，《寰瀛畫報》共出5卷，不定期刊。由上海申報館出版發行。每期以「卷」代「期」。所出的5卷（冊），按卷序分別出版於：清光緒丁丑三年四月二十五日（1877年6月6日）、十月八日（1877年11月12日）、清光緒戊寅四年二月六日（1878年3月9日）、清光緒己卯五年五月二日（1879年6月21日）、清光緒庚辰六年四月二十六日（1880年6月3日）。當第一卷問世即受到中國人的關注。「詫為得未曾有」、

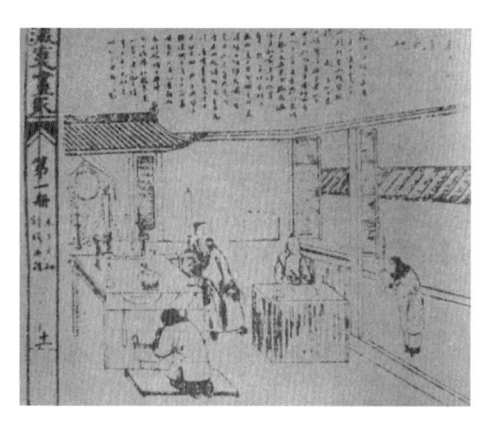

「惟妙惟肖（維妙維肖）」的逼真圖畫打開了中國人的眼界，使上至士大夫階層，下至普通的老百姓看到了世界的另一面。《申報》在第二卷的待售廣告中稱，所印製的第一卷一萬餘冊的畫報，「現已售去無數，甚蒙購者嘉許，茲本畫報館又續繪畫八幅仍托申報館發賣」，在第三卷的待售廣告中稱「第三卷現已裝訂齊全於二月初六出售，每本價洋一角，諸君祈即來申報館購取可也」。據瓦格納的研究，當時的《申報》每天能售出大約六千至七千份，而第 2 卷畫報就印製了 2,500 份，其出售的價格也從第一卷的「每冊取洋二角。此系外洋貴重之物，畫者刻者皆名重一時，因初到中國，僅取薄價以圖揚名之意」改為每冊一角。可見此時的《寰瀛畫報》已有較固定的讀者群和買家。

四、《小孩月報》後最先採用繪畫形式之畫報：

《寰瀛畫報》創刊號由鑄鐵生（蔡爾康）撰敘，他也是圖畫文字說明的撰寫者：「是圖為英國名畫師所繪，而縷馨仙史志之」，縷馨仙史是蔡爾康的別號。第 2、3 卷由尊聞閣主（美查）主撰小敘。5 卷畫報共收錄圖片 53 張，其中第一、二卷各收錄 8 幅圖，第三、四卷各收錄 12 幅圖，第五卷收錄 13 幅圖。每幅畫都有文字說明，少的百餘字，多的千餘字。從第一卷所列內容來看，它集中在三大類別：國內外著名建築物；最新發明的機械化的交通工具；國內外社會風情和近期發生的重大事件。這些內容的組合和圖文互融的形式為後起的《點石齋畫報》、《飛影閣畫報》、《圖畫日報》所仿效。它是繼《小孩月報》後最先採用繪畫形式向大眾介紹各國時事新聞、名人生平、科學知識、中外風土人情、先進交通工具的普及型讀物。遺憾的是這份最早以「畫報」兩字命名的刊物，長期來一直被許多學者誤寫為「瀛寰畫報」。[12]

在結束本段文字時，還有一事使筆者感到困惑與不得其解。這是源於阿英專為《良友畫報》150 期撰寫的〈中國畫報發展之經過〉一文中，曾搭配的一幀圖象，就在該圖象的騎縫左頁上印有《瀛寰畫報》第一冊的字樣，可見當時的確出版過冠名「瀛寰」兩字的畫報，同時

這幅畫的左下方還印有「十一」兩字的頁碼編號。如果從頁碼順序來看，這幅畫應該是《寰瀛畫報》第一卷（冊）圖畫目錄中所列的第7至第9幅圖中的一幅，但從不太清晰的畫面上審視，這幅畫所反應的內容與前述的畫報題名之目錄內容大相逕異。該畫所呈現的是中國一個家庭的祭祀祖先場景。因此可推斷，這份印有《瀛寰畫報》第一冊字樣的畫報，並不是後來許多學者在引文中，以訛傳訛中所指的美查主編的《寰瀛畫報》，它也許是申報報館受委託另外發行的一份畫報。至於為什麼這份畫報取名為《瀛寰畫報》，也許是編撰出版者想借助暢銷的《寰瀛畫報》的名聲，故意採用混淆視聽的障眼法所使用的小伎倆，以便擴大它的市場銷路罷了，但這只是筆者的主觀猜想。這個歷史謎底只有留待今後發現更多的實物文獻再作考證了。

貳、爭議聲中之「畫報鼻祖」：《小孩月報》

《小孩月報》是否可稱為「畫報」，學術界歷來仁者見仁，智者見智。否認者認為，圖文並茂的形式在中國傳統古典小說中就存在。肯定者認為，配有精美銅版和黃楊雕版之圖畫的本刊，已與傳統線裝書籍中木刻圖畫有了質的變化，稱它為近代中國畫報的「萌芽」並不為過。事實上，從其實物形式和內容上看，將其視為「畫報鼻祖」並非是不恰當的。

《小孩月報》正式創刊日期是1875年5月5日（光緒元年四月初一日）。根據葛伯熙文《小孩月報考證》[13]，它的創辦人兼主編是范約翰（樊漢）（John Marshall Willoughby Farnham）。范1860年來華，是美國北長老差會的傳教士，曾任上海清心書院（Lowrie Institute）院長達24年。上海清心書院是該長老會在上海開辦的一個教會學校。1861年美國南北戰爭爆發，原來的財政開支縮減，范就將該校辦成半工半讀的學校，學生在接受基礎教育的同時，從事園藝種植和出版刊物，《小孩月報》就是在這個背景下由范親自籌創的。它初由上海美華書館代印。1876年10月起由該院自行印發。1881年後歷任編輯為

鮑德溫（C.C.Baldwin）、格里費司（Griffith John）、斐有文（J.Vale）、華爾等人。印行者也數度易主，先後由中國聖教書會、滬漢聯會等印行。1915年12月該報以《開風報》的刊名，在出版至第二年第12期後終刊，前後歷時40年。1916年1月該刊與福建版《少年友》合併，聘上海著名西教士潘慎文主筆，這已是後話了。與大多數著作中提到的只出到第五期停刊，為誤。這份月印三千五百本的刊物曾在當時被人稱為是「圖畫月刊」（Illustrated Monthly）。它採用有色紙作封面，連史紙印刷，線裝形式裝訂。其內容異常豐富，論說、故事、寓言、小說、詩歌、傳記、新聞、科學常識、博物歷史等應有盡有，文字淺顯通俗，朗朗上口。之所以將它視為中國近代畫報之「濫觴」，是因為這本以少年兒童為物件的連續出版物，最早採用了圖畫形式向讀者進行直觀形象的生動資訊傳遞，它主要表現在：

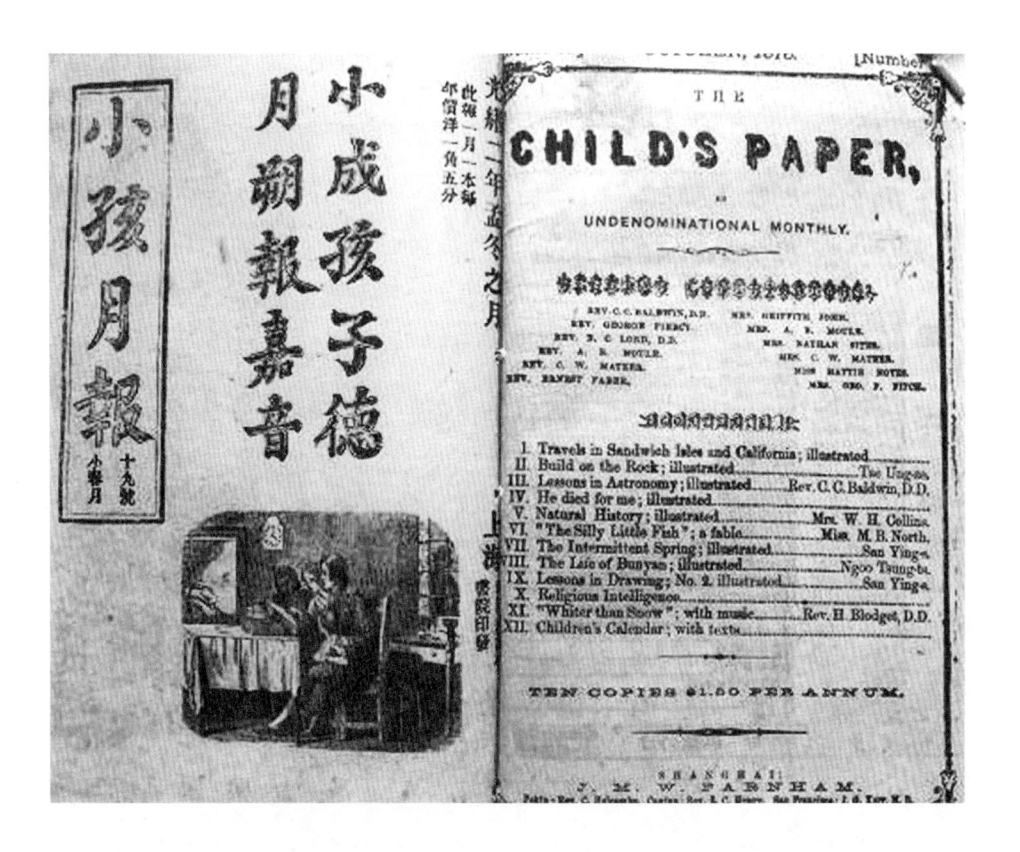

一、圖文並茂，打破傳統對教材枯燥乏味的印象：

　　首次發表了長篇圖文並茂的《遊歷筆記》，內容描繪了日本明治維新後各城市的迅速變化，美國西部原野上飛馳急流的蒸汽火車，英國工業革命後新建的紡織廠新機器和大輪船，工藝精美的德國鋼炮、鐘錶和音樂器具，義大利古文化遺跡，上海租界拔地而起的五層新式樓廈、車水馬龍的寬闊馬路、吳淞口上架起的座座大橋、鱗次櫛比的熱鬧繁華商店，來自西方工業文明的上海洋藥局、製造局與格致書院等等，這種啟蒙的圖文教育，打破了傳統的八股學習教材，令人耳目一新。

二、以逼真寫實的插圖詮釋科學知識：

　　在〈小孩月報誌異記〉一文中，借鑑西方寫實主義的插圖手段，通過「其理淺而新，其詞粗而俚，且佐以諺詞」的圖文，向少年兒童灌輸各類科學知識。其中既有物理、地理、化學、數學、光學、動力學、

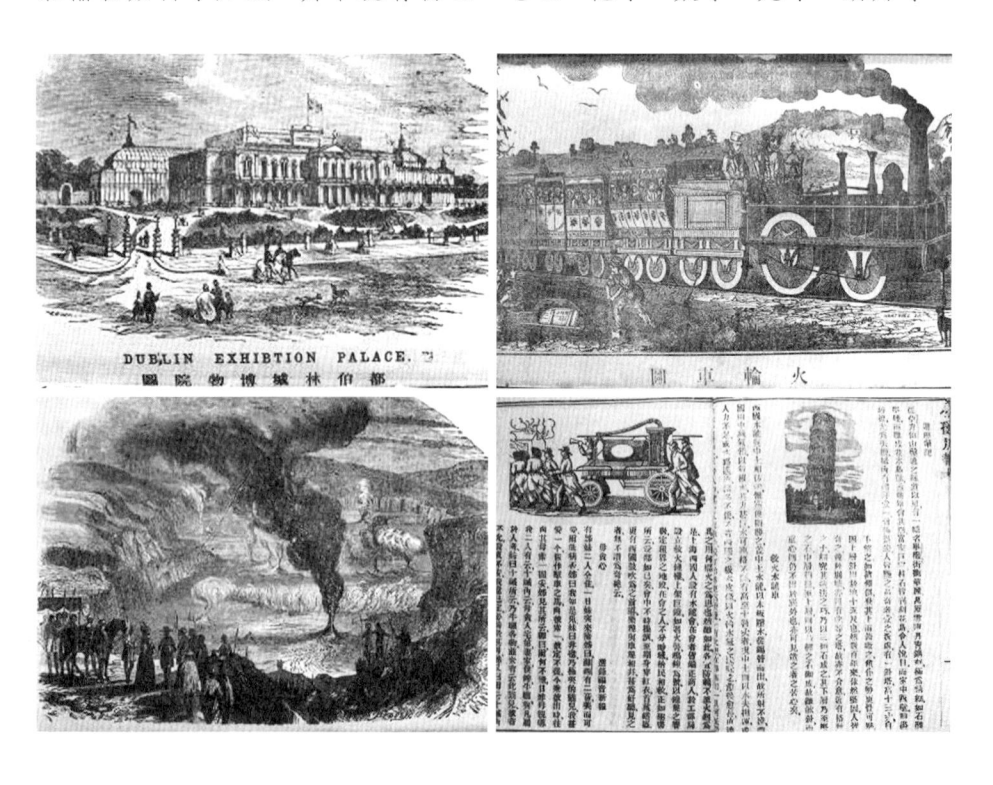

機械學，醫藥等近代科學基礎知識和成果；又有天文、動植物方面的珍聞和科學道理，前者如：日蝕、月蝕、雲、雨、雪、露、霜、潮汐、流星、隕石、地震等自然現象的產生、變化和運動；後者如人熊、飛魚、琴尾鷺、光頸鶴、七穗麥、水稻、嗜蠅草、大榕樹等等，通過逼真寫實的圖文形式，詮釋枯燥深奧科學知識，無異在一定程度上削弱和抵抗了儒教傳統教育的慣例，有形無形的對孕育少年兒童的科學思想有著無可替代的啟蒙作用。

三、名人肖像圖畫結合偉人傳記，以作為青少年學習的榜樣：

將栩栩如生的名人肖像圖畫與人物生平傳記相結合，有意識的培養少年兒童的成才意識。美國第一任總統華盛頓、德國宗教改革家馬丁·路德、中國洋務派領袖李鴻章等均成為該刊向少年兒童描述的教育對象。

四、英文刊名的五次轉變：

從英文刊名的變化中，我們也可了解到該刊內容的細微變化。刊名用中、英文標注，英文刊名曾五次變動：最初為 *The Child's Paper*；初期為 *The Child's Paper Undenominational Monthly*；1879 年 10 月起改：*The Child's Paper: Moral, Religious, Scientific, Instructive and Amusing*；1881 年 5 月後一度改名：*The Sunday School Child's Paper*；1914 年 1 月後又改名為《開風報》時，英文名則為 *The Monthly Herald*。

五、介紹西洋美術理論，促成中國近代畫壇的崛起：

該刊發表署名「山英居士」的連載長文〈論畫淺說〉，可說是迄今為止，近代期刊中最早介紹西方美術領域藝術手法理論的文章。中國美術以水墨畫為主，其藝術表現手法、手段技能與西洋美術迥然相異。該文以淺顯通俗的白話文，向少年兒童系統地介紹了西洋繪畫中

的透視原理、光學原理、構圖原理，直觀地描述了西方油畫中的素描、色彩、寫生中注重「比例、均衡、和諧、秩序」的美學思想及其對比、明暗、情韻、主題等創作手段。它那啟蒙式的文筆，無疑對中國近代畫壇的崛起和風格產生積極的影響。

參、近代漫畫刊載之圭臬：《花圖新報》

《花圖新報》與《畫圖新報》實際上是同一種刊物。《花圖新報》創刊於 1880 年 5 月（清光緒六年四月），由上海清心書院發行，只出了一卷。1885 年 5 月第二年第一期起就改名為《畫圖新報》，改由上海畫圖新報館印發，以年代卷。1913 年出至第 34 卷後停刊。1914 年 1 月又改名為《新民報》，發行者改為上海中國聖教書會滬漢聯會，年（卷）期另起，加注總年期。筆者所見最後一期《新民報》出版於 1921 年 12 月第八年第 12 期（即總第 42 年第 12 期）。也不知什麼緣故，《畫圖新報》在前人文章或目錄中多數都被稱作《圖畫新報》，特作糾正。《花圖新報》與《畫圖新報》的主編就是五年前《小孩月報》的創辦人，美國長老會教士范約翰（John Marshall Willoughby Farnham），他主持該刊的編輯工作長達 33 年。《新民報》的主編初為斐有為，後改柴連複。畫報的序言由清末文人潘詒准撰寫，採筆者原稿行草體手跡刻印，雖僅 245 個字，卻濃縮涵蓋了中國繪畫起源、作用、刊物內容、圖畫來源、創辦人的辦刊動機和過程等方面，其宗旨在於「思欲以道義之訓，格致之理，裨益中土」。三報作為中國聖教書會在華編印出版之宣傳基督宗教教義和文化思想的刊物，在內容上，前後有明顯的區別。范約翰主編期間，全刊分設過教會近

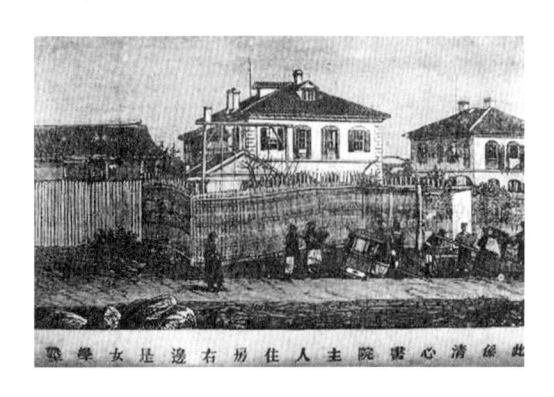

事、說教、科學常識、論說、新聞五大欄目。宗教內容較少，無論圖畫或文字，以時事論說、五洲新聞、科學淺說、社會故事、外交文化、地理歷史、動植物常識、社會風俗民情、名人偉人傳略、譯著介紹等內容為主。其中多數文字配有精美插圖，另增出彩色圖畫隨報附送。如以附張形式附錄於後的〈京師天壇大祭〉一圖表達了對「上天」的敬畏。范約翰離任後的《新民報》印行期間，體例發生重大變化，儘管它的英文名仍然為 The Chinese Illustrated News，但後加上的副題名：「Moral Religious, Scientific, Instructive and Entertaining」，卻顯示出它已成為一份宣傳基督宗教教義和文化思想為主體內容的刊物。事實上，它也僅在刊前發表一、二幅攝影圖片，已不再是一份圖文並貌的「畫報」了，變成以文字為主的雜誌了。

《畫圖新報》在近代中國畫報出版史上的地位不可忽視：

一、出版時間最久：

它是清末至民國年間，出版時間跨度最長的一份以「畫報」命名的圖文文獻。不包括《新民報》，從《花圖新報》至《畫圖新報》前後發行時間長達33年，從其英文名均為 The Chinese Illustrated News 審視，它是一份純粹的以圖象文獻為主的刊物，在內容上顯然比《寰瀛畫報》分量重的多，也比存有爭議的《小孩月報》更具說服力，它比任何清末或民國年間出版的石印畫報和銅版畫報的出版歷史都長。

二、開啟漫畫類風格：

它是近代中國畫報中，最早出現漫畫類風格插圖的畫報。同時也是刊載西方幽默漫畫的第一份畫報。在這之前，此類手繪漫畫在中國繪畫史上是空白一片，儘管它並沒有給這些作品冠以「漫畫」的頭銜，但這些畫作無疑對中國近代漫畫的興起產生重大影響。第一年（卷）上的第一張《白鴿票笑談》連環漫畫，共六個畫面，每幅旁配文字解說，揭露了人性中自私貪財的個性，它開創了中國近代畫報中刊登漫畫作品的先河。同卷上刊登的《騎車落水圖》和《跳蚤擾人圖》，是近代中國最早的一批以中國人形象為創作物件，具有「連載性質」的漫畫。它所發表的三組無題名以中國人為形象繪製的幽默漫畫，乃是中國近代漫畫之圭臬，比中國人自創的漫畫整整早了23年。

三、印刷技術領先：

在印刷技術上，它是中國較早將西方精美細膩的銅刻雕版圖畫、鋅版活字排版和先進的石印技術糅合在一起，排印出品質上等的畫報之一。它所刊登的銅版雕刻版圖非常豐富，既有國外的大英圖書館、英國議院大樓廣場、俄國莫斯科廣場、彼得大帝雕塑像、世界各國車輛、各國郵票等圖象，又有描繪中國人衣食住行和西藏

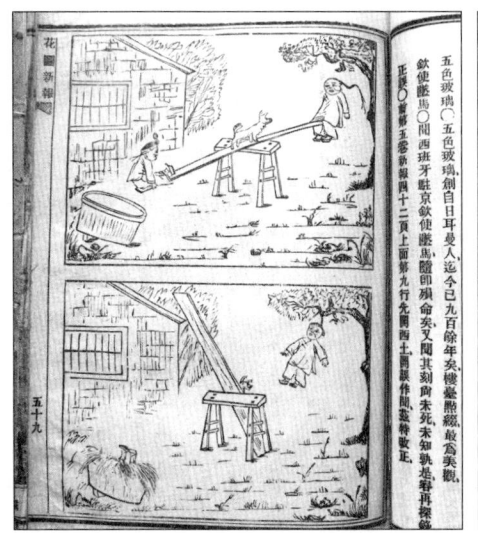

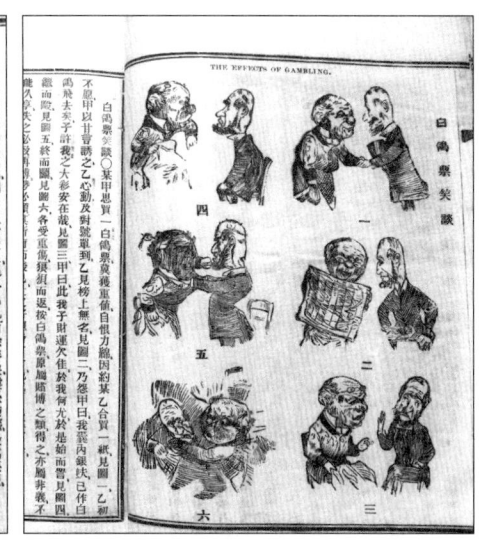

人、廣東人等生活習俗圖等。它所介紹西方工業社會生活方式的銅版雕刻圖：自來水、火車、鋼琴等，這些新鮮事物對當時的中國人來說，都是聞所未聞的。在許多學術專著中，將該畫報每期刊登的第一頁的銅刻雕版大幅圖畫都認為是「黃楊木雕版」，其有誤，需要糾正。

四、圖文並茂：

在編輯體例和圖畫內容選擇上，它對後起的《點石齋畫報》等具有積極的啟發作用。它採用以時事社會新聞為主，配以動物知識和知名人物傳略圖文並茂的介紹形式，被後起的不少近代畫報所採納。它的圖象範圍也非常廣，諸如配有人物小傳的法國拿破崙第四、美國華盛頓、英國維多利亞女王、當時即將訪華的巴西國王、征戰非洲的英國將領戈登等名人圖象；闡介自然界發生的風、雨、雷、電、地震，以及地球是圓的等各類科學道理等，都附有詳細圖文說明，將其產生的緣由、作用、歷史記錄的清清楚楚。此外還有不少圖片展示了中國各地的風土人情和著名建築，如皇宮紫禁城、北京城外城牆、大運河、杭州岳飛墓等。《畫圖新報》不同的歷史時期中，封面也別具特色，其中民國初年的封面設計，可感悟和窺見到時代的脈動和影像。

第二節
石印畫報繁榮期（1884—1913）的典範旗幟

　　石印畫報繁榮發展階段中，出現過前後兩個繁榮期：第一個繁榮期以晚清年間發行的《點石齋畫報》、《飛影閣畫報》、《北京畫報》等為代表，其出版象徵著以中國人為主要群體主持出版的畫報，開始在圖象文獻的舞臺上成為主角。第二個繁榮期出現在清政府垮臺前後，以《民呼日報》、《民籲日報》、《民立報》和初期《神州日報》等為代表的附刊畫報，成為開創隨報附送石印圖象文獻的先驅。後者大約在1913年至1917年間，此後，由於銅版畫報的崛起，石印畫報逐漸走向消亡。

壹、吳友如從《點石齋畫報》到《飛影閣畫報》

　　1884年5月8日創刊於上海的《點石齋畫報》，被阿英稱為是「最早也是最有歷史價值」的中國近代由中國人自畫之「中國自己的畫報」。它隸屬上海《申報》館系統，十天出一冊，每冊八頁。長方形經折裝，連史紙石印。它既隨《申報》發行，又單獨發售。它所定格的出版形式，幾乎成為清末石印畫報的樣板，1896年年底停刊，共出528冊（期）。

　　《點石齋畫報》是吳友如繪畫成就取得輝煌事業頂峰的標誌，它是區分清末中國近代圖象文獻萌芽期和繁榮期的分水嶺，具有里程碑的意義。有關研究它的文章非常多，本書就不再敘述。這裡有必要重點介紹吳友如創辦的另一份畫報《飛影閣畫報》，如果說《點石齋畫報》是吳依靠美查主持的《申報》作為其後盾的話，那麼《飛影閣畫報》完

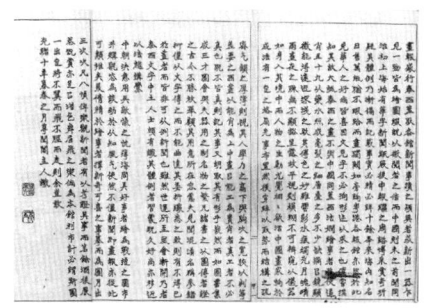

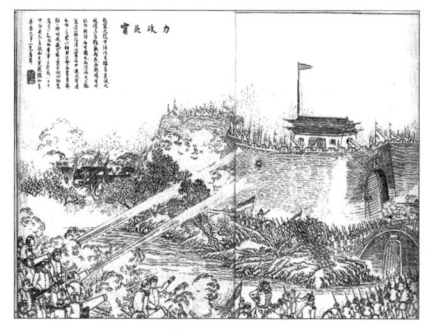

全是依靠他自己的力量,而另創一番天地的圖象文獻。遺憾的是,有關該報的介紹在筆者所見的前人文章中寥寥無幾,即使寫到它往往也是一筆帶過,甚至不少學者的論述中,定位它的價值不如《點石齋畫報》,這種觀點筆者並不苟同。事實上在中國近代圖象文獻中,這份完全由中國人個人力量創辦的第一份畫報,在整個石印畫報時期,仍具有同時期其它圖象文獻不可替代的獨特的歷史與文化價值,可以說,它是繼《點石齋畫報》後出版發行的最主要的石印畫報之一。錯誤的是在前人有關畫報史、新聞史方面的文章或著作中常把它作為一種畫報看待,事實上,自《飛影閣畫報》創刊後的13年間,曾出現過五種以「飛影閣」命名的畫報,筆者將它歸納定位為「飛影閣畫報系統」。

　　飛影閣畫報系統起始於1890年,終止於1902年。從其主持人及繪畫者分,可分為吳友如階段和周慕橋(包括何元峻)階段;從畫報的刊名、出版時間和內容角度分,又可分為五個時期:第一、第三時期是吳友如主持時期;第二、第四時期是周慕橋主持時期;第五時期是周慕橋、何元峻合作主持時期。在出版時間上,第二、第三時期是相疊交叉,其餘均保持著相對獨立的出版空間。下面分別就五個時期情況作一重點分述:

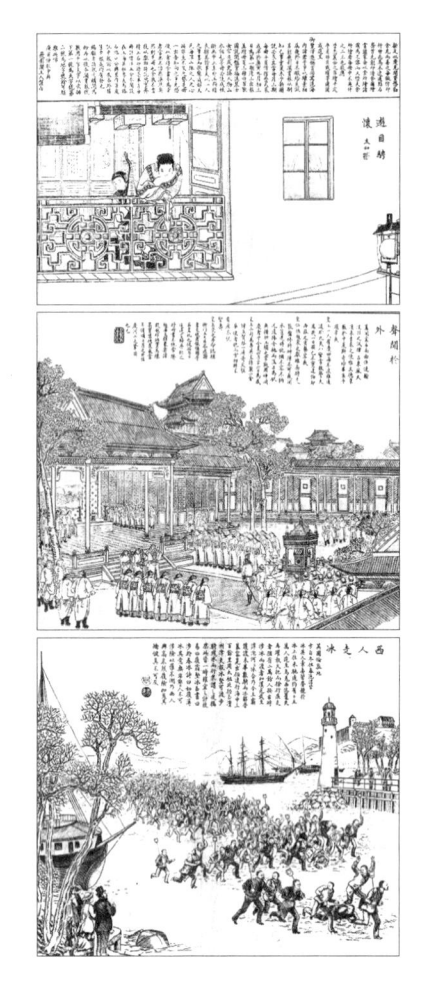

第一個時期——飛影閣畫報時期：

1890年10月（光緒十六年九月）至1892年12月（光緒十九年正月下旬），期數從創刊號起至第90期，刊名為《飛影閣畫報》，每月「逢三出報，每冊十幅」，每期高約22公分，寬約12公分。這是飛影閣畫報系統創立與發展的最重要時期。主持人是吳嘉猷。吳嘉猷，字友如，又名猷。祖籍江蘇元和（蘇州）。「幼承先人餘蔭，玩愒無成，後遭赭寇之亂，避難來滬，始習丹青」[14]，練得一手工筆技能，尤擅人物山水。1884年，他受《申報》申昌畫室之邀，入主《點石齋畫報》，成為其中的主要畫師。正當吳友如聲譽日隆之際，他卻辭去編務，另立門戶，別創《飛影閣畫報》，其中原因，可在他親撰的《飛影閣畫報》的發刊詞中窺見一斑：「畫報仿自泰西，領異標新，足以廣見聞，資懲勸。余見而善之，每擬仿印行世，志焉未逮。適點石齋首先創印，請余圖繪，賞鑒家僉以余所繪諸圖為不謬，而又惜夫余所繪者每冊中不過什之二三也。旋應曾忠襄公之召，繪平定粵匪功臣戰績等圖，圖成進呈御覽，幸邀稱賞，回滬寓，海內諸君子以縑素相屬，幾於目不暇接，爰擬另創《飛影閣畫報》，以酬知己。」從這段話中，我們可悟出他創辦本報的背景及意圖：

這位自幼喪父家境貧寒，在閶門城雲藍閣裱畫店當過學徒的畫師，早就立志自辦畫室，然受種種條件限制，使其宿願一直未能實現。

儘管他在《點石齋畫報》任主要繪畫師，且名聲最響，但因該畫報局另匯集了清末畫壇其他十幾位畫家，如：周慕橋、何元俊、田子琳、

張志瀛、金蟾香、顧月洲、管劬安、沈梅坡等人，使他每期繪畫任務不過二、三幅，心中不免存有「英雄無用武之地」之感。

當吳友如為曾國藩繪定《克復金陵功臣戰績圖》後，受到皇帝御覽稱賞後，名聲更加遠播，請他作畫，向他索畫的各階層人士接踵而至，絡繹不絕，使他窮於應付。正是上述因素，使吳友如認識到，自辦畫報的主客觀條件均已具備。於是他在上海英租界大馬路（今南京東路）石路口公興里租了一套房子，正式創辦了這份全部繪畫均由其一人承擔的《飛影閣畫報》。為使這份畫報有別於《點石齋畫報》，他在編排體例上做了適當的調整。

在封面設計上，創刊號封面採用淡青色，底案配以粉紅花朵和深青花葉圖案。中部用楷書黑體大字題「飛影閣畫報」五字。上方天頭橫印出版年月，下方標明期數和價格。刊名左旁印「元和吳友如繪」。自第二期起，封面顏色改為紅色，背襯具有民俗藝術格調的窗花圖案。別具風味，令人耳目一新。在體例上，改裝訂成冊為折疊冊頁式。每期畫報配圖十幅，首為滬妝仕女圖，後接七至八幅新聞畫，末載「百獸圖」和「閨豔彙編」各一幅。

這裡需要特別指出的是，前人文章的作者均認為吳友如在《飛影閣畫報》共畫了一百期。實際上這個結論是錯誤的。事實上吳只畫到第 90 期，自 91 期起，這份畫報已由周慕橋接編，其出讓時間並非如有人說的「到 1893 年 5 月，吳友如將它讓給畫友周權（慕橋）接辦，自己另創《飛影閣畫冊》」[15]，而是提早了五個月，即在 1893 年 1 月。儘管在 92 期至 94 期中該報仍刊載過吳友如繪的「百獸圖」、「閨媛彙編」各三張，但此時，他顯然已不主持報社事務，所發表的這幾幅繪畫很可能是他留在畫報社的餘稿。

第二個時期——飛影閣士記畫報時期：

1893 年 1 月（光緒十九年二月）上旬至

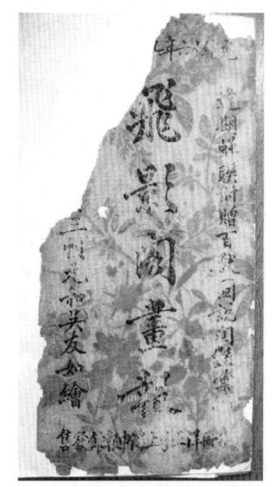

1894年5月（光緒二十年四月）上旬。期數從第91期起至第133期。主持人乃是周慕橋。周慕橋，又署周權。其生平資料甚少，只知他與吳友如一起曾就職於《點石齋畫報》，因其志趣愛好相同，結為知己。當吳出於新的辦刊思路時，就將續辦《飛影閣畫報》的擔子交給了周慕橋。周慕橋於1893年1月（光緒十九年二月）正式接編《飛影閣畫報》後，採取了四大步驟：

第一步他將《飛影閣畫報》名稱改為《飛影閣士記畫報》。同時原封面印的「滬妝女士冊頁三幀元和吳友如繪」這幾個字的印刷位置被周慕橋改印為本期畫報的「出版年月」和出售「價格」。

第二步他將原社址從公興里遷至英租界大馬路德興里內。

第三步自第100期起，他又取消了原報中「百獸圖」和「閨豔彙編」二種附刊，另外推出「續無雙譜」和戲曲圖二種。「續無雙譜」相當於圖畫式辭典性質，每期畫一名人像，旁撰小史或其它文字說明。戲曲圖特為戲曲作品《金盒記》而繪，每期刊登一出，配以一幀圖畫，頗為生動。

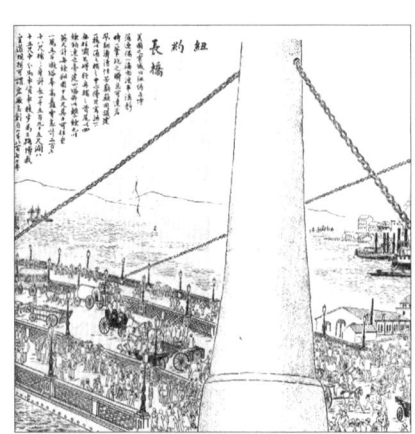

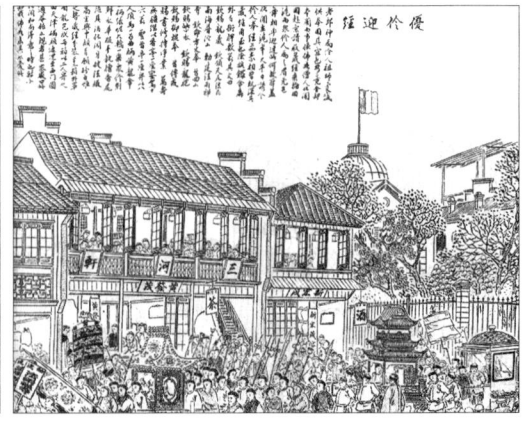

第四步自第 128 期起，又取消原仕女圖，改「稗史集錦」專題欄，畫中題材取自於野史中的各類趣聞。

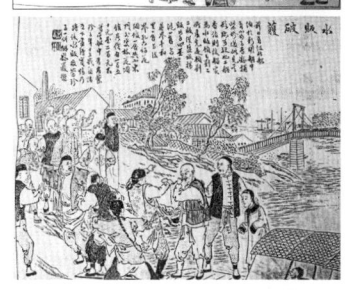

這些措施的推出，無疑使《飛影閣畫報》有了新的面貌和內容，從一個側面反映了周慕橋力圖擺脫吳友如的舊窠和影響，體現出本人的辦刊思想和風格。

第三個時期——飛影閣畫冊時期：

1893 年 9 月 10 日（光緒十九年八月一日）至 1894 年 2 月 6 日（光緒二十年一月一日）。共出版 10 期。這個時期在時間上與第二時期交叉相疊，它是吳友如末期繪畫生涯中親自主持出版的畫報。就在這份畫報出版不久，吳溘然病逝，永遠放下了他手中的畫筆。從時間上看，是他將原《飛影閣畫報》讓給周慕橋九個月後又東山再起創辦的。他給畫報取了《飛影閣畫冊》的名字。「報」和「冊」一字之差，反映了吳友如不同的辦刊思路。至於他為何將「報」改為「冊」的緣由，我們可在他於光緒十九年仲秋月光下親撰的〈飛影閣冊小啟〉中找點答案。

「屢蒙閱報諸君惠函，以謂畫新聞，如應試詩文，雖極揣摩，終嫌時尚，似難流傳。若餽冊頁，如名家著作，別開生面，獨運精思，可資啟迪，何不改弦易轍，棄短用長，以副同人之企望耶。」

從這段話中我們可體味到，已近暮年的吳友如已厭倦於繪描緊密結合社會現實的時事新聞畫，而只想利用他在清末的畫壇地位去閉門造車地創作一番能流傳百世的「精品名畫」了。

《飛影閣畫冊》「分類成冊」，在「竊思士為知

己者用，女為悅己者容」的指導思想下，吳友如刪掉了所有的時事畫，每期均圍繞一個主題，其內容並非如吳友如在〈小啟〉中談到的專畫「人物、仕女、仙佛、鬼神、鳥獸、鱗介、花卉、草蟲、山水名勝、考古紀遊、探奇志異」，從已出版的十期審視，他主要集中描畫歷史人物、神話人物和小說人物，在歷史的塵封中去尋找創作的靈感和悟性。這十期的主題名依次分別是：「人物花神」（取材於民間傳記人物）；「仕女紅樓金釵」（取材於《紅樓夢》金陵十二釵）；「飲中八仙」（取材於杜甫《醉中八仙歌》）；「人物唐詩」（取材於唐詩）；「人物古文」（取材於古文詩句）；「地友人物」（取材於高祖、伯樂、蘇東坡等故事）；「人物孩童」（取材於民間兒童遊戲）；「人物十二愛」（取材於王羲之、陶淵明等故事）；「十八學士」（取材於歷史名士）。儘管吳友如在〈小啟〉中自鳴得意的寫道，這份畫報「皆余一手所繪，仍以石印監製，氣韻如生，毫髮無憾」[16]，然而歷史給他開了一個大大的玩笑，他晚年所鄙夷的時事新聞畫卻至今散發著有價值的光芒。

第四個時期——飛影閣士記畫冊時期：

1894 年 6 月（光緒二十年五月）至 1895 年 10 月（光緒二十一年九月）。其時吳友如已病逝。或是周慕橋為紀念至友逝世，或許也想將其畫流

芳百世，周慕橋竟然也步入吳友如後塵，停辦了《飛影閣士記畫報》，另創辦《飛影閣士記畫冊》。

新出的《飛影閣士記畫冊》期數另起，共出35期。其內容類別同於《飛影閣畫冊》，但又有區別。前二十期也是「分類編排，每期一個主題。後十五期又復歸最初辦報方針，重新重視時事社會新聞畫。每期十二幅圖畫，六幅為新聞時事畫，六幅為一小專題。出至第34期，刊名又改為《飛影閣玉記畫冊》。」

在內容上，它突破原領域，題材廣泛，有取材於典故成語，有取材於民俗風情，有取材於古樂府詩句等。尤其是第13期至第15期，分上、中、下三期，以「三十六行」為題，描繪了清末各式手工業者和攤販，如：銅匠擔、江湖郎中、雜耍人、捕魚人、竹匠、抛腳匠等，神態逼真，維妙維肖，其中描繪的服飾道具，具有極高的史料價值。

第五個時期——飛影閣大觀畫報時期：

1902年4月（光緒二十八年三月）上旬至同年夏秋。確切停刊時間不詳，所見最後一期為第4期，出版於光緒二十八年七月中旬。另見第7期殘頁數張，疑為這年夏秋間停刊。這是飛影閣畫報系統最後出版的一種畫報。主持人與繪畫者是周慕橋和何元峻。畫報名遂改為《飛影閣大觀畫報》。遺憾的是這份畫報所知者寥寥無幾，在前人寫的畫報史或新聞史的文章中幾乎無人提起。好在其創刊號上的發刊詞，談到了整個畫報系統的出版背景，以及為何在事隔七年後又恢復本報的原因：

「畫之有報，仿自泰西。良以日報據事直書，雖能暢所欲言要，難傳其形跡，必藉此以輔文字之不逮，尤足增智慧而廣勸懲也。滬上自點石齋創行以來，風氣日開，名流輩出，既而吳友如先生更創辦《飛影閣畫報》，繪事之盛，甲於一時，講求六法者，無不視為楷模。嗣後吳先生因病中止，『點石』亦以世變停印，遂使時事之不可以言語形容者不能一一宣楮墨，時論惜之。本閣仍先生之遺風，特請周君慕橋、何君明甫悉心摹繪。二君固畫家斲輪老手，今更工夫純熟，尤能大展所長。」

復出後的《飛影閣大觀畫報》館址仍設在英租界大馬路德仁里。封面取消原背景圖案，採用有色彩紙。刊名用深墨綠色楷書體，顯得十分醒目。主持人受時代進步風氣之影響，「且將前例量為變通。每期除畫新聞數則外，將談部中不經見之作詳繪為圖，以廣聞見」[17]，其中新聞畫不再拘泥於小巷趣事、馬路趣聞，時有反映社會重大的政治時事畫出臺。同時「以時裝仕女殿以詼諧小說，附「二十四孝圖，刻意鉤摹，按期分出，與近時俗本迥不相同」，又「以□致蒙學二種，

按圖貽說，旨實詳明，能使閱者默感潛移，會心不遠」[18]，作者的本意在於「異日積成卷帙，不獨有裨學問，並可留為傳家翼教之助，不得僅視為尋常遊戲筆墨也」。[19]

綜觀上述飛影閣畫報系統的五個時期，根據其不同的風格，可將它們分為「畫報」和「畫冊」兩大類：前者包括《飛影閣畫報》、《飛影閣士記畫報》和《飛影閣大觀畫報》；後者包括《飛影閣畫冊》、《飛影閣士記畫冊》（含《飛影閣玉記畫冊》）。在內容上前者具有以下的共同特點：

一、以時事和社會新聞為主：

較全面地反映了清末廣闊的生活背景。這裡以《飛影閣畫報》創刊號中登載的七幅畫為例：

第一幅：「天錫純嘏」
報導了眾臣跟隨在慈禧太后、光緒皇帝後的贈送祝壽匾額隊伍，齊往相國府慶賀張子青八十壽誕。祝壽隊伍綿延數哩，鼓樂齊鳴。

第二幅：「履險如夷」
報導了荷蘭總統親臨現場觀看載人氣球放飛盛景。

第三幅：「仁民愛物」
報導了當年順直地區京城附近設立賑災所救濟災民。

第四幅:「好善有誠」
描繪了順直地區大水災地一派淒涼慘景。

第五幅:「平泉結社」
報導了離職官員回鄉成立吟詩作畫的文人書畫社。

第六幅:「大廈能支」
報導了一城鎮用大魚骨建造一亭台。

第七幅:「愚園瑣記」
報導當年四明張氏購地,在上海靜安寺建造並落成「愚園」之情景。

　　七幅畫中時事新聞占了四條,地方新聞占了三條。據統計,以後出版的各期,描繪報導的領域就有時事外交、洋務實業、商情資訊、科技發明、抗倭侵台、考古發現、各地災情、反教會鬥爭、法律糾紛、刑事案件等。所反映的人物既有光緒帝、清廷大臣、外交大臣、縣令、

守關將士、抗倭勇士，又有外國總統、西方外交官、傳教士、土著非洲人、外國水手、英國技師等；既有文人名士、武備學堂學生、耕田農夫、漁夫、村姑、護駕鏢師、茶園藝伶、和尚尼姑，又有江湖雜耍人、強盜、騙子、妓女、小偷、乞丐等。它們為後人勾勒出1890年至1902年間清末社會的總體形象。

二、以社會新聞為主體：

刊登了大量發生在國內外各地的奇聞異事、小巷趣聞、獵奇消息、珍聞軼事，其信息量之大，範圍之廣遠甚於報導時事新聞的數量。什麼鄰居吵架、盜賊被捕、謀財害命、烈婦殉情、嫖娼聚賭、姦夫淫婦、吃醋風波、中西通婚、戲園爭鬥、貞婦守節，什麼大如車輪的美國蟹王、能說話的大龜、長有人頭形的新加坡怪蛇、突放光芒的異石、天降穀雨棉花、突然自身燃火的女子、日月光中無影的古塔、生有兩個頭的怪人、長有三隻手三隻腳的嬰兒、雙連體的兒童等等，均是畫報作者熱衷報導的題材。這些看似十分荒誕而又不可理喻的奇聞異事，卻在某種程度上包含著人類至今尚未認識的領域，有些正是當今科學家正在研究的課題，如「赤焰騰空」，是筆者迄今所發現的最早一張描繪「飛碟」的圖畫，描繪了當時南京數百人觀看空中突然出現的一個呈現圓形發出紅光的不明飛行物。

三、報導奇風異俗：

其內容涵蓋了不少大江南北、邊境沿海地區的民俗風情、奇風異俗。其中描繪到的中國民間節日就有龍華廟會、漳州元宵節、天津蟠

桃會、豫園賞菊會、杭州鬥蟋蟀會、穗州的建醮會、武昌磨子會、滬蕉園的風箏會、福建石獅會、臺北迎神會、閩鄉送瘟神會、新加坡的跳火會、白門燈市會，以及灶神會、天貺節、神誕日、趕佛會、金陵女子走百病會等等，約有近百種，其畫面真實生動，旁配文字說明，曆述其緣由、淵源、特點及場景，具有很高的民俗學研究價值。

四、介紹最新科學發明：

介紹西方先進的科學技術及最新發明，反映鴉片戰爭後，中西文化撞擊互融在上海灘出現的新景象，從一個側面描繪了歐風東漸的西方文明對舊傳統文化的巨大衝擊，以及給上海灘及上海人的物質與精神生活所帶來的種種文化新變化。尤其是一些文字說明本身就具有史料研究價值。例如：「聲刻常有」報導了愛迪生最新發明的「記聲器」（即留聲機），不僅照原樣描繪最初流入上海的「記聲器」，而且寫了一段文字，點出了其最早來源：「今春，某西人挈此器來申，初試于張氏味蓴園，後送至《申報》館中，高昌寒食生為之拍《虎嘯龍吟》一曲」，同時還指出其性能「非但可以傳聲，並能使厥言之語存於器中移送他處，雖極之數萬哩外，伏而聽之，無異面談，聽過之後其聲仍留，即流傳至數十百年永不走淺也」。又如：「修街水器」，報導了上海租界最早使用西式最新壓路機的消息。點明這個壓路機「乃去年

由外國運到，專門修理街道，先試用於虹口及黃浦灘，近日則大馬路一帶」，讚揚它「非但可省人工，抑且奏功迅速」。此外同類畫稿還有「天上行舟」、「電報變格」、「息息相通」、「電氣妙用」等均反映了國內外和當時上海英美租界所出現的頭一遭新鮮事物。

五、報導天文地理異象：

　　記錄文物考古的最新發現，描繪各地天文地理異象。在整個畫報系統中，這兩類內容一直是編畫者銳意搜覓較重要的時事新聞素材。儘管從今天的新聞要求看，它所報導的時間並不十分即時，相隔數月，但由於它是最早採用圖畫形象加文字說明之手段來反映的，因此仍能吸引讀者，仍具有時事新聞的價值，如：「古錢出世」報導了在建造武昌織布機器局工地上挖掘出大量古錢幣的情景；「樂陵舊跡」報導了山東樂陵縣蜀漢後王塚內發現一大批古銅槍頭的消息；「西人愛古」描繪了兩位赴寧波的西人傳教士，途中挖掘出古碑一塊。尤其是《飛影閣畫報》第 27 號，宛如考古專集，七幅新聞畫中就有四幅畫是報導農夫們無意中發現大批唐宋瓷器、古玩文物的專畫。同時，在整個畫報出版期間，各地發生的大水災、龍捲風、地震、雷暴等異常現象和新

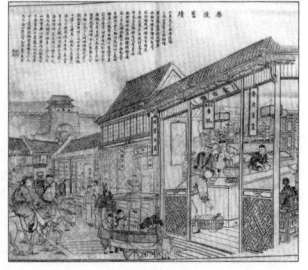

行星、水晶礦藏、珍稀金屬等最新發現，皆成為吳友如、周慕橋作畫的創作源泉。這些配有文字說明，簡述其地點、時間、人物及前後背景的時事新聞畫，經過歷史風雨的洗刷，到了今天，已成為人們撰志修史的可貴材料。

六、附加知識性附圖：

各自增添了旨在介紹百科知識的幾種附圖，計有：百獸圖、閨豔彙編、續無雙譜、金盒記、稗史集錦、詼諧叢錄、蒙學引階、格致鏡原，共八種。這些附圖一般每期發表一幀或二幀，連續登載，成一體系。

有人曾撰文認為這些附圖純為消遣，並無多大價值，筆者卻不敢苟同。事實上，它推出的種種附圖與當時正在興起的維新改良思潮不無關係，是與那時鼓吹學習西方先進科學技術與科學知識等因素聯繫在一起的，如：〈格致鏡原〉就介紹了當時西方的先進技術「火輪車」、「測風器」、「載人氣球」等新發明；〈百獸圖〉寓知識於趣味中，一一介紹遍布世界各地的珍禽異獸，概列其產地、習性、特徵、價值；〈蒙學引階〉以兒童為物件，系統地介紹種田織布等全部生產過程；〈續無雙譜〉以歷史人物小史貫穿始終，向讀者介紹了屈原、管仲、師曠、莊周、西門豹等人，即便是一些看來意義不大的附圖，如閨豔彙編、稗史集錦等，也向讀者介紹了諸如花木蘭、壽陽公主、秦良玉、楊玉環、卓文君、虞姬、洛神等中國歷史美女和女中豪傑。

貳、《飛影閣畫報》的歷史價值與影響

　　《飛影閣畫報》在石印畫報中，有其自身的價值及影響：十九世紀中下葉，正是中國封建王朝走向衰亡的歷史時期。鴉片戰爭的炮火，使一部分有識之士最先擺脫了中國是老大帝國，那種夜郎自大的舊習慣思維定勢，他們開始睜大眼睛探尋中國民族落後挨打的原因。在五方雜處開全國通商風氣之先的上海灘，他們利用這塊具有優越地理位置，及中外貿易日益繁華的黃金寶地，一方面大量兼收並蓄西方的文明成果和先進科學技術；另一方面紛紛創辦旨在資訊流通、啟迪民智、與教育民眾的輿論先導工具。《飛影閣畫報》即是在這股風起雲湧之資產階級改良思潮的大潮流中誕生。其創辦人吳友如、周慕橋曾不只一次的提到，他們是在受到西方畫報的啟迪和影響下，仿效「泰西畫報」的式樣創辦了《飛影閣畫報》，並再三強調其宗旨和目的在於「廣見聞，資懲勸」、「足增智慧而廣勸懲」。今天，當我們重新翻閱這部距今已有一百多年的歷史畫冊時，仍能感受到張張畫面所折射出的那個社會獨有的歷歷在目之生活場景、力透紙背的時代風雲和凝重的歷史感。

　　從畫報史縱向角度審視，《飛影閣畫報》上繼1884年創辦的《點石齋畫報》的寫實風格，下啟《新世界畫報》、《時事報圖畫旬刊》、《圖畫日報》等石印畫報。當它問世之初，即與仍在發行的《點石齋畫報》並駕齊驅，使得當時畫界亦步亦趨，「繪事之盛，甲於一時。講求六法者，無不視為楷模」。[20]

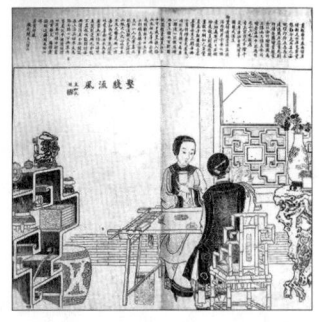

從繪畫攝影史的角度審視，《飛影閣畫報》記錄了1890年至1902年間的清末社會，尤其是上海灘上種種時代風雲、民俗風情、人物風貌的方方面面。其時，西方的攝影技術始入中國不久，其觸角還未伸展到社會的普通領域，僅僅是清廷御花園和殖民者手中玩弄的奢侈品。《飛影閣畫報》作為一種寫實類風格畫報，較真實地展現了那個社會，填補了攝影照相的空白，為今人研究清末政治、文化、經濟等領域的發展提供了珍貴的實物資料。

從史料學角度審視，《飛影閣畫報》所描述的許多場景和文字記錄，已在一定程度上跨出了「軼聞趣事」的範疇，特別是在上海開埠史上，它所記錄下的中西文化互相影響、交融所出現的新鮮事物，西方先進科學技術率先在滬落戶應用，以及重大文物考古新發現等均具有十分珍貴的史料價值。有人撰文認為，《飛影閣畫報》出版期間，幾乎沒有反映中國人民反帝反侵略鬥爭內容，這與事實不符。據筆者查閱，儘管此類內容不多，但仍有近十幅插圖，反映了當時日本侵占臺灣，臺灣人民奮起抗擊和全國各地民眾反教會控制鬥爭的活動。

從文化史的角度審視，《飛影閣畫報》的紀實風格，使它為後人留下了大量現已不復存在的歷史著名建築物、馬路街案、學堂商店、報館書肆、茶園戲館、乃至當時人們的服裝、頭飾、交際禮節、交通

工具等方面的形象資料，它們為後人研究瞭解上海城市的發展史、文化史、服飾史等領域提供了真實直接的形象素材。

　　從新聞史學的角度審視，從《飛影閣畫報》到《飛影閣畫冊》，卻體現出吳友如、周慕橋的辦刊思想。這裡「報」與「冊」雖一字之差，但卻涇渭分明地表明編繪者截然相反的編輯方針。前者與「新聞」密切相連，它從現實的生活中去採摘那些具有時代意義和價值的消息，同時將那些植根於生活沃土中，令百姓喜聞樂見的趣事軼聞呈奉予讀者。後者卻與「新聞」相脫離，它僅是按照編繪者的主觀意圖，或在歷史長河中尋覓典故，或在古紙堆中去尋找靈感，隨意編排自己感興趣的主題並特別分述幾個中心。如果說讀者還能在《飛影閣畫報》系統中體會出那種迎面而來的強烈民族意識、愛國主義思想的話，那麼在《飛影閣畫冊》中這種與時代同呼吸共跳動的感覺將會蕩然無存。

　　從人的認識價值審視，從《飛影閣畫報》到《飛影閣畫冊》，不能不說是吳友如、周慕橋繪畫生涯的一大倒退。「有心栽花花不開，無心插柳柳成蔭」。二個曾萌發過資產階級改良思想的封建社會的知識分子，他們怎麼也不會想到，事與願違的歷史顯然和他們開了一個

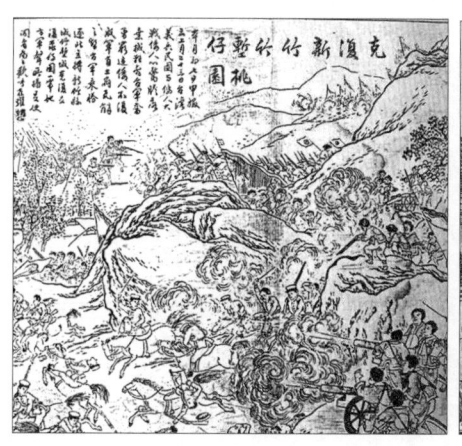

大玩笑，他們一再宣稱經過精心描繪的「竊思士為知己者用」的那些繪畫作品，卻在歷史車輪前很快曇花一現，而本不想傳世留存的時事社會新聞畫，卻因其真實公正的筆觸，具有如此強大的生命力，處處閃爍著歷史的斑斑點點，並為後人留下了一份厚實珍貴的歷史畫卷。

參、近代第一份日刊畫報：《圖畫日報》及其它

《圖畫日報》是清末石印畫報中僅次於《點石齋畫報》和《飛影閣畫報》最重要的綜合性石印畫報。它的源頭來自於清末上海道台蔡乃煌控制的《輿論日報》和《時事報》，兩報在1909年4月21日合併，改名為《輿論時事報》，這三份報都曾發行過隨報附送的同名圖畫附刊。1909年8月16日（宣統元年七月一日）《圖畫日報》誕生。該畫報由上海環球社編輯發行。每冊十二頁，單面油光紙石印，高25釐米，寬10釐米，錦折裝。封面雙色印刷，設計理念含有濃烈的中西文化合璧之文化特徵。「圖畫日報」上方是象徵大清王朝的龍旗，下方畫著一隻威猛的雄獅爬在地球上，隱喻東方雄獅已醒之意，左右兩面畫著西方宗教畫中常見的背上長著一對翅膀的小天使——裸體男孩，編者顯然希望新出版的本報就如一個剛出生的孩子，純粹清新的自由翱翔在這地球的天空中。1910年8月停刊，共出404期。它具有如下有別於其它石印畫報的重要特點：

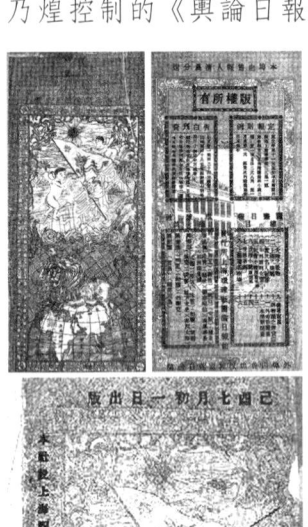

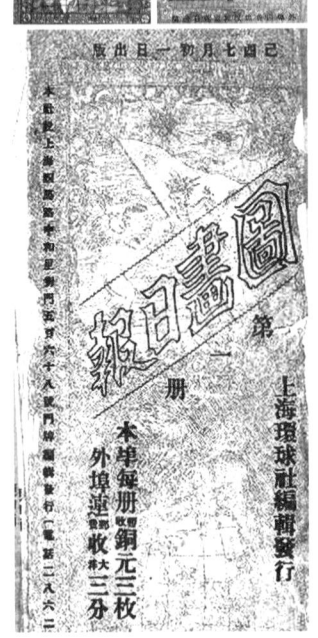

一、以日報形式發行：

在清末上海石印綜合性畫報中，它是唯

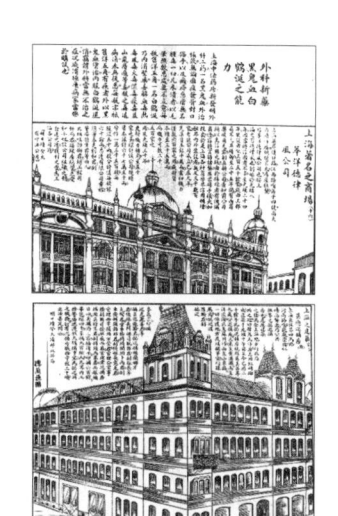

——份每日出版一冊的日報形式且又單獨編輯發行之石印畫報。同時，也是近代唯一一份每日用圖畫形式最迅速報導反映社會新聞的石印畫報。宗旨為「開通社會風氣，增長國民知識」。可見這是一份宣傳新知，意在打開國民眼界之畫報，其資訊份量不比《點石齋畫報》、《飛影閣畫報》少。

二、編輯成員最多，機構最完善：

　　它是清末石印畫報中編輯成員最多、機構設置最完備的報館之一。全刊設有著述部、繪畫部、調查部、攝影部，四大部門。各部組成人員為：著述部：晉玉、雨田、秋石、宜璧、捷走、陞青、涵秋、警夢癡仙、南風亭長、蔣景緘。繪畫部：式如、蘭孫、詠霓、如蘭、勒蘭克。攝影部：雲薰、福井三島。從所列的名單中判斷，其中繪畫部的勒蘭克、攝影部的福井三島疑似外國人。著述部的涵秋（李涵秋）、警夢癡仙（孫玉聲）、蔣景緘均是晚清的著名文人。

三、以主題分類：

　　全刊以主題分類編欄，共設十二大欄目。依次為：大陸之景物、上海的建築、世界名人歷史畫、中外新烈士傳、社會小說、偵探小說、世界新劇、上海社會之現象、營業寫真、新知識雜生活、外埠新聞畫、

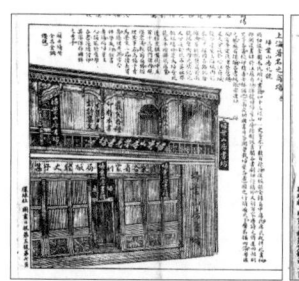

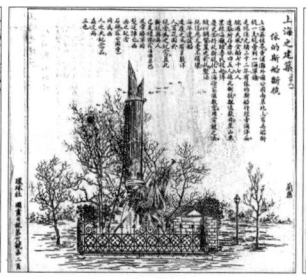

雜俎。其中最具史料價值的是「上海之建築」、「上海社會之現象」、「營業寫真」和「世界新劇」四大欄目。其價值主要體現在：

（一）記錄清末上海的重要場所和代表建築：

它用翔實的文字配以實景實物的描繪，比較完整的記錄了當時清末上海社會的重要政治、經濟、商業、文化等場所和著名代表建築。其中極大多數的活動場所及著名建築早已成昨日黃花，不復存在，如：清末著名的古籍書店上海掃葉山房北號、清末民初既是上海灘政治集會場所和重大活動的娛樂場所，也是中國首次放映電影的著名私人花園——張園，以及座落於英租界外灘公園上的上海第一座紀念碑——伊爾底斯紀念碑等等。也有少數建築物留存至今，現成為人們踏古探幽的尋跡之地，如：江蘇教育總會大樓、由法國傳教士創建的上海最早的徐家匯天文臺、設在上海福州路河南路交叉口的英租界在華司法權利的象徵——總巡捕房大樓等等。

（二）記錄清末上海社會的各行各業：

它記錄了清末上海社會各行各業的存在狀態，尤其是「三權分治」的獨特租界社會群象和人物群象，這為研究者提供了真實可信的民俗風情之形象資料。如清末人流穿梭如織的上海各式書樓、茶館、戲院、沿街老店的裡裡外外，租界裡不斷湧現的諸如自來水、馬路電燈、消防車、壓路機、人力車、游泳池、自行車等新式設施。「當代名人紀略」欄目專門記錄對社會進步做出貢獻的人物，連續報導著名工商界人物事蹟。尤其是「營業寫真」中的繪畫，更是維妙維肖的將晚清年間的

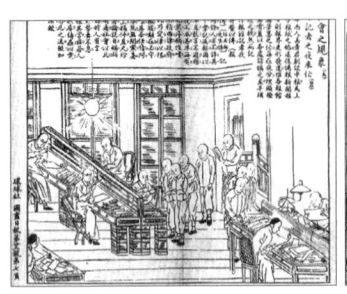

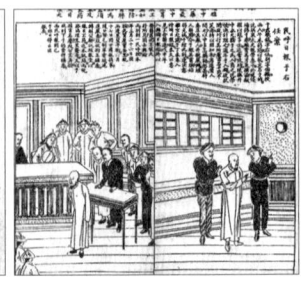

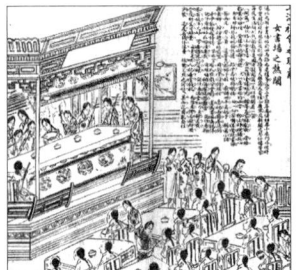

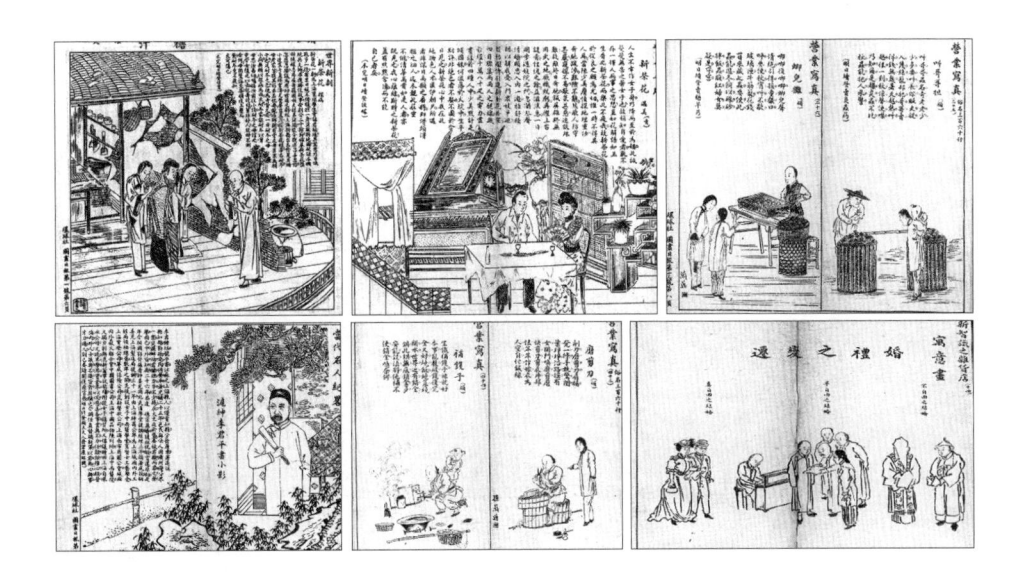

三百六十行刻畫的入木三分。

（三）保留中國近代新劇史料：

它保留了不少中國近代新劇史料。尤其是後設的「世界新劇」和「三十年來伶界之拿手好戲」等欄目，乃是後人研究清末京劇的劇碼現狀，以及受西方戲劇影響而產生的「新劇」劇碼興盛發展的第一手資料。

肆、別有洞天的各地畫報

根據統計，自1884年至1913年間，同時期發行的綜合性石印畫報主要還有如下數種：

一、上海地區：

有1890年出版的《日新畫報》，1895年創刊的《飛雲館畫冊》，1896年出版的《飛雲閣畫報》，1900年創刊的《雙管圖畫報》，1901年創刊的《圖畫演說報》、《畫報》、《求是齋畫報》，1903年7月創刊

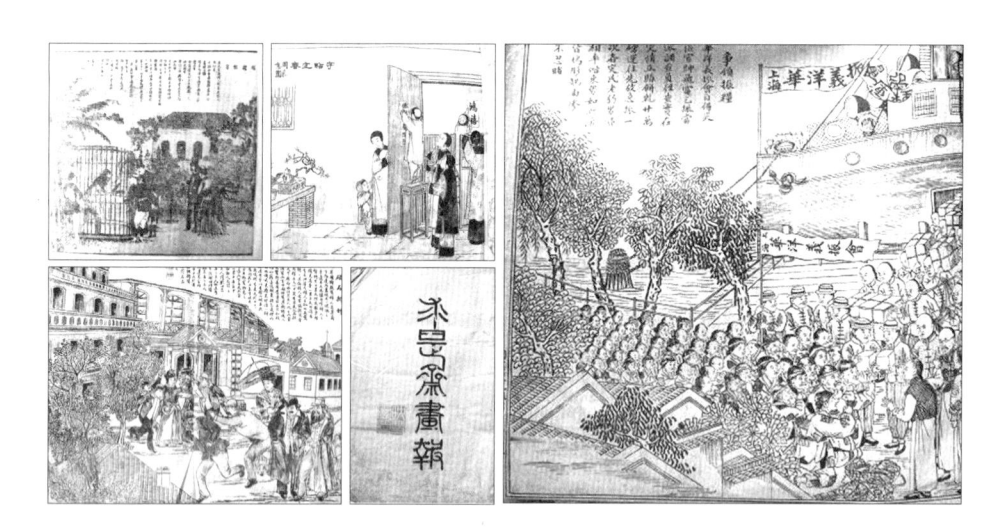

的《奇新畫報》和《書畫譜報》，1906 年創刊的《生香館畫報》和《丙午星期畫報》，1907 年創刊的《圖畫新聞》，1907 年 7 月由上海環球畫報社出版的《民呼日報》附刊畫報，1908 年創刊的《蒙學畫報》和《社鏡畫報》，1909 年出版的《新世界畫冊》和《新聞圖畫》（朱紫翔作畫），1911 年創刊的《圖畫報》和《圖畫劇報》，1910 年創刊的以圖畫為主的《上海雜誌》。

二、北京地區：

有 1902 年創刊的《啟蒙畫報》，1906 年創刊的《北京畫報》，1907 年夏秋間創刊的《北京白話圖畫日報》（楊穉山主編、發行楊競夫），1909 年創刊的《醒世畫報》（李菊儕畫、張風育主編），1908

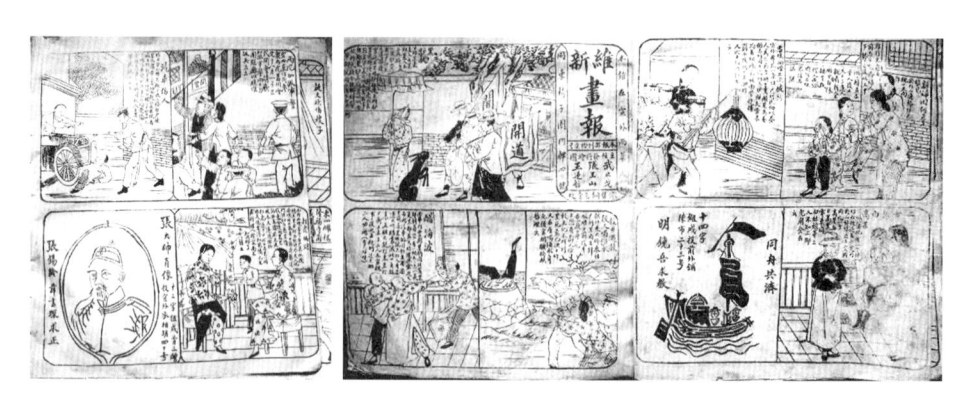

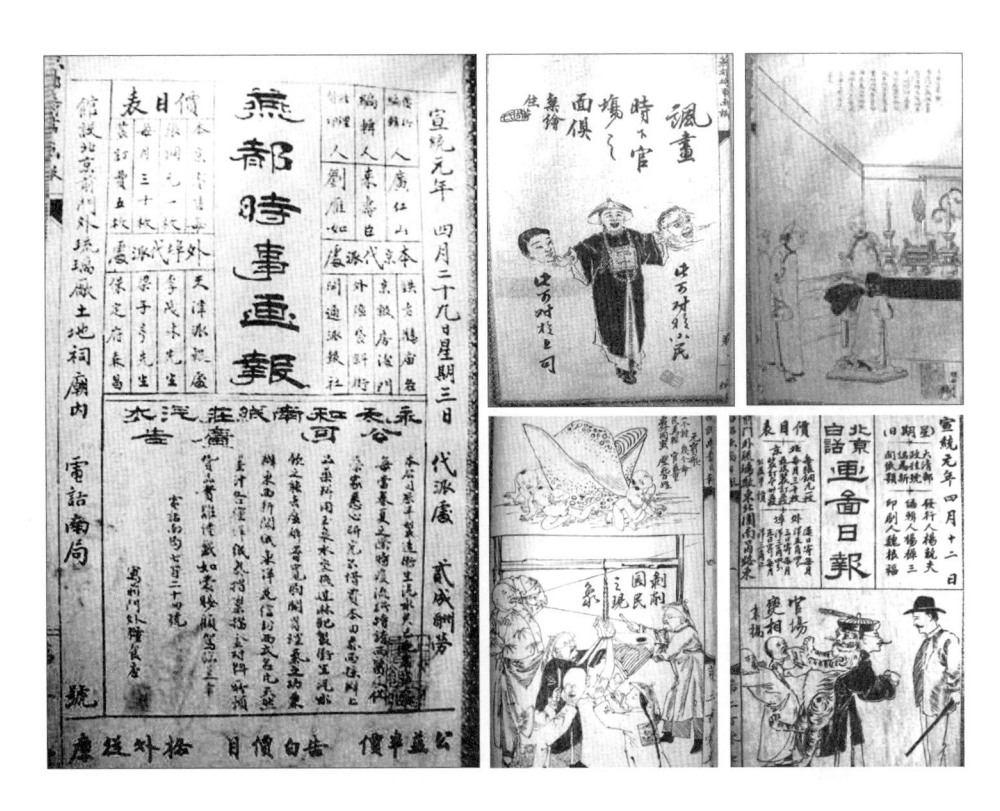

年出版的《當日畫報》（英銘軒編繪）、《北京白話圖畫日報》和《淺說日日新聞畫》（姚淑雲、柳贊成、德譯臣作畫，王子英任經理），1909年創刊的《燕都時事畫報》（廣仁山、來壽臣主編）等。

三、廣州地區：

有1906年創刊的《賞奇畫刊》和《開通畫報》（主筆英明軒），1907年創刊的《時諧畫報》（崔芹、潘達微、何劍士等編繪），1907年出版的《滑稽魂》和《時事畫刊》，1911年7月創刊的《平民教育畫報》（鄧警業、何劍士、潘達微等編繪）。

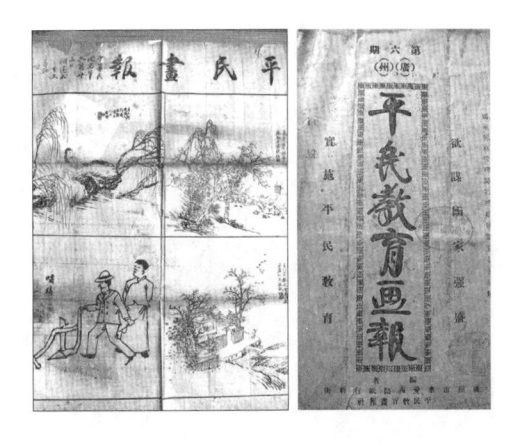

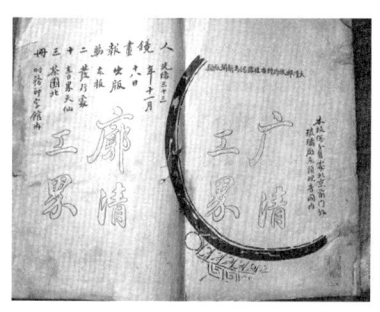

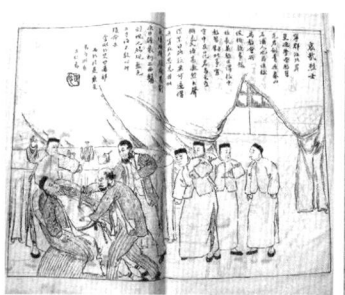

四、其他地區：

天津有 1906 年創刊的《醒華畫報》，1907 年出版的《人鏡畫報》，1911 年創刊的《民事畫報》。

汕頭有 1907 年創刊於汕頭的《雙日畫報》（曾杏村、吳子壽編），1909 年在汕頭出版的《圖畫新報》（吳子壽主持，王遜之作畫）。

四川有 1909 年創刊於成都的《庸俗畫報》。

其中《北京畫報》、廣州《時事畫報》、天津《醒俗畫報》可圈可點：

《北京畫報》：

1905 年 4 月創刊，旬刊。編輯張展雲。北京畫報館出版。每期刊登時事新聞圖畫十幅左右。停刊時間不詳，所見最後的第 29 期出版於 1907 年 2 月。它是北方地區繼《啟蒙畫報》出版後最有影響的石印圖象文獻，它的發行填補了這一地區綜合性畫報的空白，同時也為歷史記載下清末北方地區獨有的社會風情風俗的畫卷，這是南方地區出版的《點石齋畫報》、《飛影閣畫報》所不能企及的。創刊號上刊登的第一幅時事新聞《愛國大撲滿》，報導了北京東安市場上一場促進商業行銷的新聞，每天有人講解葫蘆罐上貼滿各種政治社會問題的情景。「文明結社」這幅畫真實生動地報導了 1905 年 4 月 3 日，北京公立和私立大學舉辦第二屆運動會

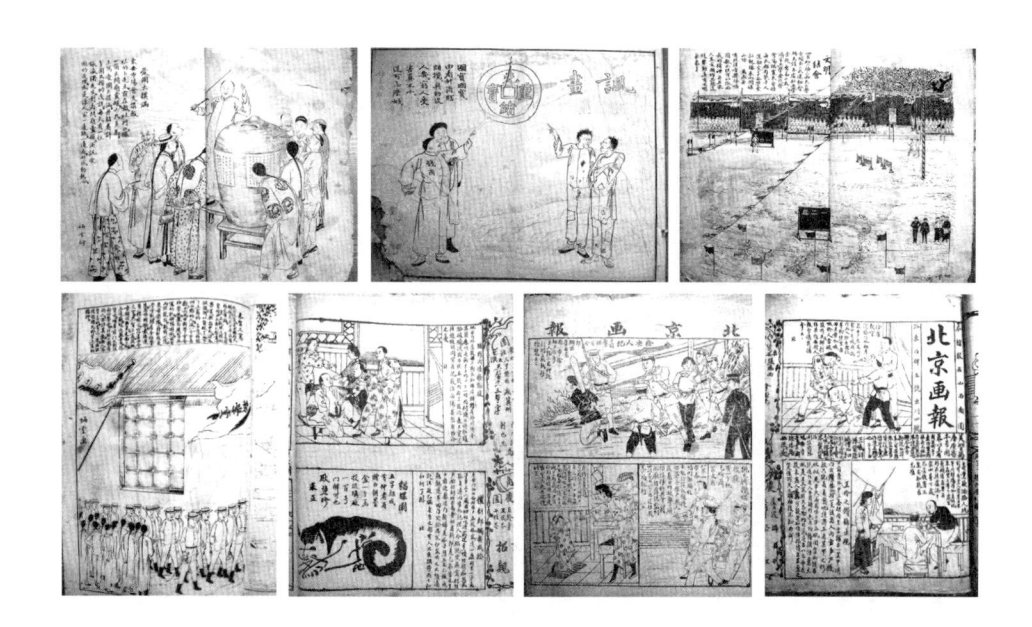

的實況，出席人員高達幾千人，競賽完畢，舉行升國旗，唱國歌的儀式。從中可見，現代運動會儀式的雛形模式早在一百餘年前已形成了。1905年清政府宣布實行立憲國策，該畫報第17期上登載了兩幅時事圖畫：一幅是北京各界舉行遊行慶賀之景，另一圖報導了北京女學生參觀女工廠的圖文，這在同時期石印畫報中，尤其是北方地區的畫報中很罕見，一般來說，晚清的工業經濟在東南沿海地區較發達，作為政治中心的北京，此時所出現規模化的工業廠家並不多，該畫報從一個側面反映了社會政治經濟的現狀和時代的進步。與同時期出版注重社會新聞的《圖畫日報》不同的是，《北京畫報》每期還發表一幅「諷畫」，對各種醜惡的社會現象加以鞭撻。《北京畫報》出版後，這種新穎的圖象文獻很快受到北方讀者的歡迎，銷路日盛；從第6期起刊登了「改良啟示」，聲稱畫報刊行以後，「銷路日佳」，並從該期起將每期十幅新聞畫增加至十三幅。值得注意的是，民國初年，北京還曾出版過另一種同名的採用石印技術的《北京畫報》，因所見文獻有限，創停刊日期不詳。根據該畫報的內容和人物服飾判斷，它與上述所講的似乎不是一種畫報，應是民國初年北京發行的另一種圖象文獻，

所見實物僅四期。它採用了連環畫的形式，而非單幅形式描繪報導各種家庭和社會新聞。

廣州《時事畫報》：

1905 年 9 月 29 日出版於廣州。它是廣東地區出版的第一份石印畫報，也是辛亥革命初期，南方地區最有影響的圖文文獻，同樣是這一時期最具反清政治傾向的革命圖象刊物。全刊以干支紀年，隱約的表達了自己的反清立場。該刊每十天出版一期。創辦人高卓廷。歷任編輯潘達微（鐵蒼）、陳垣、高劍文、何劍士、鄭侶泉等。這批人在政治上擁護同盟會的革命主張，1905 年在孫中山的授意下，開始籌辦中國內地第一份同盟會的輿論喉舌《時事畫報》。畫報「仿東西洋各畫報規則辦法，考物及記事俱用圖畫，以開通群智、振發精神為宗旨」[21]，內容共分「圖畫、紀事」兩大部分，「為首論言，次之論事，中先諧後莊，諧部雜文、談叢、小說、謳歌、雜劇等。附之莊部，論說、短評，本省、各省要聞附之」。[22] 畫報編撰員署毅伯，圖畫總撰員署劍士、鐵蒼。聘請的畫師高達 24 人，其中有擅長人物畫的崔芹、馮如春、譚泉、羅清等，專繪山水花鳥的伍德尋、陳鑒、劉鷟翔等。1906 年（丙午年）5 月第 17 期起實行改良，編例欄目大變化，改設諧部（喻言、時諧漫畫為主）、莊部（內又分以圖為主的專件大事記圖、要事合圖和瑣事集錦欄目，以及文字為主的雜文、談屑、劇本、南音、謳歌、詞苑欄目）、論說、

時評四大欄目。1908 年 1 月 18 日出版第 33 期後曾停刊。1909 年遷移香港出版。1912 年 9 月該報「由廣州同志發起與《平民畫報》合併，從新組織，命名《廣州時事畫報》」。[23] 六年之中先後在粵港兩地共出版了 130 期。1913 年 3 月該報招股，其時版權頁署「總理鄧警亞，發行人李夢痕，編輯魯達，印刷何楠」，停刊時間不詳，所見最後一期出版於 1913 年，標癸丑年 11 期。該刊每期大約五十頁左右，其中圖畫約占百分之五十，大多採用粵語方言闡解，具有強烈的粵地風格，尤其是時事新聞圖畫和漫畫作品，主題鮮明，如它刊登的抵制美貨、黑暗世界、學生愛國、國恥須知、偉人不死、華人被逐、國恤志哀、社會大家等圖畫，自始至終將批判的鋒芒對準腐朽沒落的晚清政府及西方列強。自第 7 期起連載黃小配的圖文長篇小說《二十載繁華夢》。時人撰詩讚揚它：「時事報乜你報，有畫就唔同。一枝妙筆，巧奪天工。任你舌弊唇焦，唔講得佢咁切痛。憑你手摹指畫，亦唔顯得佢咁玲瓏。呢箇畫報主人，心血熱湧，欲把國民喚醒，免在夢魂中。紙上畫作悲觀，最得人心動。筆墨通靈，色相可窮，眼見與共耳聞，同一妙用。人見重，敢把蕘蕘貢，有乜人間怪像，都要極地形容。」。[24]

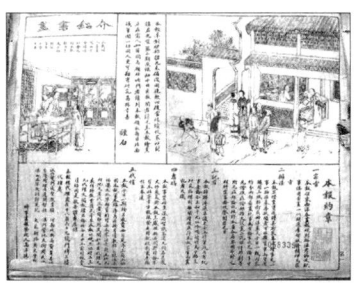

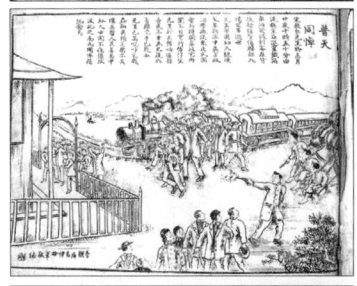

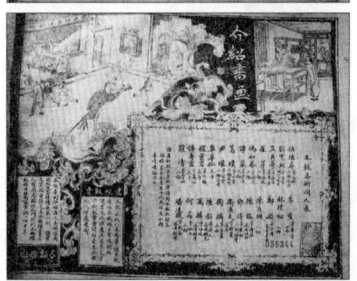

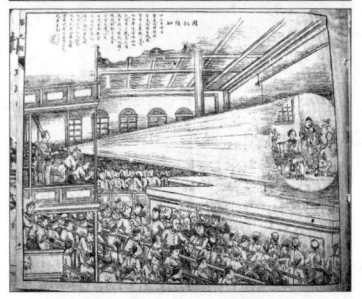

天津《醒俗畫報》：

1907年3月創刊於天津，乃是該城市出版的第一份石印畫報。初創時為旬刊，四個月後改為五日刊，1910年8月後逢雙日出版。直至1913年1月停刊，共出1618期。署醒俗畫報館編印出版。實際創辦人是晚清天津教育界的一批知識分子溫世霖（普育女學創辦人）、吳芷洲（私立第一中學堂英文教習，即後來的南開中學）。第一任主筆陸辛農，文字編輯張紹山（慈惠寺小學堂長）。其主要發行地集中在北方地區，北京、保定、山東等地設有該報的派報分店。編者宣稱其旨為「喚醒國民、校正陋俗」。[25] 1908年5月4日，改名為《醒華畫報》。從「醒俗」至「醒華」，僅一字之改，卻反映了創編者們視野的拓展與深意。該刊每期刊登十幅左右的石印畫。首載花鳥樹木畫一幅，接登配有文字敘事的世界偉人肖像圖，見有希臘哲學大家柏拉圖、英國女皇維多利亞、德國鐵血宰相俾士麥等人，後接五、六幅時事新聞畫，涉及家庭教育的《逆子宜懲》、《辱由自取》等，反映社會治安的《娼家被盜》、《賭局被抓》、《命案奇志》、《煙犯丈獲》、《拿匪其聞》等，揭示社會矛盾的《怨聲載道》、《油挑衝突》、《警兵可恨》等。隔期末載一幅「諷畫」，嘲諷腐敗官場並諷刺社會惡俗。此外，本刊還經常轉錄其它報刊的文章，連載配圖的科學小說、科學小知識、通俗謎語等，以達到其所稱的「錄事概用圖說，以期人人易知易解」[26]的辦刊目的。1913年3月出版至第17期停刊。

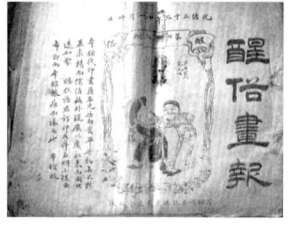

伍、隨主流報紙系統附送發行的畫報群

隨報附送的畫報先驅乃是 1893 年 12 月（光緒十九年十一月）由上海新聞報館創行的《新聞報館畫報》，它是最早「逐日附送畫報單頁」的報紙。每月匯總另成一冊，每半頁繪一圖，長六吋二分半，寬四吋，售價五文。署名倉山舊主的〈敘〉一篇，道出了創辦本畫報的緣由：

「畫報創自泰西，非徒資悅目賞心，矜奇炫異也。圖而繪之，可以增人之見識，有一物焉，摹而仿之，可以裨人之研求，緣人世間之事與物，有語言文字所不能詳達者，端賴此繪事極形盡態，以昭示於人」。[27] 面對當今世界千變萬化、日新月異的發展，單靠文字描敘已不能全面詳盡的反映，「非有畫報補日報之缺略」，因此本館亦「本此意于癸巳仲冬朔日為始，每日延請名手，精心圖繪，日於報紙之外，附以畫報兩則，以博閱者鑑賞。計月一周，成書一冊，可以增當前之知識，可以資有意之仿摹，幸勿作喪志之玩物觀可耳」。[28] 看來，創辦者創辦畫報的目的十分明確，他希望隨報附送的圖畫插頁並不是茶餘飯後用來消遣談資的「玩物」，而是希望它們能警視中國人，打開中國人的視野，增加中國人的知識。這種願望可說是在辛亥革命期間得到了淋漓盡致的反映。《民呼畫報》、《民籲日報圖畫》、《民立畫報》、《輿論時事圖畫新聞》、《天鐸報附送畫刊》、《神州五日畫報》等即是此類畫報的傑出代表。此類畫報與其它綜合性石印畫報比較，具有如下幾個特點：

一、陣地轉移：

在出版形式上，自1903年後，石印畫報出現從單純的綜合性畫報向近代報紙陣地轉移的趨勢。市面上逐漸出現成批的隨報附送的「畫報」，及由一個報館單獨集結出版的「附刊式畫報」。它往往隸屬於一個獨立的報紙，每日單頁，或多頁地隨報附送，或不定期隨報贈送，不另付資。在出版了一個時期後，報館往往將其集中或分類編排裝訂成冊，單獨出版，需另付資。刊期由定期出版向每日出版轉化。

二、注重時效性與針對性：

在內容上，更注重新聞的時效性與針對性，尤其是關注國際國內的新聞大事，配以圖文加以報導。政治諷刺類的漫畫手段更被廣泛應用。這些報刊的創辦者，如于右任、宋教仁等早年追隨孫中山革命，憤慨清朝政府的腐敗無能，痛歎近代中國經歷中英鴉片戰爭、中法戰爭、中日戰爭、戊戌政變、八國聯軍侵京、日俄戰爭給中國所帶來的巨大傷痛和磨難。因此在這些畫刊上體現出鮮明的政治特徵和時代特徵，成為石印畫報高潮時期最具有政治張力和充滿生命力的文獻載體。

三、於各地報館編印：

從時間上審視，它最初源於1893年12月的《新聞報館畫報》，至1907年至1912年間達到高峰。據現有資料審視，它們主要集中在

上海地區，兼及北京、天津、杭州、廣州等地。

上海地區：時報館1904年發行了《時報插圖》，1907年1月創刊了編印《時事畫報》（旬刊），1908年又將其彙集分類成冊，另行出版《戊申全年畫報》和《時事報圖畫雜俎》（1907年底創刊）兩種。民呼日報館於1909年7月編印了《民呼畫報》，5月發行了《民呼日報圖畫》。民籲日報館於1909年10月創編了《民籲日報畫報》。民立報館於1910年10月編印出版了《民立畫報》。輿論時報館於1909年12月編印發行了《輿論時事報圖畫新聞》，1910年發行了《自由鏡》。天鐸報館於1912年編印了《天鐸報附送畫報》。民權報館於1912年編印出版了《民權畫報》。民強報館於1912年5月28日編印發行了《民強畫報》。大共和日報館於1912年11月創刊了《大共和星期畫刊》，1914年編印了旬刊《大共和畫報》。時事新報館於1911年編印了《時事新報星期畫報》且每日出一張對開的未起刊名之該報附張畫頁。

北京地區有：北京時事報館編印於1907年的《時事畫報》。

天津地區有：天津人鏡報館編印於1907年的《人鏡畫報》。

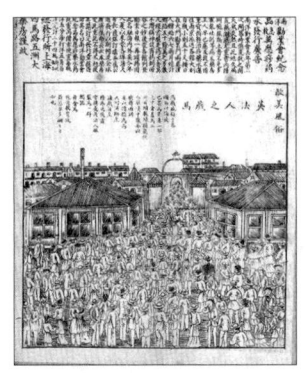

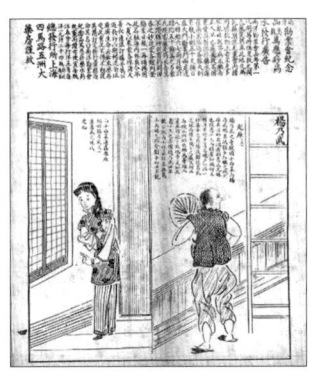

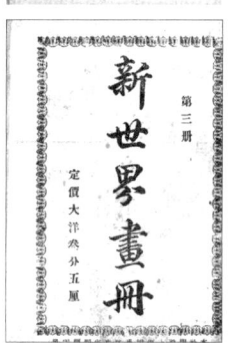

杭州地區有：杭州寅報社編印於 1904 年 5 月的《寅報畫報》。

香港地區有：香港《世界公益報》於 1903 年 12 月 29 日發行由鄭貫公主編的《時事滑稽銅模畫報》。現摘其要者概述如下：

(一)《時事報圖畫》系統：

該報系統源頭來自於清末的上海道台蔡乃煌控制的《輿論日報》和《時事報》，兩報在 1909 年 4 月 21 日合併，改名為《輿論時事報》，這三份報都曾發行過隨報附送的同名圖畫附刊：《輿論日報圖畫》1908 年 2 月 29 日出版於上海，由陳煒、陳子青繪圖，側重社會新聞圖畫，畫風精細。《時事報圖畫旬報》1909 年 1 月 10 日創刊於上海，為《時事報》的附刊，隨報附送。十六開經折裝訂。封面雙色套印，中繪地球，署上海環球社印行。後曾改名為《時事報圖畫雜俎》，兩報合併改名後於 1909 年 4 月 21 日編印發行了《輿論時事報圖畫》，每天十六開兩頁四面，1910 年又發行了《自由鏡》。在此期間，該報曾將原《時事報圖畫旬報》中的所有圖畫又按類編排，重新集結裝訂出版匯定本《戊申全年畫報》。據《戊申全年畫報》中〈卅言〉稱，它創行於 1907 年冬出版

的上海《時事報》，最初作為該報的第三張隨報附送。由該報社編印。其圖畫新聞「專繪各省可驚可喜可諷可勸之時事」，其意在「勸善懲惡」，畫分「寓意畫、諷刺畫、滑稽畫，以詼諧遊戲之情，存醒世覺迷之意」。[29] 次年將其匯總，出版本報全年畫報。1909 年夏《時事報圖畫旬報》停刊。《時事報圖畫雜俎》也是上海時事報館編印發行的，隨報附送的《時事報》附刊。其時間大約在 1908 年至 1909 年間，它與同時期出版的《戊申全年畫報》的內容基本相同。其中發表的「功虧一簣」、「優勝劣汰」、「弱肉強食」等畫作，嘲諷社會生活中的各類現象。

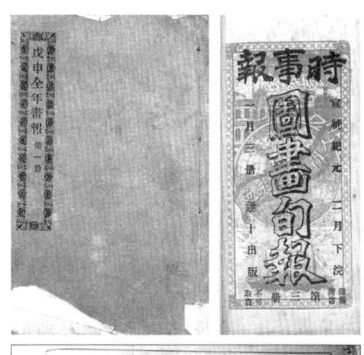

(二)《神州日報》畫報系統：

《神州日報》是這類隨報附送的圖畫附刊畫報中發行數量最多的一份報紙。《神州日報》創刊於 1907 年 4 月 2 日，剛一問世，就顯示出與其他報不同的凡響。在形式上，它不用清朝帝號，不奉清廷正朔，報頂紀年只用西元和干支，報名「神州」本身就隱含反清思想，寓意

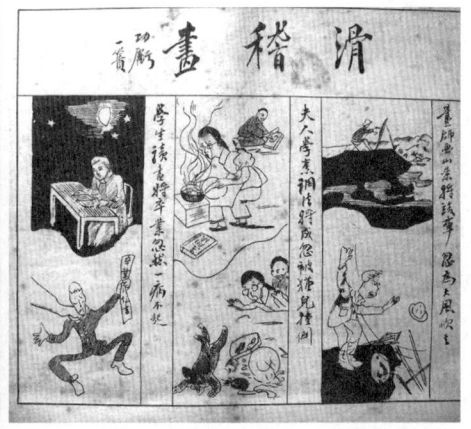

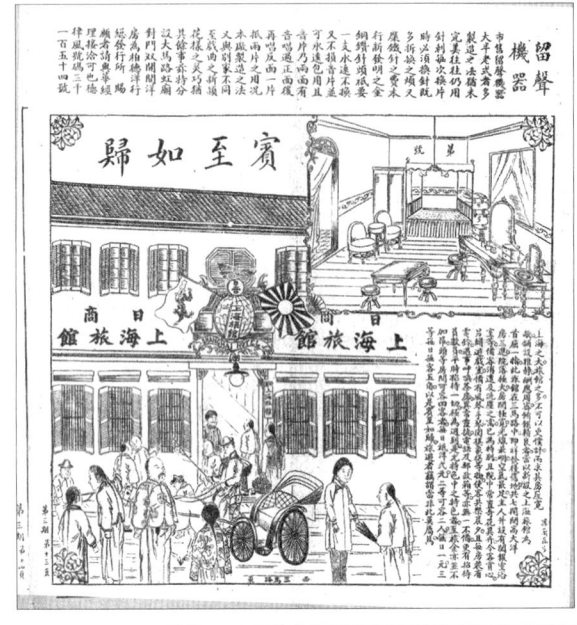

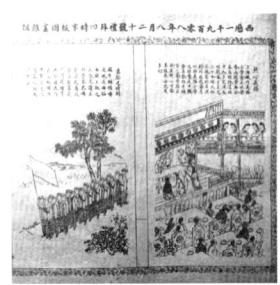

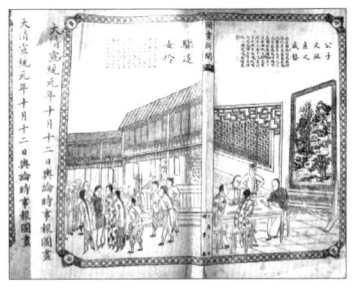

著喚起中華民族之祖國思想和激發潛伏的民族意識，正如馬相伯給該報的祝詞「以熱心毅力鼓舞國民，恢復我神州二萬餘里之權利，完成我神州四百兆同胞之責任，掃除三代以降小康之事業，而躋斯世于大同之景運」。[30] 在內容上，它遵循「有聞必錄」的原則，詳細報導各地反清武裝起義，抨擊反動勢力殺害秋瑾等革命志士，揭露各帝國主義吞併中國陰謀。隨報附送的圖畫附刊還發表了大量帶有強烈革命傾向的插圖、小說和舊體詩詞。這使它迅速成為上海地區最有影響的革命報紙，銷數猛增至一萬多份。此後它在上海望平街上幾經起伏，幾度停刊，數次調換報社主人，抗戰時期一度被漢奸利用，直到1946年

底終刊。《神州日報》的創辦人是于右任。

　　于右任，原名伯循，字誘人，陝西三原人。青少年時博覽群書，中過舉人。1903年赴京會試，目睹京廷腐敗成風，翌年疾筆寫下了抨擊時弊的《半哭半笑樓詩草》一書，因內有「愛自由如髮妻，換太平以頸血」等革命詞句和譏諷朝政排滿思想，被陝甘總督升允與三原縣令德銳舉發，遭到通緝。他改名劉學裕逃往上海，就學於上海震旦學院，此後常用騷心、大鳳、神州舊主、剝果、關西餘子、半哭半笑樓主等筆名在國內外一些報刊上投稿。1906年4月他攜資赴東北準備辦報，就在這時，他與孫中山見了面，同年11月加入了同盟會，從此踏上了革命之途。不久回國，他就與邵力子、楊毓麟、王無生、汪允宗、汪彭卓、譚介人、丁博沙、龐青城等多數是復旦和中國公學的校友一起，將他與邵力子在留日陝、甘、豫、晉等省革命學生中募集而來的二千元經費作為辦報費，於1907年4月2日在四馬路（今福州路）群學社書店三層樓上建立了神州日報館，旋又遷址上海望平街（今山東中路）上正式出版了資產階級革命黨人在國內出版的第一份大型日報《神州日報》。該報1907年4月2日創刊至1927年止，據粗略統計共發行過六種畫報附刊，它們是：《神州五日畫報》、《神州畫報》（雙日刊）、《神州日報畫報》（日刊）、《神州雜俎》（分類成冊）、《神州

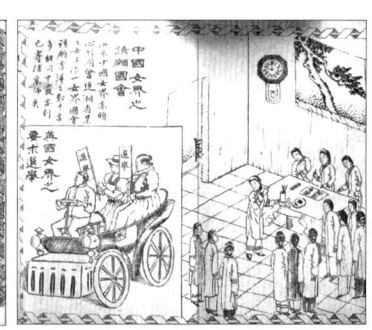

日報雙頁插圖》、《神州畫刊》（週刊）。這些畫報名稱、刊期多次變化，出版門類有重疊，名目迥異。但均是該報的附送品。其中較重要的有三份：

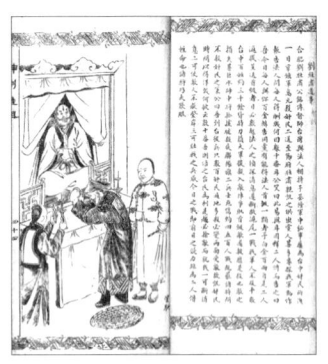

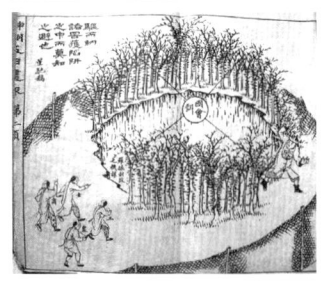

1.《神州五日畫報》：

是該報最早發行的一份附刊。原畫報並不署出版日期，只印有刊名，這也許淵於它是隨報附送的贈品。作為資產階級革命派的輿論喉舌，它一直將批判鬥爭的鋒芒指向清朝政府，並為該派的各種主張搖旗吶喊。清末民初著名漫畫家馬星馳，在該報上發表了一系列的政治時事漫畫：如〈國恥紀念〉圖，描繪了八國聯軍攻佔北京的那一刻情景，〈國會餌〉圖，譏諷了清政府鼓吹立憲議會制度的真實意圖。

2.《神州畫報》：

大約發行於1910年至1918年間。筆者所見一些圖畫生動地表現出時代變遷的痕跡，如1910年新年期間隨報附送的圖畫，描繪了中國人歡度春節的民間習俗，其時人們還梳著辮子，穿著馬褂，帶著瓜皮帽。而

出版於五四新文化運動期間的圖畫，卻出現了交誼舞、溜冰、檯球、高跟鞋、西式服裝傢俱、歐化的室內裝飾等來自西方生活方式的符號，畫中這些追求新知識、新文化與新科學的年輕人給社會所帶來的新氣象，成為了中西文化融合與時俱進的標誌。此外，該畫報還靈活地隨報發行過繪圖家庭小說《孤鶯鏡》等圖文。

3.《神州雜俎》：

它是神州日報的副刊，大約創行於1913年，停刊於1941年，發行時間較長。民國初年，這個以文字為主的副刊也曾附載過圖畫附刊。筆者所見倖存的幾幅圖畫中，就有馬星馳發表在《神州雜俎》記載臺灣抗擊日軍的民族英雄劉銘傳的圖畫及文字，以及描繪上海租界中出現的新交通工具——有軌電車的圖文。

(三)「民」之輿情畫報系統：《民呼日報圖畫》、《民立畫報》等：

該系統由《民呼日報圖畫》、《民籲日報畫報》、《民立畫報》、《民強畫報》四報組成。《民呼日報》、《民籲日報》具有前後因果的繼承關係，它們是在清政府查禁一個報紙後，緊接著改名後另辦一份報紙的結果，因二份報紙和《民立報》均「民」字當頭，豎排式，所以，當時報人們都習慣稱之為「豎三民」。前二報的創辦人即是《神州日報》的主辦人于右任，於因《神州日報》出版八十多天後，緊鄰失火，報社損失慘重，

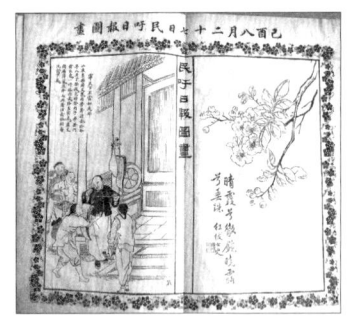

無力恢復而自行辭出。辭出不久,他又在上海望平街160號連續創辦了這二份宣傳革命派思想的報紙。三份報紙都隨報發行了圖畫附刊:

1.《民呼日報圖畫》:

於1909年5月15日創刊。每日一張。宗旨為「為民請命,不受官款,不收外股」,「對於內政、外交皆力持正論,無所瞻徇」。它以全新的政治諷刺畫直揭時弊,畫風尖銳潑刺。主要繪畫者有醒遠生、大民、聿光、鳴岡等。同年10月初《民呼日報》遭清政府查禁,它也被迫中止。

2.《民籲日報圖畫》:

於1909年10月3日創刊。主辦談善武。每日一張。它繼承了《民呼日報》的精神,「提倡國民精神,病除民生利弊」。其分為小說與小說畫、新聞畫、滑稽與諷刺畫、雜事與扶古四部分。圖文作者有病宦、聿光、鳴岡、綺雲等。僅出版了49天,於同年11月9日隨母報《民籲日報》以「誣衊妨礙中日邦交」罪名被清政府查禁。

3.《民立畫報》:

於1911年4月11日創刊,為其母報《民立報》的附刊。全刊分新聞、滑稽、諷刺、雜事、實業界偉人等欄目。《民立報》曾是同盟會中部總會的聯絡機關,它的兩任主編范鴻仙和宋教仁先後被暗殺。

《民立畫報》緊緊配合該報報導的時事政治新聞，將批判的鋒芒直指清朝的腐敗官僚，成為當時「大聲疾呼為民請命」和反清鬥爭中態度最鮮明的輿論陣地。它所刊登的不少政治諷刺畫，針弊現實、寓意尖銳深刻，與清末民初出版的其他報紙附刊上的同類漫畫，被視為是中國近代政治漫畫的發源地，著名漫畫家張聿光的〈百家瑣〉、〈禁止輿論〉等漫畫即在本刊上發表。《民立畫報》於 1913 年 9 月 4 日，也隨其母報被袁世凱查封而終刊。

4.《民權畫報》：

1912 年 3 月 28 日創刊於上海。它是《民權報》隨報發行的附刊。初期每日一大張，後曾改為十二開頁式，每期六頁十二面，每面一至三幅畫。主編戴季陶、何海鳴。繪畫者有錢病鶴、汪綺雲、醒農、寄萍等人。宗旨為「擴張民權，監督新政府」，設新劇、小說、新聞、滑稽畫、諷刺畫等欄目。該畫報十分注重新聞圖畫的時效性，如 1912 年 3 月 27 日，臨時大總統孫中山向唐紹儀交接權力，僅隔兩天的 29 日，該畫報就發表了一幅交接權利的場景畫作。1912 年，民國政府成立，留在男性腦後長達兩百餘年的長辮子，成為一種特定的時代標誌：「中國至貴者，莫如辮子。辮子者，能致人功名富貴也。自新黨留學海外，倡剪辮髮，風行海內，此乃一刻之輕重，一人之關係。一日畢業回國，

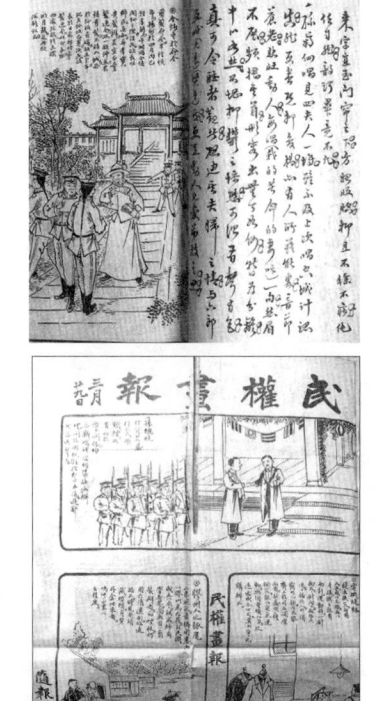

又變為科舉之思想，赴學部殿試者，人才濟濟，赴發（法）部購假辮者絡繹不絕。噫！將有用之辮子，何擲於無用之地，亦大可哀也。辮子的貴重如是耶。」。[31] 早在1874年清政府公派第一批赴美留學的規定中，就有「不剪髮辮，不進教堂」的約束。1877年還曾發生過留學生史錦鏞因剪掉小辮，著裝過於洋化被遣返回國的事件。可見剪辮和留辮自然成為擁護共和與保皇立場的政治符號。該報上登載的〈最近上海理髮店多〉和〈女子剪髮〉兩幅圖畫就從剪辮這一社會變革的細節，捕捉記錄了這一具有歷史意義的時代變遷。

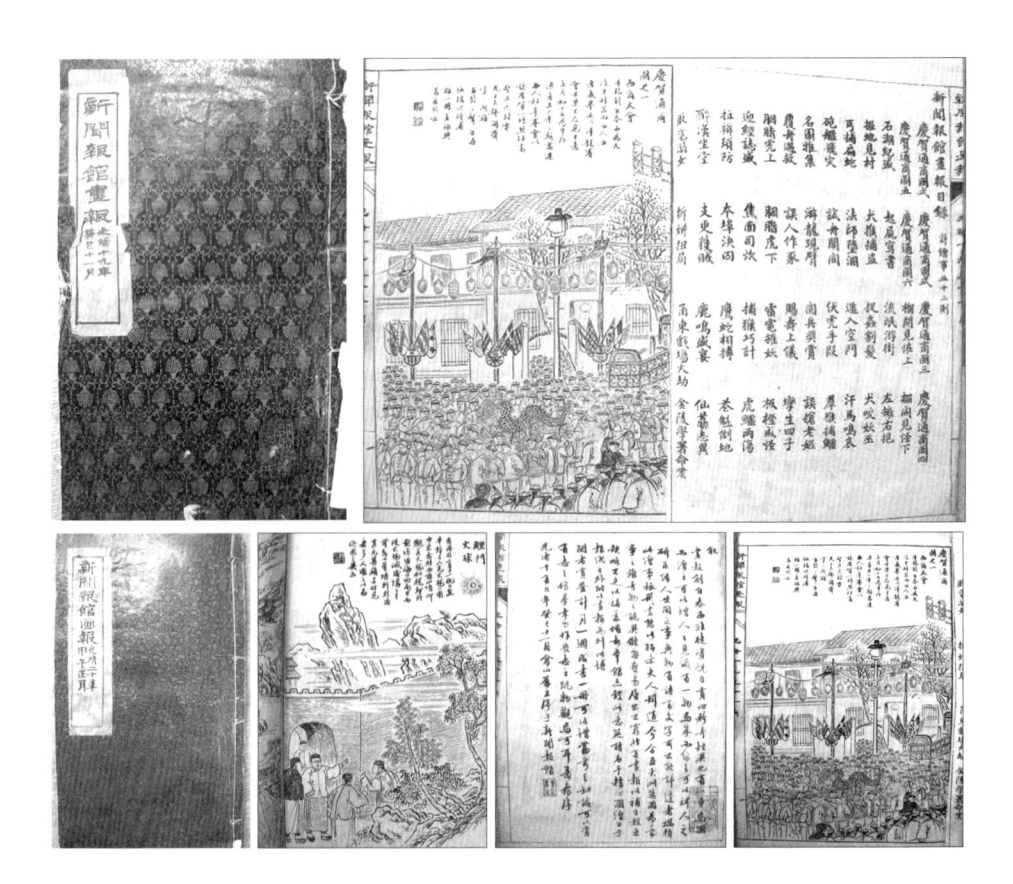

第三節
石印畫報衰落期（1914—1920）之出版物和歷史價值

　　石印畫報自 1914 年後開始步入它的衰落時期。據統計自 1914 年至 1920 年，現存所見的石印畫報寥寥無幾。此段期間新創辦的或仍在發行的幾種石印畫報，有的難以為繼，如 1914 年隨《大共和日報》發行附送的《大共和畫報》、1915 年 1 月由杭州寅報社編印出版的《寅報星期畫報》等。有的拖了數年就停刊了，如：1912 年鄭正秋創辦的《圖畫劇報》等。有的匆匆出版數十期就壽終正寢，如：1914 年發行於北京的《京師教育畫報》，1917 年 6 月包天笑主編刊印的《小說畫報》，1919 年創行於上海的《醒世畫報》等。也有的緊跟時代潮流，轉向採用新的印刷技術，煥發出新的生命，如：1918 年由孫雪泥編輯的《世界畫報》、1920 年周劍雲編輯的《解放畫報》等。

　　《解放畫報》，1920 年 5 月創刊於上海。它的編輯是民國年間電影界名宿周劍雲，繪畫人是著名畫家及攝影家但杜宇，發行人是新劇家鄭鷓鴣，由上海新民圖書館出版。1921 年 12 月停刊，共出 18 期。解放畫報在某種角度上，可說是本階段石印畫報的終結者，在這份畫報上我們可窺見到兩個明顯的特點：第一，該畫報雖然取名為畫報，但是它的主要篇章卻是文字，石印圖畫已成為刊物的點綴品，要麼鑲嵌在大量文字中，要麼集中編置在刊物第二至第三頁的正文前。第二，它已顯露出銅版技

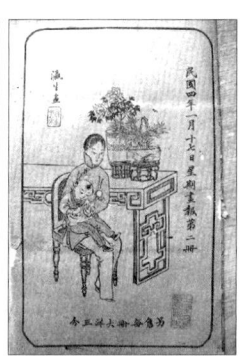

術畫報的端倪，有時偶爾也會在文字中刊登一、二張銅版照片。自它之後，在市場上再難覓見石印畫報的蹤跡了。

在結束本節之前，還想特別提一提與清末石印畫報具有姻緣關係的一批文學雜誌。文學雜誌配有石印圖畫最早始於韓子雲主編的《海上奇書》，它出版於1892年2月28日（清光緒十八年二月一日）。《繡像小說》1903年5月由李伯元主編創刊於上海。它的編印風格上承《海上奇書》，下啟《小說畫報》。配說文字的石印附圖十分精緻的描繪了1900年庚子事變後，清朝帝國社會在引進接納西方文明的過程中，各級官吏和人物假借維新之名所表現出的種種抵制、扭曲、守舊、昏庸與圖謀升官發財惡行和醜事。《小說畫報》是清末唯一一份使用「畫報」兩字命名的文學專業雜誌。1917年1月創刊於上海。創辦人包天笑、錢病鶴，前者主持文字，後者負責繪畫。它既繼承了晚清插圖文學期刊《海上奇書》和《繡像小說》的衣缽，又受到了晚清綜合性石印畫報的浸淫，創辦者是有意識的將兩者融合在一起，以實踐和達到其「雅俗共賞，凡閨秀學生商界工人無不咸宜」。[32] 這一批兼有文學和清末石印畫報特點的期刊，顯然是受到《點石齋畫報》、《飛影閣畫報》等連續性出版畫報的啟發而行銷於世的。然而，遺憾的是這種圖文並茂式的文學雜誌並沒有真正發展起來，包天笑主編的《小說畫報》出版時，石印畫報已進入衰退階段，但它卻催生了後來的新穎文獻載體——連環小人圖畫的誕生。

綜觀整個石印畫報，它們具有如下的主要特點和價值：

一、出現了一批在中國近代畫報史上具里程碑意義的圖文文獻：

1.《寰瀛畫報》，近代畫報史上第一份將西方畫報形式介紹給中國讀者的圖文文獻，儘管是在國外編輯，國內裝訂成冊的畫報。

2.《花圖新報》（《畫圖新報》），這是迄今為止，筆者所發現的近代畫報史上第一份刊登西方幽默漫畫的圖象文獻，同時也是用漫畫形式描繪中國人形象的鼻祖。

3.《小孩月報》，近代畫報史上第一份以兒童為物件的圖文文獻，它的出現為後期的《蒙學報》等同類刊物奠定了基礎。儘管它的文字多於圖畫。

4.《點石齋畫報》和《飛影閣畫報》，前者是在中國本土由報館作後盾，由中國人自己編輯的第一份真正意義上以圖畫為主報導時事新聞的畫報，後者是個人自編發行的第一份畫報。

5.《新聞報館畫報》，開創了中國報刊史上以本報名義發行圖畫文獻的先河。

6.《蒙學報》，近代石印畫報史上第一份完全由中國人編印的兒童圖文讀物。

7.《圖畫日報》，中國近代最早以日刊形式報導時事社會新聞出版的畫報。突破了以往畫報通常是旬刊、月刊等慣例，其信息量和新聞性大大提高。

8.《圖畫劇報》，是中國近代畫報史上出版的第一份戲劇石印圖文專業報紙。

二、是中國近代政治諷刺漫畫的搖籃：

石印畫報的出版出現過兩個繁榮期，第一個繁榮期以《點石齋畫報》、《飛影閣畫報》、《北京畫報》等為代表，他們的出版標誌著以中國人為代表的畫報，開始在圖象文獻的舞臺上成為主角。第二個

繁榮期出現在清政府垮臺前後，以《民呼日報》、《民籲日報》、《民立報》和初期《神州日報》等為代表的隨報附送的畫報為先驅，在辛亥革命的大浪淘沙中呼風喚雨，將批判的鋒芒直指清王朝，成為中國近代政治諷刺漫畫的搖籃。

三、印刷技術的提升：

成熟時期的石印畫報與萌芽時期相比，在石印技術上更具嫻熟，畫面清晰精細，人物神態維妙維肖，畫面細節更臻至精美真實。

四、提供多元化資訊：

繁榮期畫報內容從單元的知識傳授功能，向多元化的資訊傳遞功能轉化。傳播資訊的深度和廣度前所未有，時事要聞、社會新聞、重大新聞、國際新聞、外交新聞等均成為畫報的筆下對象。

五、出版形式逐漸轉化為報紙：

畫報的出版形式從單純的綜合性畫報向近代報紙轉移，開始出現了隨報附送的「畫報」形式，以及由報社單獨集結出版的「報紙」附刊式「畫報」，刊期由定期出版向每日出版轉化。更注重新聞時事性，尤其是國際國內政治時事。

六、採用新型印刷技術：

這個時期出現了一些採用新型印刷技術印刷的極少銅版畫報、雕版畫報（類似於年畫印刷技術）新生事物。

七、創辦者由外國傳教士轉變以中國人自編為主：

繁榮期畫報的創辦者，從以外國傳教士為主，開始向中國人創辦者為主轉化。據統計在118種石印畫報中，外國傳教士主編或外國人主掌的印刷機構印刷的畫報約有近十種，而中國人自編的畫報達百餘種，占這時期84％。

八、繪畫手法自成一格：

在繪畫的手法上，融中外繪畫之特長自成一格。它將外國畫報注重現實社會生活描寫與中國傳統線裝本中傳奇小說中之雕版插圖手法相結合，形成了這一時期石印畫報的特有風格，一度流行的百美圖、百卉圖、百獸圖與名人學士圖就是仿效中國傳統畫譜，加上西法繪畫透視等手法繪就而成。

九、銅鋅版畫報技術逐漸興起：

到了二十世紀二〇年代初，石印畫報幾乎失去全部市場，且全軍覆沒。取而代之的是，銅鋅版畫報技術開始興起，從而中國圖象文獻步入了銅鋅版畫報時期。

附石印畫報簡目：

表一：石印畫報簡目

畫報題名及刊期	創辦人、編輯者	出版發行者	創停刊日期
《小孩月報》月刊	范約翰（美國傳教士）（John Marshall Willoughby Farnham）	先後由上海美華書館、清心書院等印行	1875年在上海創刊，1915年改名《開風報》又出12期後停刊。
《花圖新報》年刊	范約翰	上海清心書院發行	1880年5月（清光緒六年四月）創刊，僅出1卷，自第2年起改名為《畫圖新報》。
《畫圖新報》年刊	范約翰	上海中國聖教書會印行	1881年5月第2年第1期起，1913年出至第34卷後停刊。
《寰瀛畫報》年刊	上海《申報》館編輯，英國人繪畫	上海《申報》館發行	1877年6月6日創刊—1880年6月3日，共出5卷。
《點石齋畫報》旬刊	上海《申報》館編輯，吳友如等作畫	上海《申報》館發行	1884年5月8日—1896年底，共出528冊（期）。
《成童畫報》月刊	廣學會編	上海墨海書局印行	1888年創刊，年出12冊。1915年改名為《福幼報》。
《日新畫報》月刊	上海該畫報社編輯	上海該畫報社出版	1890年1月—2月，共出2卷。

畫報題名及刊期	創辦人、編輯者	出版發行者	創停刊日期
《飛影閣畫報》旬刊	吳友如主編及繪畫	上海飛影閣畫報社出版，鴻寶齋石印	1890年10月—1892年12月（創刊號至第90期）。
《飛影閣畫冊》半月刊	吳友如主編及繪畫	上海飛影閣畫報社印行	1893年9月10日—1894年2月6日，共出10期。
《飛影閣士記畫報》旬刊	周慕橋主編及繪畫	上海飛影閣士記畫報社印行	1893年1月—1894年5月（第91期至第133期）。
《飛影閣士記畫冊》半月刊	周慕橋主編及繪畫	上海飛影閣士記畫報社印行	1894年6月—1895年10月（1—33期）。
《新聞報館畫報》	上海新聞報館編輯	上海新聞報館編輯發行	1893年12月創刊，停刊時間不詳，所見單行出版的最後1冊為1894年5月。
《飛影閣玉記畫冊》	周慕橋主編及繪畫	上海飛影閣玉記畫報社印行	1895年10月（34—35期）。
《飛雲閣畫報》	上海飛雲閣畫報社編輯	上海新聞報館代發行	1895年創刊—1897年（1—6冊）。
《求是齋畫報》	不詳	上海	1901年創刊，僅見1期。
《圖畫演說報》月刊	杭州招寶圖畫演說社主辦	浙江杭州該社發行	1901年11月30日創刊—1902年（1—?）。
《畫報》	不詳	上海	1901年創刊—1902年。
《飛影閣大觀畫報》十日刊	主持人與繪畫者是周慕橋、何元峻	上海飛影閣大觀畫報發行	1902年4月—同年夏秋（1—7期）。
《大雅樓畫寶》	周慕橋畫譜、碧梧山影印	上海求古齋發行	清末發行，出過元、亨、利、貞四集。
《啓蒙畫報》日刊、月刊、半月刊	彭翼仲、彭谷生主編	《啓蒙畫報》社出版發行	1902年6月23日於北京創刊，自181號起（1903年2月18日）該報實行改良後改為月刊（1903年3月28日至7月24日），再改為半月刊（1903年9月21日至停刊）。約1904年底1905年初停刊，共出了32冊181期。
《奇新畫報》	不詳	上海	1903年7月24日創刊，停刊日期不詳。
《集益書報畫》旬刊	不詳	上海	1903年9月6日創刊。

畫報題名及刊期	創辦人、編輯者	出版發行者	創停刊日期
《時事畫報》旬刊	創辦人高卓廷。歷任編輯潘達微、陳垣、高劍文、何劍士、鄭侶泉。	廣州該社發行	1905年9月創刊，1908年1月18日出版第33期後曾停刊，1909年遷移香港出版，1912年9月該報「由廣州同志發起與《平民畫報》合併，從新組織，名《廣州時事畫報》，6年中先後在粵港兩地共出版了130期。1913年3月停刊時間不詳，所見最後一期出版於1913年，標癸丑年11期。
《生香館畫報》	不詳	上海出版	約1906年。
《北京畫報》旬刊	張展雲編輯	北京畫報館出版	1905年4月創刊。停刊時間不詳，所見最後的第29期出版於1907年2月。
《賞奇畫報》旬刊	季毓、霸倫等編	廣州	1906年創刊。
《丙午星期畫報》	上海時事報館編輯	上海時事報館印	約1906年。
《開通畫報》半月刊	主筆英明軒	北京開通畫報館出版	1906年—1907年3月9日（1—26期）。
《醒華日報畫刊》日刊	醒華日報社編輯	天津該報社出版	1907年間。
《戊申全年畫報》	上海時事報館編輯	上海時事報館編印	1907年—1908年（共四十冊）。
《時事畫報》又名《時事報館畫報》旬刊	上海時事報館編輯	該報社出版	1907年1月—1910年（1—99期）。
《民呼畫報》月刊	上海民呼報館編輯	上海環球畫報社出版	1907年7月創刊，1909年仍在刊行。
《時事報圖畫雜俎》日刊	上海時事報館編輯	上海時事報出版	1907年11月—1909年8月，1908年11月26日刊出《秋瑾墓圖》。
《雙日畫報》	曾杏村、吳子壽等編	汕頭該畫報社發行	1907年創刊。
《圖畫新聞》	上海該畫報社編輯	上海該畫報社印行	1907年創刊—1910年（1—20卷）。
《北京白話圖畫日報》	編輯楊穉（稚）山、發行楊競夫	北京白話日報社發行	1907年夏秋間創刊，停刊日期不詳。
《醒俗畫報》旬刊、五日刊、雙日刊	創辦人溫世霖、吳芷洲，主筆陸辛農，文字編輯張紹山。	天津醒俗畫報館發行	1907年3月—1913年1月（1—1618期）。

畫報題名及刊期	創辦人、編輯者	出版發行者	創停刊日期
《滑稽魂》	不詳	廣州	1907年出版。
《時事畫報》	北京時事畫報館編輯	北京時事畫報館印行	1907年3月—5月。
《人鏡畫報》	天津人鏡畫報社主辦	天津人鏡報社編印	1907年6月—11月（1—24期）。
《雙日畫報》	曾杏村、吳子壽等主編	汕頭	1907年創刊。
《醒華》五日刊	同《醒俗畫報》	天津《醒華》畫報館刊印	1908年5月4日—1912年3（1—526期）。
《社鏡畫報》半月刊	上海該畫報社編輯	上海該畫報社出版	1908年6月—7月（1—4期）。
《蒙學畫報》半月刊	中華學會編輯	中華學會發行	1908年創刊。
《輿論日報圖畫》日刊	繪圖者陳煒、陳子青	上海輿論日報館出版	1908年2月29日創刊，約次年初停刊。
《時事報圖畫旬報》旬刊	上海時事報館編輯	上海環球社印行	1909年1月10日創刊於上海，同年夏停刊。
《輿論時事報圖畫新聞》日刊	上海輿論時事報館編輯	上海環球社印行	1909年1月—1910年12月，共出14卷。
《神州五日畫報》五日刊	馬星馳、劉霖等	上海神州日報報館出版	1909年1月—1911年7月。
《民呼日報圖畫》日刊	于右任創辦	上海民呼日報館發行	1909年3月26日創刊—10月25日。
《神州畫報》雙日刊、日刊	馬星馳、劉霖等	上海神州日報館出版	1909年6月11日—1910年正月11日（雙日刊），1910年正月初九日至七月十四日（日刊，合訂六冊）。
《神州畫刊》週刊	于右任創辦	上海神州日報館出版	1909年6月11日—1910年正月11日。
《圖畫日報》	上海環球社編輯發行	上海環球畫報社編	1909年8月16日創刊—1910年8月停刊，共出404期。
《燕都時事畫報》日刊	編輯廣仁山、來壽臣	北京	1909年5月創刊，僅見創刊號。
《醒世畫報》	繪畫者張鳳綱、李菊儕	北京該畫報社印行	1909年創刊。

畫報題名及刊期	創辦人、編輯者	出版發行者	創停刊日期
《通俗畫報》半月刊	成都通俗報社編輯	成都通俗報社發行	1909年7月15日創刊—1912年8月4日。
《圖畫新報》	吳子壽主持，王遜之作畫	汕頭該畫報社出版	1909年1月—1910年10月。
《新世界畫冊》	上海新世界畫刊社編輯	上海新世界畫刊社發行	1909年（1—15期）。
《平民畫報》	李是男等編	不詳	1910年在三藩市出版。
《啟智畫報》	不詳	四川保路同志會、立憲派團體主辦	辛亥革命前出版。
《自由鏡》	上海輿論時事報編輯	上海輿論時事報》發行	1910年1月26日—6月25日，共出130張。
《神州日報畫報》日刊	上海神州日報館編輯	上海神州日報館出版	1910年1月—5月（合訂9冊）。
《神州雜俎》	上海神州日報館編輯	上海神州日報報館出版	1910年4月21日—7月11日。
《民立畫報》日刊、月刊	于右任、宋教仁等創辦，作畫者：張聿光、錢病鶴、汪綺雲等。	上海該報編印發行	1910年10月11日創辦至1911年8月。
《申報圖畫》	上海申報館編輯	上海申報館出版	1910年1月刊行。
《時事新報星期畫報》週刊	上海《時事新報》館編輯，作畫者：陸步雲、虞聰昭等。	上海《時事新報》館發行	1911年5月創刊—？。
《平民畫報》	編繪者鄧警業、何劍士、潘達微等，發行人尹笛雲、馮潤芝等。	廣州該畫報社發行	1911年7月16日創刊，停刊時間不詳。
《維新畫報》	主任武止戈，繪圖王蓮舫，發行張玉山。	北京	創停刊日期不詳，從畫面內容分析，大約出版於民國初年，共見24期。
《平民教育畫報》	鄧警業、何劍士、潘達微等編繪	廣州該畫報社發行	1911年7月創刊，停刊時間不詳。
《圖畫報》	上海圖畫報館編	上海創刊	1911年6月—8月（1—108期）。
《天鐸畫報》日刊	李懷霜、戴季陶主編，柳亞子等助編	上海天鐸報館印行	1912年5月15日—10月12日（1—150號）。
《民權畫報》日刊	戴季陶、何海鳴主編	上海《民權報》發行	1912年3月28日—6月29日。

畫報題名及刊期	創辦人、編輯者	出版發行者	創停刊日期
《真相畫報》旬刊	高奇峰主編	上海真相畫報社印行	1912年6月創刊—1913年3月終刊，共出17期。
《經緯畫報》	經緯畫報館編輯	經緯畫報館發行	1912年（1—15冊）。
《大共和星期畫報》週刊	上海大共和日報館編輯	上海大共和日報館發行	1912年11月創刊—1913年10月（1—44期）。
《北京畫報》	北京畫報社編輯	北京畫報社印行	約民國初年（1—4期）。
《新聞畫報》	似為上海新聞報館編輯	似為上海《新聞報》隨報發行	1913年創刊於上海。共見上、下兩冊單行本。
《大共和畫報》日刊	上海大共和日報館編輯	上海大共和日報館發行	1914年6月21日—1915年6月19日。
《京師教育畫報》	北京勸學總處編輯	北京勸學總處印行	1914年8月—1916年（1—191期）。
《寅報畫報》	杭州寅報社編輯	杭州寅報社印行	1915年1月（1—5冊）。
《小說畫報》	包天笑編，錢病鶴繪，沈芸芳發行	上海中華書局出版	1917年6月1日—1920年（1—23期）。
《世界畫報》	編輯兼發行人孫雪泥，繪畫有張聿光、劉海粟、丁悚、劉曉霞等。	上海生生美術公司出版	1918年8月—1927年10月（1—55期）。
《醒世畫報》	上海醒世畫報社編輯	上海醒世畫報社出版	1919年3月（1—2期）。
《新世界報》	上海新世界報編輯	上海新世界報出版	1918年創刊。隨報附送發行。
《解放畫報》	周劍雲編輯。繪畫但杜宇。發行鄭鷓鴣。	上海新民圖書館出版	1920年5月創刊，1921年12月停刊（1—18期）。

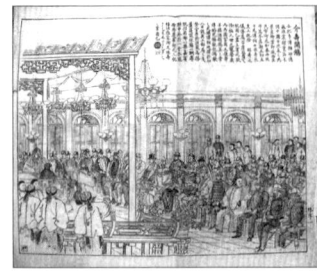

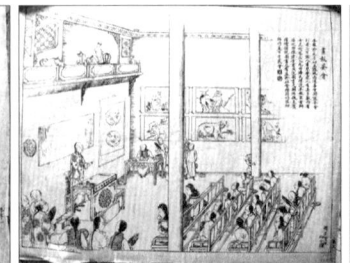

本章注釋

1. 戈公振,《中國報學史》。上海:上海商務印書館,1927 年 11 月。
2. 同前注。
3. 戈公振,〈畫報的責任與前途〉,《攝影畫報》第 250 期。1930 年 8 月。
4. 同前注。
5. 彭永祥,〈中國近代畫報簡介〉,《亥革命期刊介紹》第 4 冊。北京:人民出版社,1986 年 10 月。
6. 《新聞學研究》。北京:燕京大學新聞學系,1932。
7. 薩空了,〈五十年來中國畫報之三個時期及其批評〉,《新聞學研究》。北京:燕京大學新聞學系,1932。
8. 同前注。
9. 該畫報現存四川省圖書館。
10. 鑄鐵生(蔡爾康),〈小敘〉,《寰瀛畫報》。1876 年第 1 卷。
11. 尊聞閣主(美查),〈小敘〉,《寰瀛畫報》。1876 年第 2 卷。
12. 阿英、薩空了和戈公振等人的文章和圖書,均據此說,這種誤認源於:作者一是沒見到文獻實物,二是出自《申報》1877 年 8 月 1 日至 1878 年 2 月 28 日的〈新印各種書籍告的〉,均將其名印為《瀛環畫報》。現將其他誤認的主要資料匯總如下,以糾謬誤:
    (1)〈最早的畫報〉,上海通社撰,載 1936 年《神州日報復刊十周年紀念刊》:「在《小孩月報》和《畫圖新報》創刊時代之間,申報館也曾出過一個畫報,名叫《瀛寰畫報》,創刊於 1877 年 9 月,出 5 卷而止,《瀛寰畫報》罕聞人提及」。
    (2)〈畫刊始末〉,載 1947 年出版的《申報館內通訊》:「其實申報的發行畫刊,可以追溯到光緒初年的《瀛寰畫報》,1877 年開始發行,是一種不定期刊物,每本十餘頁,共出五卷停刊」。
    (3)〈清末民初京滬畫刊錄〉,載《中國近代出版史料二編》,上海群聯出版社 1954 年 5 月版:「《瀛寰畫報》創刊於 1877 年 9 月,不定期刊,上海申報館編印,圖畫為英人所繪,文字說明為蔡爾康所作,共出五卷停刊」。
    (4)〈申報七十七年史料〉,徐寒忍編著,1962 年版:「1877 年即光緒

3 年 8 月間創設《瀛寰畫報》，登載世界時事，風俗圖說，為不定期刊物，由英國名畫師繪畫，蔡爾康加以說明，共出 5 卷，為吾國畫報之鼻祖」。
(5)《中國書史簡編》，劉國鈞著，鄭如斯修訂，1981 年 4 月版：「《申報》於 1884 年又附刊《瀛寰畫報》是為報刊圖畫的開始」。
(6)《近代中國新聞事業史事編年》，方漢奇、谷長嶺、馮近編著，1981 年版：「1877 年 6 月 6 日（光緒三年丁丑四月二十五日）《申報》附出的圖畫增刊《瀛寰畫報》在上海創刊，不定期出版，出五期（卷）而止，是我國出版的第一種以圖畫為主的刊物」。

13. 參照前註 6。
14. 〈飛影閣畫冊小啟〉，《飛影閣畫冊》。1893（光緒十九年仲秋）。
15. 俞月亭，〈光緒年間的《飛影閣畫報》〉，《出版史料》第 1 期（總第 7 輯）。1987。
16. 《飛影閣冊小啟》。1893（光緒十九年仲秋）。
17. 〈發刊詞〉，《飛影閣大觀畫報》創刊號。1902 年 4 月。
18. 同前註。
19. 同前註。
20. 〈發刊詞〉，《飛影閣大觀畫報》創刊號。1902 年 4 月。
21. 〈本報約章〉，《時事畫報》創刊號。1905 年 9 月。
22. 同前註。
23. 〈本報啟事〉，《時事畫報》第 1 期。1912 年 9 月。
24. 〈粵謳欄〉，《時事畫報》創刊號。1905 年 9 月。
25. 內頁啟事，《醒俗畫報》第 40 期。1907 年 10 月。
26. 同前註。
27. 倉山舊主，〈敘〉，《新聞報館畫報》創刊號。1893 年 12 月。
28. 同前註。
29. 〈弁言〉，《戊申全年畫報》（匯定本）。1909。
30. 馬相伯題詞，《神州日報》。1907 年 4 月 3 日。
31. 〈辮子之有用〉，《笑林報》。1907 年 6 月 4 日。
32. 〈例言〉，《小說畫報》第 1 期。1917 年 1 月。

第二章

銅鋅版畫報時期
1925—1930

石印畫報源自十九世紀七〇年代中期，至二十世紀二〇年代初期終結。在整個近代中國畫報的七十餘年歷史中，占據了幾乎三十餘年時間，其衰落的根本原因是由於現代銅版印刷術的崛起。所謂銅版鋅版印刷就是把圖稿照相分色後做成陽片，經曬版、腐蝕後做成銅質印版或鋅質印版。它們與凹版正好相反，是圖紋著墨部分凸起，而空白部分凹下，所以銅鋅版印刷也稱凸版印刷。這類採用銅版或鋅版製作圖片的方式，比先期木刻雕版、石印手工平版等技術更為方便宜行，使用效率更高，加上圖象清晰，墨色飽和，文字厚實，底色平服，成本低廉，它比照相石印節省兩三倍等優點，自從西方引入中國後，很快就在以攝影圖片為基礎來源的畫報類刊物中普及開來。儘管1904年後，攝影照片製版技術已經在中國得到了推廣，但是在石印畫報的鼎盛期，攝影拍照還僅僅只是極少數上流社會人士玩弄的奢侈品，所以它的普及率很低，只是在清末民初的一些繁華都市中照相館裡得到應用。到了二〇年代中期，攝影已成為知識階層手中觀察社會和記錄社會的必要工具，這種以攝影照片為基礎，採用銅鋅版技術印刷的畫報比起主要採用石印技術，搭配少數幾幅銅版照片印刷出版的《真相畫報》、《革命畫報》等更快的就在畫報領域普及開來。在石印技術向銅鋅版技術印刷畫報期間的轉化過程中，《世界》畫報一馬當先。

第一節
銅鋅版畫報的翹楚：《世界》與李石曾、吳稚暉

《世界》畫報是最早採用此類技術的銅版畫報，它於1907年9月創刊於遙遠的法國巴黎，但卻在中國大陸發行。畫報採用銅版道林紙精印，畫面精細清晰，編排新穎獨到，其品質遠勝於當時中國正盛行的石印畫報。該畫報的創辦人是李石曾、吳稚暉和張靜江三人。其中李主管文字，吳主印刷，張出錢款。主持該畫報工作的主要骨幹是李石曾和吳稚暉。李石曾，名煜，號護武。1881年出身於晚清重臣官僚家庭，其父李鴻藻曾任清朝戶部、工部、吏部等部尚書。1902年赴法留學，成為中國留法的第一人。1905年他在巴黎創辦「進德會」，與蔡元培、吳稚暉、張靜江結交。1906年，他又夥同被留法學界學人稱為「留法三劍客」的三人，在巴黎市區達盧街25號創辦世界社。先後籌備出版了《世界畫報》、《新世紀》週刊和《近世界六十名人》畫冊。後者收錄了世界知名人物拿破崙、華盛頓、路易十六等人肖像和事跡小傳和照片，其中第一次將馬克思攝於1875年於倫敦的肖像照片介紹到了中國，這幅照片後來作為由陳望道翻譯，上海社會主義研究社出版的《共產黨宣言》1920年中文全譯本初版的封面。李石曾撰文，稱該社「最有力之扶導人為孫中山、蔡孑民諸先生」[33]，因為就在這一年他在巴黎結識孫中山，加入同盟會。1915年他又組「中留法勤工儉學會」。他一生創辦六十多項公益事業，如：中法大學、中國農工銀行、中法工商銀行、世界書局等。1973年在臺灣逝

世。《世界》畫報是他27歲時在法留學活動中的一段小插曲。另一創辦人吳稚暉，初名朓，稚暉是他的字，後改名吳敬恒。1866年出生在江蘇武陽（今武進，屬常州），少年就讀於江陰南菁書院。1901年東渡扶桑，就學於日本東京高等師範，次年因與清廷駐日公使爭執被逐出境，歸國不久組織《愛國學社》，參與學潮活動。1905年《蘇報》案事發後赴英，同年冬在法國加入同盟會，並與蔡、李等人創辦世界社，據著名漫畫家張光宇回憶，其時吳主要負責《世界》畫報的印刷事宜：「我編《世界》畫報時所擔任的工作，特別注重印刷方面。我自己慎重研究攝製銅版的方法，如怎樣墊版，選用怎樣性質的紙張，可以使版圖平均地纖毫畢露。在編輯方面，也頗注意到文字和插圖的排列和支配，怎樣可以合乎讀者興味，使人一目了然。好在排字都是自己動手，文字的長短，都可以自由伸縮。有時我做文章，最先並不動筆寫稿子，我只打好了一個腹稿，就到鉛字架上去找尋鉛字，像外國人用打字機器一般地做稿子。這樣對於文字編排方面，倒反而要覺得省力方便得多」。[34] 1916年吳在上海創辦了《中華新報》，1923年後曾擔任法國里昂大學校長。1953年10月病逝於臺北。

　　《世界》畫報署世界出版社出版，法國沙娥發行。編輯人署中國姚蕙，她是中國駐法使館學使的女公子，又是該畫報的主要財政出資人，世界社創辦人之一張靜江的夫人。另署名的鑒定者南迣是時任巴黎大學化學教授、醫學博士。這裡所謂的「鑒定者」也許有兩重意思：一是對收錄進該畫報的攝影圖片進行品質鑒定，因為其時的攝影圖片均為玻璃底片，他需要進行修版，方可製版。二是全權負責該畫報中

所有照片的品質把關。該畫報是當時行銷中國國內唯一的一種攝影畫報。編者在文中自稱它是「東方第一次出版之美術畫大雜刊」，收錄「五洲景物略，科學精華錄，社會現象記，歷史無雙譜，藝術進化史或風俗改良志。」[35]，圍繞其「世界」話題之主旨，共設立五大欄目：世界名勝之景物、世界真理之科學、世界最近之現象、世界紀念之歷史、世界進化之略跡。各欄又分圖部和說部。其中「世界名勝之景物界」，圖文並茂的介紹了英國、法國、美國等資本主義國家議會大廳、大學、巴黎、倫敦等中心城市的風景、埃及的名勝古跡等。「世界進化之略跡」則將今昔世界各國的教育、體育、戲劇和交通等彙集一起進行比較分析。「世界真理之科學」刊載了達爾文、赫智爾（黑格爾）的進化學說、巴斯德的微生物學、倫琴與居禮夫人等重要科學家的肖像、簡歷和動植物分類圖、醫學解剖圖等。最有價值的是「世界最近之現象」欄目，發表了大量彌足珍貴、反映時事新聞的攝影圖片，如當時所發生的 1905 年上海會審公廨事件、滬寧火車通車典禮、淮北饑荒災民、萬國女權會、上海女子天足會、清政府立憲改革的「出洋調查專使團」、俄國首相府被炸、中國之新軍、南非洲之華工等圖片。從《世界》畫報創編者們精心編排的內容來看，他們顯然是將立足點置於國內讀者，將畫報作為向中國人窺視世界資訊的一大視窗，同時又將國內發生的重大歷史事件推向第一線，所以，它雖然在巴黎編印，但卻在上海發行。有意思的是它的第一期發行所設在「上海老閘橋南厚德里世界畫報總發行所」，是臨時敲上去的藍印章[36]，第 2 期卻是鉛印在版權

頁上，署四馬路望平街 204 號，而望平街恰恰是上海著名的報館街，《申報》、《神州日報》等報館即設在該街。阿英讚它為「取材很精粹，編輯方式亦好」。它是國內所有畫報中除「三色版影寫版外，無有能與之比擬的」，是中國畫報進入銅版畫報「變革的先聲」。[37] 張光宇也讚其「《世界》畫報初次發行的時候，不用說在中國是屬於空前的創舉，即使在印刷界進步甚速的日本，也沒有那樣精美和豪華的類似性質的畫報出現。《世界》畫報真可以驕傲地穩坐東亞印刷界的第一把椅子，是東亞畫報中的鼻祖。」。[38] 遺憾的是這份在國外編印，大部分運回國內發行的畫報總共出了 2 期。同年 10 月在出版了第 2 期後停刊。儘管它已印好了第 3 期要目預告，但最終卻未能出版，也許最終是因張靜江的財政困境之因所致。

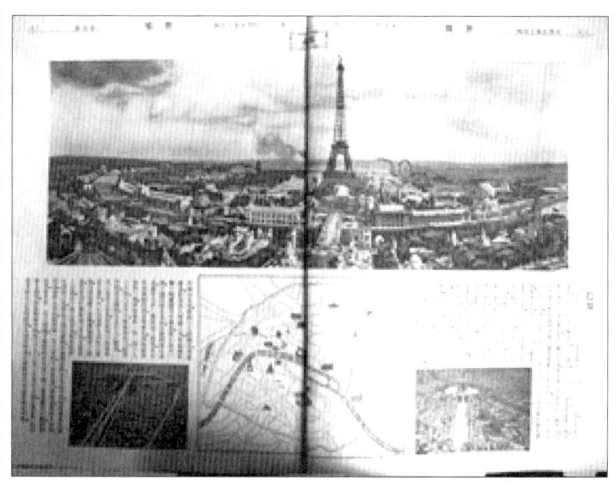

第二節
報紙附刊中引領銅鋅技術風氣之先的畫刊：
《時報圖畫週刊》

採用銅鋅版製作發行的另一重要載體是報紙。清末民初，各埠發行的重要報紙多採用石印手繪形式附刊畫刊。到了二〇年代初，作為報紙副刊或附刊的手繪畫報，逐漸被銅鋅版的畫報取而代之。其中得領風氣之先的代表畫刊是上海《時報》的《圖畫週刊》。戈公振在《中國報學史》上寫道「民國9年《時報》創《圖畫週刊》，注意中外大事，印以道林紙，是為我國有現代畫報之始。」在這裡戈公振將採用銅版技術印刷的畫報稱為是「現代畫報」，這是中國畫報發展史上具有里程碑意義的一場圖象文獻的革命。如果說，在此之前的石印手繪圖象，只是畫家們手中對社會的一種主觀觀察之筆下景物的話，那麼以攝影照片為基礎呈現給讀者的銅版畫報，可說是攝影者們記錄社會的客觀寫照。

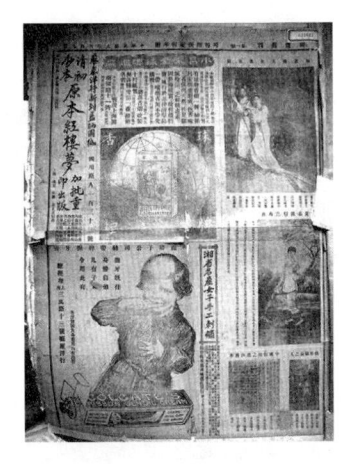

《圖畫週刊》於1920年6月9日正式出版，作為《時報》附刊，隨報發行，直到1937年7月因上海淞滬抗戰爆發隨全報停刊，共出版了1160期。其間曾數度改名，自第3期起改名為《時報圖畫週刊》，自225期起改名為《圖畫時報》，自789期起改名為《圖畫時報上海戰刊》，自829期起改名為《圖畫時報》。該畫刊的創編者是著名新聞學家戈公振。

戈公振，1890年11月出身於江蘇東台一個書香殷實之家。名紹發，字春霖。1912年22歲步入新聞界任《東台日報》編輯。次年赴滬入

職有正書局，不久任該局出版部主任。1914 年調至《時報》館，從校對、編輯，升至總編。他所撰寫的《新聞學撮要》和《中國報學史》兩本學術專著至今仍被學者封為「圭臬」。1921 年他被選為上海新聞記者聯合會會長，他的新聞才識被《申報》總經理史量才發現，而將其換至《申報》館任總管理處設計部副社長。1930 年，他又創編了另一份在中國近代新聞史上，占有極其重要地位的報紙附刊《申報星期畫刊》[39]，在該副刊上首創採用影寫凹版先進印刷技術，成為同類報紙副刊畫報中的引領者，使該畫報成為報紙附刊中最著名的「畫報」之一。其成績甚至超過了他先前創辦的《時報》畫報。1933 年 3 月訪蘇時，他被蘇聯新的社會制度吸引而留蘇研究達三年之久。1935 年，鄒韜奮力邀他回國籌辦《生活日報》，同年 10 月 1 日回國就與李公樸、胡愈之、鄒韜奮等人商討籌辦報社事宜，當月 23 日因盲腸炎猝然病逝，享年 45 歲。戈公振親自為時報《圖畫月刊》撰寫的《導言》，表明了編創者的理想和希望：鑒於「世界愈進步，事愈繁頤；有非言語所能形容者，必藉圖畫以明之」，「今國民蔽錮，政數未及清明」的兩大緣由，闡明了創辦本畫報的主旨在於「將繼文學之未逮，一一揭而出之，盡畫窮形，俾舉世有所觀感」，「若夫提倡美術，增進閱者之興趣，又其餘事耳」。

本刊的創刊號上共載有銅版畫片十六幅。其中中外時政要人李烈鈞、周樹模、胡佛肖像三幅；國內外時事新聞圖片五幅：有僅離畫刊

出版前六天，反映江南造船廠為美國所造的運輸船的新聞照片、日本民眾普選、在歐戰中從西伯利亞撤回捷克軍隊等照片；政治諷刺漫畫兩幅：楊左和陶錫冶分別創作的〈和其可續〉與〈誰的血〉；中外社會新聞及時裝照三幅：美國三藩市華僑開設的杏花樓飯店禁酒啟示、世界最長的人和初夏最流行的布衣；藝術戲劇照兩幅：李超士畫創作的《跳舞之女》，另一是梅蘭芳《天女散花》的劇照。從這些收錄進畫刊的照片來看，可見到戈公振的用心良苦。第一，他很注重圖片的新聞時效性，儘量將發生在同時間的中外新聞事件迅速的報導出來。第二，在題材上，他又儘量不侷限在時事新聞上，而是將其觸角伸向一些已經過了一段時期的重大歷史事件。第三，照顧到讀者的閱讀興趣面，他又將漫畫、戲劇、美術等引入到畫刊中。這種全部創新採用綠色油墨道林紙精印的畫刊一經問世，因其新穎清晰的圖片畫面，最新及時的中外新聞圖片報導，很快就引起新聞媒體的注意。在它的引領下，此類畫報紛紛繼起，其中同類的畫刊主要有：

北京地區：1924 年 12 月京報館出版了《京報圖畫週刊》和 1928 年創行的《圖畫京報》、1924 年 3 月小京報館編印的《小京報畫帖》、1925 年 9 月北平晨報館編印的《晨報星期畫報》、1928 年 8 月新晨報館編印的《日曜畫刊》、1929 年 1 月華北畫報館編印的《華北畫報》，與 1929 年 2 月北平晚報館編印的《霞光畫報》。瀋陽地區：1926 年 4 月盛京時報館編印了《圖畫週刊》。成都地區：民

視日報館 1926 年 10 月編印了《赤光》。天津地區：1930 年 9 月天津商報館編創了天津商報圖畫半週刊》，1926 年 10 月上海天民報館編印了《天民報圖畫附刊》等。

受其影響，非報紙附刊的銅鋅版畫報更是如雨後春筍般的發展起來，到二〇年代中後期達到高峰。如果將《時報圖畫》視作銅鋅版畫報的始作俑者，那麼這個時間將近十年。至 1930 年，另一種新型現代印刷技術影寫凹版崛起後，它才逐漸退出了畫報印刷技術的主流地位，讓位於影寫凹版技術的畫報。據筆者所見粗略統計，自 1920 年至 1949 年，報紙副刊上印行的銅版或影寫凹版畫刊就有兩百餘種。

附 1924 年至 1949 年主要報紙畫刊簡目：

表二：1924 年至 1949 年主要報紙畫刊簡目

副刊名稱	隸屬報名	編輯及出版地	創停刊日期
《星期畫報》	《晨報》	北京	1925.9.6—1928.6.3（1—136）
《小京報畫帖》	《小京報》	北京	1924 年 3 月 10 日—5 月 15 日（1—3）
《華北畫刊》	《華北日報》	北平	1929 年 1 月 13 日—1931 年 5 月 31 日（1—84）
《霞光畫報》週刊	《北平晚報》	北平	1929 年 2 月 2 日—3 月 30 日（35—42）
《平報畫刊》	《平報》	北平	1931 年 4 月 5 日—1933 年 10 月 15 日（16—137）
《平畫》	《平報》	北平	1932 年 4 月—6 月（60—70）
《世界畫報》	《世界日報》	北平	1932 年 4 月 17 日—1936 年 11 月 29 日（1—571）
《北晨畫刊》週刊	《北平晨報》	北平	1934 年 1 月 6 日—5 月 26 日
《人報畫刊》	《人報》	江蘇無錫，杭葦編輯	1934 年 12 月 11 日—？
《每週畫刊》	《東方快報》	北平	1935 年 7 月 7 日—1936 年 8 月 30 日（1—59）
《時事畫刊》	《武德報》	北京	1938 年 10 月 15 日—1939 年 2 月 5 日
《戲劇週刊》	《新民報晚刊》	北京	1939 年 7 月 2 日—30 日（72—76）
《實報畫刊》	《實報》	北京	1940 年 5 月 19 日—6 月 9 日
《圖畫附刊》	《天民報》	上海	1926 年 8 月 28 日—1927 年 3 月 19 日（1—28）
《圖畫週刊》	《申報》	上海，戈公振主編	1930 年 5 月 18 日—1932 年 1 月 31 日（1—87）

副刊名稱	隸屬報名	編輯及出版地	創停刊日期
《圖畫附刊》週刊	《新聞報》	上海	1930年5月4日—1932年1月27日（1—84）
《時事新畫》	《時事新報》	上海	1930年10月12日—1931年1月21日（1—25）
《攝影》旬刊	《時事新報》	上海	1931年9月3日—10月3日（1—4）
《圖畫晨報》	《晨報》	上海	1932年6月15日—1936年2月2日（1—186）
《攝影趣味》週刊	《大晚報》	上海，張若谷主編	1932年7月5日—12月27日（1—26）
《攝影藝術》週刊	《新聞夜報》	上海	1933年9月6日—1941年10月3日（1—331）
《社會畫報》週刊	《社會晚報》	上海	1934年4月11日—1936年9月30日（1—30）
《圖畫特刊》	《申報》	上海	1934年3月15日—1937年8月12日（1—265）
《攝影週刊》	《時報》	上海	1935年3月9日—9月29日（1—28）
《星期畫刊》	《大聲報》	上海	1936年3月15日—5月24日（1—11）
《東南畫報》	《東南晚報》	上海	1936年5月30日—6月13日（1—3）
《每日畫刊》，1937年8月後改名《大公畫刊》	《大公報》	上海	1936年5月4日—1937年7月31日（878—3279）。本刊原依附於《大公報》（天津）1936年5月起在津、滬兩地大公報同時刊行，期數、內容各異。
《神州畫刊》	《神州日報》	上海	1936年10月10日—1937年2月28日（1—65）
《星期影畫》	《大公報》	上海	1937年2月20日—8月1日（1—24）
《小畫刊》	《正報》	上海	1939年7月1日—12日（1—4）
《星期畫刊》週刊	《申報》	上海	1943年3月21日—8月9日，1944年7月7日—12月31日，1943年9月13日至1944年7月6日改名《時事畫刊》。
《時事畫刊》週刊，原名《星期畫刊》	《申報》	上海	1943年9月13日—1944年6月30日，1945年1月7日年—7月7日
《圖畫增刊》	《中央日報》	上海	1945年10月9日—11月1日（1—2）
《每週畫刊》	《申報》	上海	1946年6月8日—1947年2月15日
《星期畫刊》	《中央日報》	上海	1946年7月21日—10月14日
《每月畫刊》	《新少年報》	上海	1946年9月23日—11月21日
《圖畫週刊》週刊	《大公報》	上海	1946年10月12日—1947年4月26日（1—45）

副刊名稱	隸屬報名	編輯及出版地	創停刊日期
《圖畫週刊》，原名《星期週刊》	《中央日報》	上海	1946年10月21日－1949年4月21日
《時事畫刊》週刊	《時事新報晚刊》	上海	1947年3月8日－5月31日
《畫刊》	《新聞週報》	上海	1947年4月13日－5月4日
《每週畫刊》	《申報》	上海，本報攝影室編輯	1947年12月7日－1948年6月27日
《星期畫刊》	《大公報》	上海	1949年3月13日－5月15日
《青年畫刊》	《青年報》	上海	1949年6月22日－12月20日（1－11）
《大公報畫刊》	《大公報》	天津	1933年2月12日－7月30日（1－25）
《每日畫刊》	《大公報》	天津	1933年11月1日－1937年6月30日（62－1302），自1936年5月起同時在《大公報》（上海）刊行，期數、內容各異。
《畫刊》	《天津民國日報》	天津	1945年12月2日－1947年11月19日（1－102）
《星期畫刊》	《天津民國日報》	天津	1946年12月22日－1947年11月23日
《圖畫專刊》週刊	《天津民國日報》	天津	1947年11月26日－1948年3月10日
《圖畫週刊》原名《圖畫專刊》	《天津民國日報》	天津	1948年3月17日－6月9日
《河北畫刊》	《河北日報》	河北保定	1949年8月14日－12月23日（1－9）
《西京日報畫刊》	《西京日報》	西安	1945年1月21日－7月1日（15－38）
《畫刊》	《大眾日報》	濟南	1949年5月23日－9月23日（1－5）
《和平畫刊》	《和平日報》	南京	1947年3月18日－4月24日
《明晶攝影》	《蘇州明報》	江蘇蘇州，凌夢花主編	1936年1月15日－2月14日（2－3）
《星期畫刊》	《蘇州明報》	江蘇蘇州	1947年8月10日－10月19日
《攝影》	《人報》	江蘇無錫，攝影研究組編輯	1932年7月3日（1）
《星期畫刊》	《武進新聞》	江蘇武進	1946年3月17日
《杭州民國日報畫報》	《杭州民國日報》	杭州	1934年3月24日－6月9日
《東南日報畫刊》原名《杭州民國日報畫報》	《東南日報》	杭州	1934年6月23日－1935年11月20日
《東南畫刊》	《東南日報》	杭州	1935年11月21日－1937年4月30日
《民報畫刊》	《民報》	杭州，盛澄世主編	1948年7月27日－11月3日（3－6）

副刊名稱	隸屬報名	編輯及出版地	創停刊日期
《每週畫刊》，原名《星期畫刊》	《東南日報》	杭州	1948年8月15日—10月31日（3—14）
《星期畫刊》	《東南日報》	杭州	1948年8月1日—8日（1—2）
《集報圖畫刊》	《集報》	浙江寧海	1945年4月30日
《畫刊》	《海寧民報》	浙江寧海	1946年8月15日—10月15日
《海潮畫刊》	《海寧民報》	浙江寧海	1947年8月15日
《圖畫增刊》	《中央日報》	安徽屯溪	1944年3月23日（1—2）
《圖畫週刊》，本刊第1至2期刊名《圖畫增刊》。	《中央日報》	安徽屯溪	1944年3月—1945年5月13日（3—37）
《華園畫刊》	《華報》	福州	1934年10月18日—1935年1月9日（9—14）
《攝影》	《華報》	福州，六一影社編輯	1936年9月23日—10月7日
《星閩畫刊》	《星閩日報》	福州	1947年11月5日—1948年11月22日（36—50）
《圖畫旬刊》	《東南日報》	福建南平	1944年2月5日—8月15日（1—20）
《圖畫》旬刊、半月刊	《東南日報》	福建南平	1944年10月16日—1945年10月1日（4—27）
《星期畫刊》	《臺灣新生報》	臺北	1946年9月8日—22日（17 19日）
《畫刊》	《臺灣新生報》	臺北	1948年4月25日（11—？）
《掃蕩畫刊》	《掃蕩報》	漢口	1937年8月11日—20日（293—302）
《圖片之葉》	《武漢日報》	漢口	1946年11月3日—1947年1月15日（2—5）
《益華畫報》週刊	《益華報》	湖北武昌	1937年2月20日—12月25日（1—44）
《圖畫增刊》	新湖北日報（鄂中版）	湖北松滋	1944年11月24日—1945年4月28日（1—23）
《每週畫刊》	《前線日報》	江西上饒	1945年1月7日—8月19日（19—51）
《星期畫刊》週刊	《建國日報》	廣東韶關	1944年1月8日—2月27日
《中國影藝》	《中興日報》	成都，日近水主編	1947年6月24日—1948年4月9日（1：21—24，2：1—11）
《星島圖片》	《星島日報》	香港	1947年1月1日—10月26日
《公教畫刊》	《公教報》	香港	1947年10月5日—1948年7月2日（1—8）
《攝影週刊》	《華僑日報》	香港	1947年11月2日—1948年8月15日（1—42）
《星島畫報》	《星島日報》	香港	1949年2月27日（70）

第三節
技術轉型階段中「非驢非馬」的主要畫報：
《真相畫報》、《世界畫報》及《革命畫報》

儘管《世界》畫報是中文銅版畫報的鼻祖，但它卻是一份「外轉內銷」的畫報。從現存的實物文獻看，在中國編輯出版的畫報史上，銅版畫報並非是一下就普及的，在石印技術畫報向採用銅鋅版技術畫報間的轉化過程中，還有一個過渡階段，即非驢非馬階段，或稱雜交階段，即在出版的同一份畫報中，既有採用石印技術的手繪圖畫，同時又有採用銅鋅版技術的攝影圖片。這個階段在時間段上大約有十年左右。期間有三份刊物可稱作是這個過渡期中的先導和典範，它們是《真相畫報》、《世界畫報》和《革命畫報》。

《真相畫報》：1912年6月5日創刊於上海，16開本旬刊。它是國內採用銅版印刷的第一份畫報。其在畫報史上地位並不比巴黎編印的《世界畫報》弱。它同時在上海四馬路惠福里和廣州中華寫真隊事務所設立發行所。分售處遍布全國和南洋各埠。據首期〈出世之緣起〉

中稱，它的創辦人及主要執筆人「皆民國成立，曾與組織之人，今以祕密黨之資格轉而秉在野黨之筆政，故所批評，用皆中肯」。內稱的祕密黨人，實際上就是參與過孫中山推翻清朝政府的革命黨人團體——同盟會。其說的「在野黨」是指袁世凱擔任中華民國大總統時，孫中山等人已下野。全刊以時事新聞寫真和評論為主，歷史畫、美術畫、滑稽畫為輔，刊登了一系列新聞照片和漫畫作品。連續三日追蹤報導孫中山在上海中華大戲院進行大演講的報告。參與該報編輯及撰稿的主要成員有高奇峰、高劍士（奇峰兄）、高劍僧（奇峰弟）、陳樹人、謝英伯、馬小進、馬星馳、何劍士、黃濱虹、沈心海、鄭侶泉、馮潤芝、梁鶴崇、陳壽泉等人。李懷息、胡漢民、謝英伯為之作序，其中高氏兄弟三人和陳樹人是該刊的實際創辦人。

高奇峰，1889年出身廣東番禺。從小父母早喪即出外謀身，在廣州某玻璃店習藝玻璃繪花，1908年隨兄赴日，拜日本著名畫家田中賴章為師，並學習圖畫製版技術，《真相畫報》也就是高歸國四年後助兄在上海創辦，同時創辦審美書館，成為中國近代嶺南畫派的代表。因在報刊上連續揭露袁世凱假共和真專制的真面目，尤其是揭露了宋教仁被刺案真相而被當局通緝逃亡。1933年因肺炎去世，年僅40歲。它在〈出世之緣起〉明確宣告，它的宗旨在於「監督共和政治，調查民生狀態，獎進社會主義，輸入世界知識」，其主體「以文學圖畫為主，或莊或諧，或圖或說，社會狀態變遷無微不顯，無幽不著」。在「監督共和政治」的旗幟下，它先後登載了孫中山離任、張振武被害、宋教仁被刺的時事新聞照片及有關這些事件的背景文字。前者它指出「願繼其後者，則以先生之心為心，毋貪天功，毋戀大位，毋陰行專制，毋破壞共和」。中者它指名道姓的叫白張振武之死「非死於法」緣於「黎元洪之電報，袁世凱之命令，段祺瑞之執行也」，後者更是連篇累牘的報導前因後果，將批判的矛頭直接刺向獨夫民賊袁世凱：「宋先生死，而假共和之面目已揭破，可知民賊時時欲殺吾國民，破壞共和，又可知殺宋先生者非想動位者，乃實行動位誘人者」。[40]

在「調查民生狀態」的旨意下，發表了《紙弊》、《海外泣聲》、《佛懸褲中》等畫文，表達了編者們重視社會教育，關注天災人禍，破除封建迷信，重視海外移民生活狀況的辦刊思路。在「獎進社會主義，輸入世界知識」[41]的主旨下，前者刊登了孫中山 1912 年 10 月 14 日至 16 日，連續 3 天在上海中國社會黨本部有關社會主義主題的大演講照片，以及該黨興辦社會主義試行地的記事畫《中國櫻山村》等。後者重點地介紹了各國新發明、中西美術繪畫理論技巧、工藝製作、家庭食衣住行等領域的知識。全刊注重發表時事寫真圖片、新聞攝影照片，輔以歷史畫、美術畫和滑稽畫各具千秋。其中的滑稽畫即是政治諷刺漫畫，因此也有人稱它是中國近代「最早的漫畫刊物」。如：第 8 期上馬星馳的一組題為〈一年來之回顧〉，就是以漫畫的形式濃縮了一年來中國政壇的變化，所起的畫作題名十分尖銳辛辣，發人深省：「政治之今昔：昔，推倒專制；今，死灰復燃。外交之今昔：昔，承認為交戰團；今，協定處分支那。政黨之今昔：昔，互相提攜；今，同室操戈。官僚之今昔：昔，匿跡銷聲；今，爭奪托驗，托官做。國民之今昔：昔，延頸邁憧，渴望共和；今，小民無米之炊。言論之今昔：昔，一致主張共和；今，肆口謾罵。」至今看來，這些標題仍具有視覺之衝擊力和深刻的時代內涵。它採用政治漫畫手法，以「惡獸記」為劇

名,以猴子為象徵,諷刺袁世凱獨裁專制統治,而這也最後導致了本刊1913年3月在出版至第17期後被當局查封。

《真相畫報》在畫報史上的地位無可厚非:一,它是近代石印畫報的終結者,同時又是現代銅鋅版畫報的先行者。阿英稱其是中國國內畫報「走入第三期變革的先聲」。[42] 二,它將攝影圖片與手繪圖畫融於一爐,為二〇年代攝影圖片畫報的崛起作了鋪墊。梁得所曾撰文稱它是「中國攝影照片的圖畫雜誌之開元」。[43] 三,該刊彙集了一批中國近代著名畫家,如:高氏兄弟、馬星馳、黃賓虹等,他們的創作思想和繪畫手法曾影響了同時代的畫壇。四,它以堅定的政治立場,宣稱本刊以「監督共和政治,調查民生狀態,獎進社會主義,輸入世界知識」為宗旨。使其成為一份旗幟鮮明的「革命畫報」。梁得所專門寫過一篇文章,說到了他編《真相畫報》時所處的險境:「這位文質彬彬的畫家廿年前常有被捕危險,在那地點不便告人的編輯室中,身上懷著手槍,執筆編他的畫報。在他筆底,對黑暗的政治、虛偽的社會挑戰,顯示著對真善美的追求」。[44]

《世界畫報》,1918年8月創刊於上海。1927年10月出版至第55期後停刊,歷時十年。由上海生生美術公司發行,曾署週刊,實為不定期刊,創辦人及初期編輯孫雪泥。孫在編至第10期後將全部編務委託丁悚,參與編輯還有周瘦鵑、王仰笑、關天翁、張處機、許晚霞等。主要繪畫者為張聿光、劉海粟、丁悚、劉曉霞、魯少飛等21人。劉海粟特為本刊題詞:「社會教育乎?抑美感教育乎?予曰社會教育也,亦即美感教育也」[45],從一定角度闡述了該畫報創刊的意圖。發刊詞中宣稱其內容共十大類:名勝(中外景致)、工藝(科技)、歷史、新聞、博物、軼事、裝飾(時裝)、風俗、遊戲(定為漫畫)、小說。

從它創始之初一直出到 1927 年第 52 期時，它一直堅持採用石印技術印製手繪畫稿，其間偶而也穿插極少的銅鋅版圖片。面對照相石印比銅版高三倍的成本，日益萎縮的市場銷路，它被迫在第 53 期起時特告示「從今年出版起，所用圖畫，完全改用銅版或鋅版。名人肖像、風景照片等類，可用銅版，儘量刊載出來」。自此，舞臺劇照、名勝風光照、電影劇照等成為該刊的主流，不時穿插街頭素描、京劇臉譜、風景寫意畫作及油畫、國畫習作。儘管它比李石曾在法國編印的同名畫報的出版時間晚了十年，但我們卻可從中窺見到這一轉型過渡時期畫報界的典型現狀。一是它見證和本身實踐了從石印畫報向銅鋅版畫報的轉變，二是它是純粹在中國編印並出版的畫報，三是其創辦人或編輯均是活躍在二、三〇年代文學、美術、出版界的名流。

同名的《革命畫報》共出版過兩種：第一種是 1926 年春夏間創刊於廣東黃埔，中央軍事政治學校政治部革命畫報社編輯發行，1927 年 3 月停刊，共出 43 期。第二種創刊於 1927 年 4 月的上海，署該社編輯發行，同年 8 月停刊，共出 18 期。兩份同名畫報出版期間，正是第一次國內革命戰爭期間，國共兩黨合作發起討伐北洋軍閥政府的北伐戰爭高潮時期。這一年的 7 月 1 日，廣東國民政府發布《北伐宣言》，9 日以蔣介石為總司令的國民軍，兵分三路從廣東出師，打響了向北洋軍閥開戰的第一槍，從這日起至 1927 年 4 月，先後在閩、浙、湘、鄂、上海等地戰場取得了決定性的勝利。這兩份畫報也就是在這個背景下出版的，從其內容審視，顯然它們是配合北伐軍沿線作戰的宣

傳品。大多數作品均為手繪石印漫畫，政治色彩十分濃厚，「打倒軍閥」、「打倒列強」是兩報畫作的主旨，大量的畫面與當時正在進行的各戰場的浴血戰爭有關，許多漫畫將批判的矛頭對準英美等帝國主義強加給中國人民的不平等條約。毫無疑問，這類極具時效性鼓動性的畫報在北伐革命戰爭期間發揮了輿論先鋒作用。在這兩份畫報上，我們也能依稀地看到石印技術向銅版技術轉化的時代痕跡。如，採用了孫中山的銅版照相，然而隨著北伐戰爭的結束，這兩份畫報也就壽終正寢。

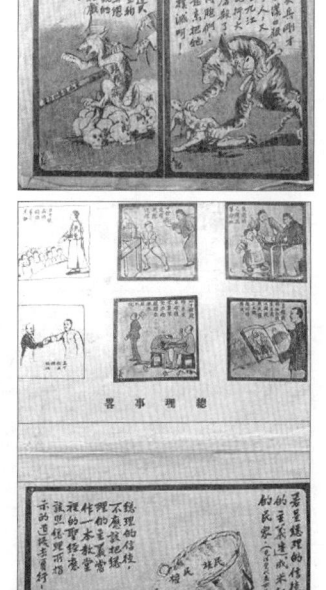

第四節
南北地區畫報界的座向標：
《上海畫報》和《北洋畫報》

　　《上海畫報》和《北洋畫報》與上述非驢非馬階段的《真相畫報》、《世界畫報》及《革命畫報》差不多是同時期出版的畫報，但在印刷技術上卻迥然相異。《真相畫報》等更偏重於石印技術，而《上海畫報》和《北洋畫報》卻基本擺脫了石印技術的痕跡，全然以攝影圖片為主，採用了凸版技術的銅版印刷。可以說它們上承清末木刻手繪的《點石齋畫報》、《飛影閣畫報》，下啟現代照相製版的《良友》、《文華》等，開闢了中國近代畫報的新時代。這類畫報全部採用道林紙精印、活體字排版，內插時事新聞和名媛圖片，圖文並茂，清晰活潑，別具一格。最先採用此法的是趙君豪創辦的《春華》，可惜只出版幾期就停刊了。不久，畢倚虹於 1925 年 6 月 6 日仿照《春華》創辦了《上海畫報》。

　　《上海畫報》1925 年 6 月 6 日在上海創刊。初為三日刊，後改為五日刊。1933 年 2 月 26 日停刊，共出 858 期。創辦人為清末民初的著名通俗作家畢倚虹。畢倚虹，名幾庵，又署清波。江蘇儀征人。辛亥革命後再度來滬，在吳淞學校聯合同人創辦《夏星雜誌》、《學藝雜誌》。1916 年後，狄楚青、包天笑曾聘他擔任《時報》筆政。該報的休閒性附刊《小時報》即是他的首創。同時，他還主編過《小說時報》、《婦

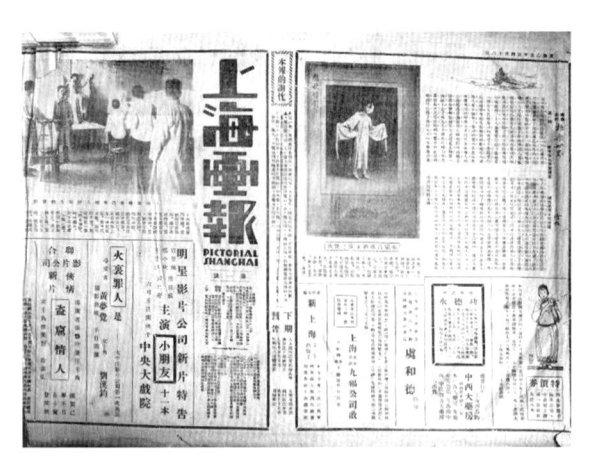

女時報》、《玫瑰雜誌》。他創辦《上海畫報》正是受到《時報》副刊《圖畫時報》的啟發。在出版前為造聲勢，他連續在《申報》、《新聞報》、《時報》、《民國日報》等十餘家大報上刊登廣告，並請上海開洛公司用無線電臺廣播出版消息。「中國報紙出版，由無線電話宣傳的，本報是第一家」。[46] 創刊前幾日，恰巧南京路上發生了五卅慘案，朋友都勸他不要辦報，他力排眾議，堅持出版。創刊號上就登了關於五卅慘案的幾幅照片，標以〈學生在華界沿途自由講演〉、〈淒涼之南京路〉、〈熱心之學生募捐隊〉等題目，自己還撰寫了〈滬潮中我之歷險記〉發表。第2、3期還登載了聖約翰大學學生，反對外國校長卜濟舫阻止愛國學生參加運動而全體退學的照片，如《課堂中之激昂》、《人去樓空之聖約翰大學》等，受到一般愛國青年和群眾的喜愛，紛紛購閱。「由於該畫報在上海灘上是前所未見的新出版物，所以風行一時，本埠銷數達萬餘份，外埠訂戶也在一萬以上，收入現款，其數可觀。那時有一謠言，說畢發財，因畢辦了《上海畫報》後，就買了一輛汽車。報館編輯坐汽車，畢是第一人」。[47] 周瘦鵑也有一文記載過該畫報創刊時的情景：「五卅慘案初發之後，老閘捕房門前之槍聲血影，似貓縈繞吾人耳目間，租界中商店罷市，情勢極緊張，不意白幟招展，揭帖紛飛中，而《上海畫報》奮然崛起，如春雷之乍發，如奇葩之初胎，吾人驚魂稍定，耳目為之一新，倚虹之毅力，有足多者」。該報創刊號的頭版封面登載的上海

美術專科學校的女模特裸體寫生照片，這張照片曾引起輿論界的一片譟聲，罵聲讚聲黑白兩極，封建保守勢力攻擊且謾罵它是不成體統，淫穢不堪，開明人士稱譽它勇破禁忌，突現人體之美。該報因此而獲讀者歡迎，一度銷量高達近兩萬份，這是當時其它畫報社望塵莫及的。與畢搭檔的是原《申報》館的許窺豹，以及任編輯校對的曾師竹。但畢也有辦事虎頭蛇尾的缺點，再加上沒有自己的印刷所，致使常常脫期，影響它的銷路，一度跌至約四、五千份，導致拖欠職工的薪水，於是他被迫將報社轉讓給了錢芥塵、查士瑞、余大雄和沈能毅四人管理。此後接編的人有周瘦鵑、張丹斧、黃梅生、余空我、秦瘦鷗、舒舍予等。畫報創刊不久，為吸引更多的讀者目光，就頻頻推出所謂「文學叛徒胡適」、「藝術叛徒劉海粟」等文章、照片、書信等，而且將關注的目光聚焦於一大批社會名流，不時的報導徐悲鴻、田漢、邵洵美、陸小曼、呂碧城、潘玉良等人的新聞蹤跡。《上海畫報》出至第112期時，畢倚虹病逝，專門在該期上出《追悼號》，登載了畢的遺像、手跡及《倚虹所著書目》，以及朋友們追憶他的文章等等。畫報共發表照片一萬餘張，累計文章約兩萬篇，編輯的特刊約十多種，如戲劇電影界的《南國戲劇特刊》、《荀慧生特刊》、《言菊朋特刊》、《中華歌舞大會特刊》，美術界的《藝苑展覽會特刊》、《劉獅個人畫展特刊》、《陳樹個人畫展特刊》、《救濟國難書畫展覽會特刊》、《天馬會特刊》、《劉海粟先生去國特刊》等等。包天笑在該畫報上撰文將它與注重新聞時事《圖畫時報》，以及擅長刊登文人小品的《晶報》相比論，讚其「並二美為一」，故「不脛而走，成為一時風雨」。[48]

《北洋畫報》1926年7月7日創刊於天津。1937年7月29日因抗戰爆發而終刊，歷時12年。先後出版了32卷1587期。在1927年7月至9月間，還曾另出過20期副刊。創辦人馮武越、譚北林，由吳秋塵主編。報館即設在天津法租界23號（今錦州道至丹東路之間興安路）一座二層辦公小樓內。《北洋畫報》的創刊人馮武越，是廣東番禺人，其父親是時任中國銀行總裁的馮耿光，也是張學良夫人趙綺霞

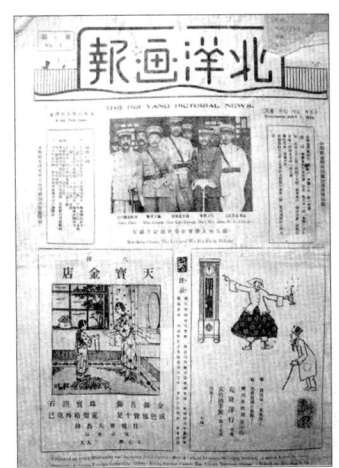

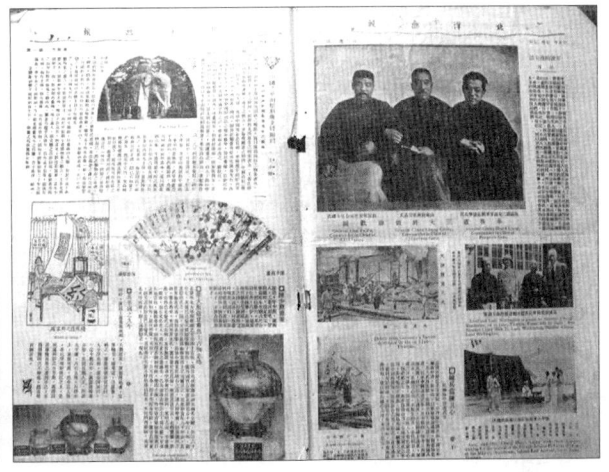

（趙四小姐）的姐夫。優越的家庭環境使其從小就受到良好的教育，書畫琴棋樣樣都會。1912年中華民國建立時，僅16歲的他先後赴法國、比利時留學，求學於航空和無線電。學成歸國服務於航空界，一度受聘東北軍總司令張學良，擔當他的法文秘書。1926年受聘任天津《益世報》總監述，同年創辦《北洋畫報》，與王小隱、劉雲若等人共擔報館事宜。1936年因結核病逝世。他所創辦的《北洋畫報》被譽為是「天津及華北第一份銅版畫報」，開北派畫報先河，被當時的報人稱作為「北方巨擘」。從版面的編輯和印刷風格審視，該報顯然是受到先於它出版的《上海畫報》的影響，兩報都採用銅版技術，道林紙精印，除了刊名地位有所不同，《北洋畫報》刊名放置該版上方中央，《上海畫報》刊名置於首版右上方外，其它編排形式幾乎一致。第一版都刊登一張人物的重點照片，第二、三版收錄了七至十張左右的銅版攝影照片，第四版主要刊載文學或筆記史料類連載長文和商業廣告。從它先後變化中出過週刊、三日刊、二日刊的刊期角度來看，也是與其時上海盛行三日刊「畫報派」的風潮有關。從創刊之初至終刊，儘管換過幾任主編，但它一直實踐著發刊之初提出的「傳播時事、提倡藝術、灌輸知識」宗旨，受到了同行們的肯定，評它「成績最佳，每期半頁專刊戲劇新聞與照片，頗合該地讀者之胃口，其餘圖畫，頗

多宣傳西北軍事與風俗」[49]，但也引起有關該畫報政治背景是奉系軍閥張學良的議論。當時日本有一名著名的新聞記者鮑振青，專門為國內各大報社撰寫日本留學生的圖文新聞，馮武越就曾邀請他為畫報撰稿，因張作霖在留日學生中的口碑很差，鮑早就聽聞《北洋畫報》的政治背景，故意寫了封指責張作霖的長文給馮，哪知就不見馮發表，於是，鮑就此拒絕再為其發稿。此事發生後，還曾引起《北洋畫報》和《攝影畫報》的筆戰。《北洋畫報》發行期間，它幾乎全程記錄了該歷史時期所發生的一切重大影響之事件，尤其是以天津為中心的北方地區，囊括了政治、時事、外交、經濟、文化、軍事、風土人情、城市建設、教育、體育、戲劇、電影、美術、歷史地理、考古文物等領域。據1985年重新影印本介紹統計，整套畫報的總資訊條目高達四萬七千餘條，僅時事新聞、各種社會活動及名流人物照片就達一萬餘幀，其中包括上至中外政界領袖、各系軍閥、工商鉅子、富紳名律、教育大家，下至社會各界的名門貴婦、政經界閨女、交際名媛、大學校花、社會名花、女界豪傑等。京劇及其它劇種的名伶、演員及劇照六千餘幀，電影明星人物照三千餘幀，金石書畫、藝術攝影類圖片六千餘幀，圖文並茂的追蹤報導了李大釗被北洋軍閥殺害的前前後後、梅蘭芳與孟小冬相戀、溥儀出走津門、陸小曼與徐志摩成婚、魯迅在北平師範大

學演講、郁達夫偕家人北下青島、奉魯直軍閥張學良、張宗昌、段祺瑞行蹤動態、該報發起的「四大坤伶選舉」（胡碧蘭、孟麗君、雪豔琴、章遏雲）活動等等。至於描摹二十世紀二、三〇年代北方及全國各地的城鄉風貌、鮮活生動的各階層人們生活現狀、時尚先鋒的女裝設計、風土人情的眾生百態更是該畫報所刻意尋求的對象。全畫報的文字資訊多達兩萬條左右，體裁涉及長短篇小說、筆記、雜文、詩詞、史料小傳、小品文、名畫、漫畫等。如陳師曾（陳衡恪）採用減筆水墨法創作於1915年前後的《北京風俗》畫冊，內含自1928年10月起連載的三十四幅畫，如：〈趕大車〉、〈說書〉、〈賣烤白薯〉、〈拾破爛〉等，將北京市井小民的生活描繪的維妙維肖，令人尋古幽思。又如1934年11月28日郁達夫於杭州大學路寓所撰寫的〈青島、濟南、北平、北戴河的巡遊〉，詳細地記載了他在青島一個多月的生活感受。他在該畫報上發表創作的十首《青島雜事詩》中一首《田橫島》七言律詩，正是日本鐵蹄踩躪中國東北大地之時：「萬斛濤頭一島青，正因死士憶田橫。而今劉豫稱齊帝，唱破家山飾太平。」表達了這位文學家憂國憂民的思想情感。2008屆廣東暨南大學李永生，在他撰寫的碩士論文中曾對《北洋畫報》進行了深入的研究，他從西洋視野、女性視野、廣東情結、趣味視野以及救國視野五大角度對其剖析，筆者認為對它的評論的確是很到位的。

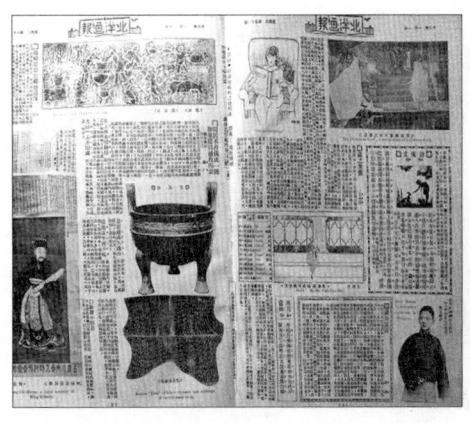

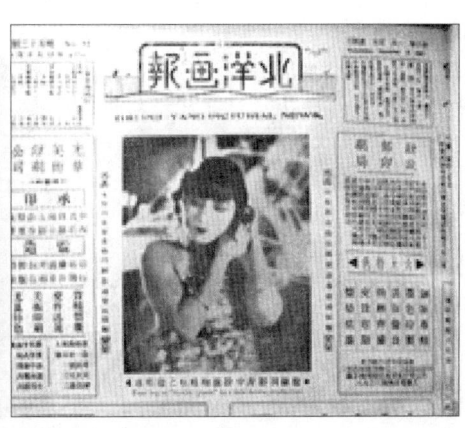

第五節
風靡各地的三日刊畫報：《三日畫報》等

自《上海畫報》問世後，它的銷路日漸增長，受到了讀者的歡迎。此後，自1925年中至1930年間，從內容的編排風格、紙張選擇到印刷技術如出一轍的畫報很快就在各地風行起來。它們似乎具有同樣的面貌，同樣的作者陣營，採用同樣的銅鋅版印刷技術。僅在上海，原來助理畢倚虹創辦《上海畫報》的張光宇、張正宇昆仲倆自辦了《三日畫報》；8月1日陸企豪創辦《聯益之友》（後由趙眠雲、鄭逸梅合編）；8月18日聞野鶴創辦了《中國畫報》。次年6月17日秦產凡、韓嘯虎、舒舍予、顧明道等人創辦了《太平洋畫報》。以後又有王西神創辦《明星畫報》，駱無涯創辦《電影畫報》，林澤蒼創辦了《攝影畫報》，曹夢魚、王天恨創辦《駱駝畫報》等，計有二十多種。難怪畢倚虹驕傲的寫到：「吾報既出，效者踵起，規模格局，十九惟吾是式」。[50] 三日刊畫報可視為採用銅鋅版技術印刷期間的集中體現和典範，它們無一例外的都是以攝影照片作基礎來組編架構的圖象文獻。

這些風格相同的「畫報」具有如下三大特點：

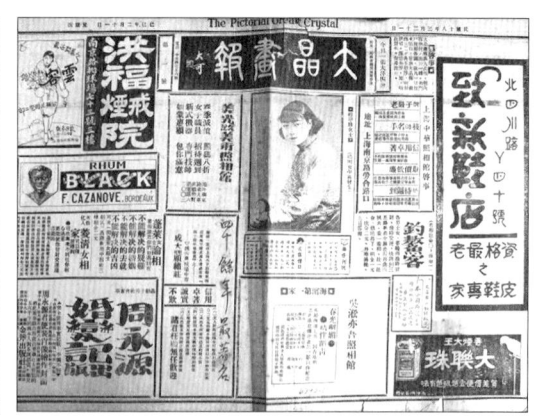

一、同樣的固定刊期：

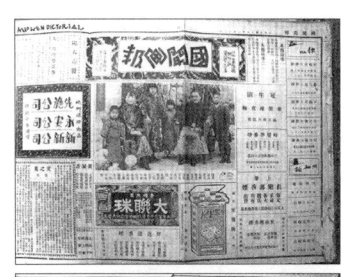

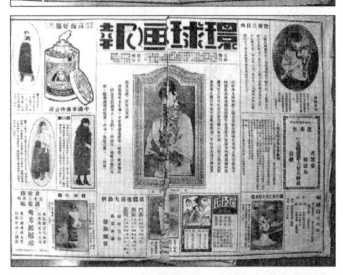

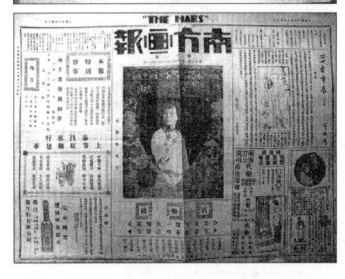

它們之中大多數均為三日或五日出版一期，也有部分是週刊、半月刊等。這種固定出版週期的畫報，雷同於當時正風靡一時的上海三日刊小報，因此當時報壇文壇輿論也有人將其劃歸為「畫報派」三日刊小報。它們大多數出版週期均不長，短的一個月，出了幾期就停刊，長的不過二三個月出十幾期的。也有少數出版週期較長的，如《上海畫報》、《三日畫報》、《中國畫報》等。

二、同樣的編排風格：

此類畫報多數為四開三版，少數為四版。第一版多為橫排，上方中間標著中文或中英文對照刊名，刊名下刊登一張電影明星、社會名媛或美貌少女的銅版小照，兩旁登載各類工商業廣告、戲劇或電影廣告，有些還在首版廣告中間夾雜其它小照片，第二、三版為豎排，常登上近十張的時事新聞圖片、或各地風土人情攝影寫真，或戲劇名伶、票友戲裝照、舞臺劇照等，然後大登通俗文人撰寫的言情、武俠、偵探、社會等類的連載史料性的掌故、筆記、小品文，或短篇小說、雜文，或倡家花界動態等。

三、同樣的作者隊伍：

由於創辦此類畫報的人士多為清末民初年間的通俗文學領域文人（又稱鴛鴦蝴蝶派文人）和一批小報的報人，他們在五四新文化運動

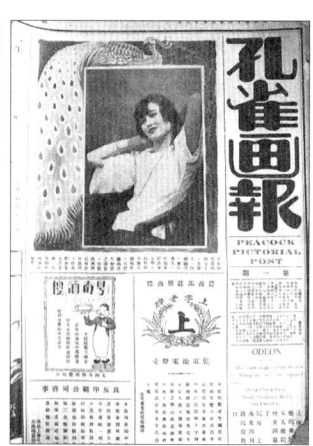

的衝擊下，原先投稿的文學陣地逐漸被《新青年》和改良後的《小說月報》等期刊，以及《民國日報》副刊《覺悟》、《時事新報》副刊《學燈》、晨報副刊《晨報副鐫》等報紙中崛起的一批宣導新文化思想的文化人所替代，於是他們開始向小報和此類畫報陣地轉移，倒也獲得不少讀者，銷路不錯。此類畫報的出版高潮是在1925年後出現的。據粗略統計，共有五十餘種，上海就有三十餘種：

表三：三日刊畫報簡目

刊名及刊期	編輯	出版地及出版發行單位	創停刊日期
《孔雀畫報》五日刊	孔雀畫報社編輯	上海孔雀畫報社出版	1925年5月創刊至12月（1—21期）
《南方畫報》三日刊	南方畫報社編輯	上海該報社發行	1925年7月創刊，停刊時間不詳。
《中國畫報》三日刊	聞野鶴創編	上海該報社發行	1925年8月8日創刊至12月（1—40期）
《環球畫報》週刊	嚴芙孫主編	上海環球畫報社發行	1925年8月創刊至12月（1—17期）
《美晶畫報》五日刊	美晶畫報社編輯	上海該社發行	1925年8月至9月（1—2期）
《美報》三日刊	美報編輯部	上海該畫報社發行	1925年12月（1—6期）
《西湖畫報》五日刊	西湖畫報館編輯	上海該報社發行	1925年10月創刊（1—2期）

刊名及刊期	編輯	出版地及出版發行單位	創停刊日期
《紫蘭畫報》	紫蘭畫報館編輯	上海該館發行	1925年9月創刊至10月（1—7期）
《小畫報》週刊	陳鼎元主編	上海小畫報社發行	1925年9月創刊至10月（1—6期）
《天聲畫報》五日刊	天聲畫報社編輯	上海該畫報社發行	1925年9月創刊（1—4期）
《申江畫報》	申江畫報社編輯	上海該社發行	1925年9月創刊，停刊時間不詳。
《大方》畫報五日刊	主編葉仲方	上海該社發行	1925年11月創刊（1—18期）
《雙十畫報》年刊	雙十畫報館編輯	上海培立遊藝團出版部發行	1925年10月創刊至1927年10月（1—3期）
《乓乒畫報》	不詳	上海	1925年創刊（1—2期）
《西湖畫報》五日刊	西湖畫報館編輯	上海該館發行	1925年10月創刊（1—2期）
《新聞畫報》，前身為《乓乒畫報》	不詳	上海出版單位不祥	1925年8月創刊至9月（1—4期）
《紫葡萄》	不詳	上海	1926年1月創刊，停刊日期不詳
《太平洋畫報》半月刊	舒舍予等編輯	上海太平洋美術公司發行	1926年6月至1927年1月（1—6期）
《小笑畫報》週刊	小笑畫報館編輯	上海小校畫報館	1926年9月創刊（1）
《北京畫報》半月刊	傅芸子編輯	北京畫報社發行	1926年10月創刊至1928年1月（1—9期）
《圖畫美報》週刊	圖畫美報館編輯	上海該館發行	1926年1月創刊至3月（1—12期）
《工育畫報》	不詳	上海	1927年8月創刊（1—3期）
《安琪兒畫報》週刊	不詳	上海該社發行	1927年8月創刊至9月（1—2期）
《京津畫報》不定期	京津畫報館編輯	天津該報社發行	1927年8月創刊—1928年1月（1—32期）
《小畫報》週刊	小畫報館編輯	上海小畫報館發行	1927年11月（1—2期）
《世界畫報》	世界畫報社編輯	上海	1927年10月創刊，停刊時間不詳。
《大亞畫報》半週刊	大亞畫報社編輯	瀋陽大亞畫報社發行，1932年9月受東北政局影響搬遷至上海繼續出版。	1927年10月創刊至1933年10月（1—403期）

刊名及刊期	編輯	出版地及出版發行單位	創停刊日期
《一乙畫報》週刊	一乙畫報編輯部編輯	上海一乙公司發行	1928年1月創刊（1）
《大晶畫報》三日刊	馮夢雲主編	上海大晶報社出版	創刊於1929年3月，停刊時間不詳。
《國聞畫報》	國聞畫報社編輯	上海國聞畫報社出版	1928年2月創刊至8月（1—60期）
《華北畫報》週刊	真光電影劇場編輯	北平華北畫報社發行	1928年1月創刊至1929年6月（1—96期）
《丁丁畫報》週刊	永興寺忠軒派報社編輯	北平永興寺忠軒派報社	1928年9月創刊至10月（1—2期）
《香花畫報》	張清泉、林仲禹編輯	廣州香花畫報報館發行	1928年8月創刊至1929年7月（1—4期）
《豔影畫報》三日刊	豔影畫報社編輯	上海該社發行	1928年1月至3月創刊（1—3期）
《華北畫刊》	華北日報社編輯	北平華北日報社發行	1929年1月創刊至1931年11月（1—109期）
《金剛畫報》旬刊	峪雲山人編輯	上海金剛畫報社發行	1930年1月創刊至6月（1—14期）
《環球畫報》週刊	主編葉勁風	上海照相版印刷公司發行	1930年1月創刊至同年5月（1—24期）
《駱駝畫報》三日刊	趙苕狂／曹夢魚編輯	上海駱駝畫報社發行	1928年3月創刊至同年9月（1—73期）
《遊藝畫報》	遊藝畫報社編輯	上海遊藝畫報社出版	1925年10月—1926年6月（1—75期）

三日刊畫報的典型是《三日畫報》，它1925年8月2日創刊於上海，創刊不久因登載誨淫文字被告上法庭而停刊，這時本身曾於《上海畫報》任職的張光宇接過了它，與自己的兄弟張正宇共同主編了本畫報，「注重圖畫，一洗前弊」[51]，他將自己在上海畫報社行事經驗化為了實際行動。畫報的主體內容基本模仿《上海畫報》，以文壇掌故、戲劇電影、社會新聞

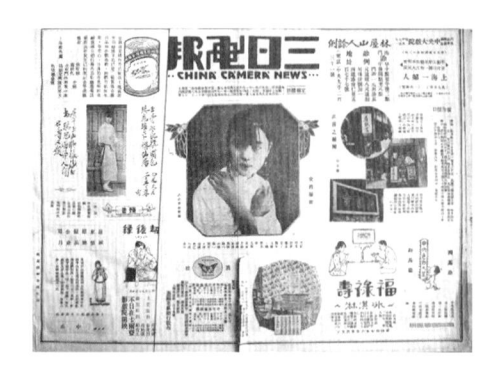

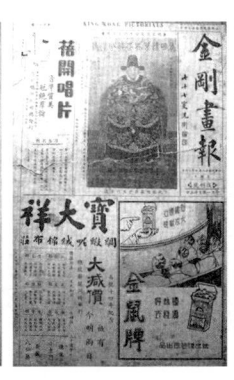

類的圖片為主,但也有自己的某些特色,因張本人對美術領域感興趣,所以該刊上有關該領域的資訊較多,曹涵美的《聊齋故事畫》、葉淺予的時尚女子服裝設計圖《新裝束》等連載圖畫均在該刊首發。同時,他還比較重視漫畫界的動態,不僅關注中國最早的漫畫民間組織「漫畫會」的動態報導,而且注意提攜漫畫界的新苗作品,曾登載過葉淺予、丁聰等人的處女漫畫,「頗受社會之歡迎」。[52] 1926年該刊大約在出版了169期後停刊。三日刊畫報潮的泛起與小報界16類小報的興盛交相輝映,形成了二〇年代後半期中國文化界一大獨特的都市文化現象和奇觀。針對這種現象,當時就有許多文章評述道「海上畫報勃興以來,約有三十餘種,而迄今停辦者,數亦過半,良以創始易而持久難也」[53]:「去年今日,正畫報潮怒湧之時,同行不下數十餘家,盛極一時」,一年半裡,此起彼伏,你方唱罷我上臺「陸續出版和停刊者有三日畫報、中國畫報、遊藝畫報、紫葡萄、南方畫報、明星畫報、環球畫報、星期畫報、孔雀畫報、芝蘭畫報、申江畫報、乒乓畫報、美晶畫報、美報、天聲畫報、大方畫報、新聞畫報、春華、香草、鼎臠畫報、西湖畫報、金石畫報、大新潮、紫藍畫報、電影畫報、小畫報、

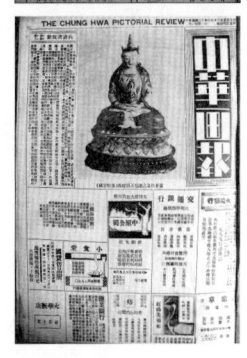

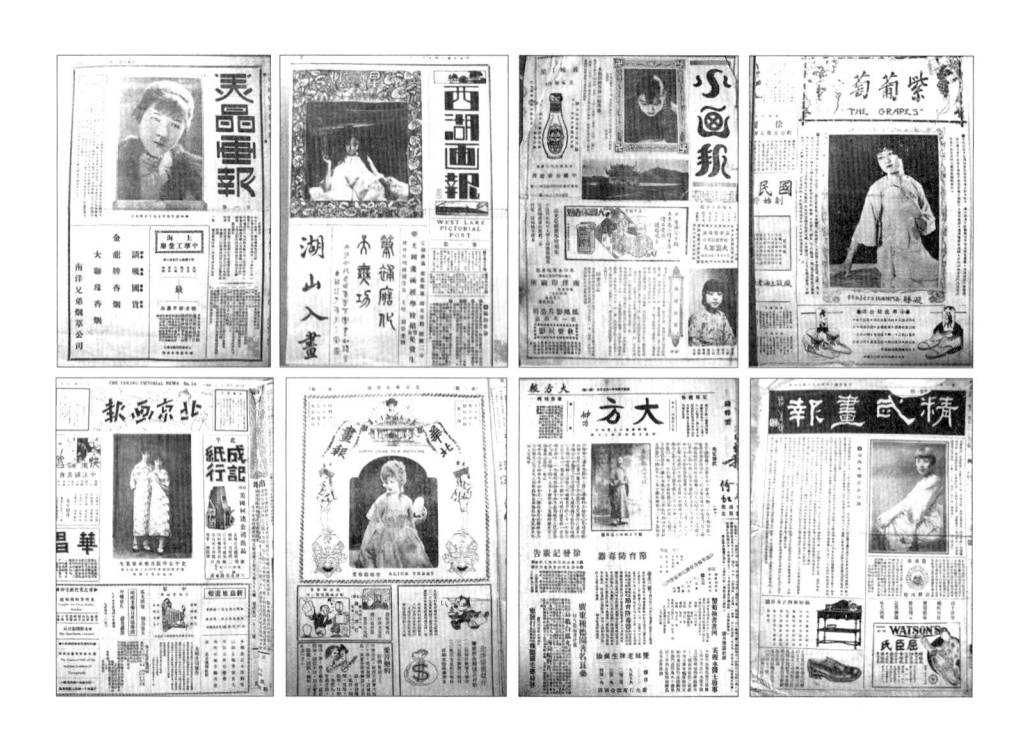

圖畫美報、飛鳶畫報等。屬附在大報者有圖畫時報、中南畫報、時事畫報、北京晨報之星期畫報、天民畫報等。新近出版者有革命畫報、影戲畫報」。[54]而今，「曾幾何時，因資本不足，精神渙散，或以成本過巨，宗旨不正，紛紛倒閉，所餘者三家」，僅剩《上海畫報》、《三日畫報》和《攝影畫報》。[55]到了1928年夏，「總觀上述畫報在極盛時代，雖多至數十百種而旋起旋仆，能始終不敗者，祇《上海畫報》與本報兩家」。[56]正如這些作者所言，這股瘋狂的銅鋅版畫報潮確實經不起時代浪潮的洗禮，至二〇年代末三〇年代初期，由於左翼文藝和現代影寫技術畫報的崛起和革新，在風行了幾年後即在畫報界銷聲匿跡，唯有《攝影畫報》等極少數畫報跟上了時代的變革浪潮，才以自己的特色在讀者中站住腳跟。

本章注釋

33. 李石曾,〈世界社與中國農工銀行〉,《世界月刊》第 2 卷第 6 期。1947 年 12 月。
34. 張光宇,〈吳稚暉先生談世界畫報〉,《萬象》第 3 期。1935 年 6 月。
35. 《世界》畫報第 1 期。1907 年 9 月。
36. 《世界》畫報第 1 期扉頁。1907 年 9 月。
37. 阿英,〈中國畫報發展之經過——為《良友》一百五十期紀念號作〉,《晚清文藝報刊述略》。1958 年 3 月。
38. 張光宇,〈吳稚暉先生談世界畫報〉,《萬象》第 3 期。1935 年 6 月。
39. 《申報星期畫刊》創刊於 1930 年 5 月 18 日,停刊於 1932 年 1 月 31 日。共出 87 期。
40. 1912 年《真相畫報》第 16 期報導「上海各界人士追悼宋教仁大會」上的吳永珊(吳永章)發言。
41. 〈出世之緣起〉,《真相畫報》第 1 期。1912。
42. 阿英,《晚晴文藝報刊述略》。北京:古典文學出版社,1958 年 3 月。
43. 〈藝術的過程－高奇峰先生與畫報〉,《大眾畫報》。1933 年 12 月。
44. 同前注。
45. 《世界畫報》創刊號。1918 年 8 月。
46. 《上海畫報》創刊號。1925 年 6 月。
47. 林華,〈上海小報史〉,《福報》。1928 年 9 月 16 日。
48. 釧影,〈畫報的文字〉,《上海畫報》第 36 期。1925 年 9 月。
49. 林澤蒼,〈畫報潮之重興〉,《攝影畫報》第 250 期。1930 年 8 月。
50. 《上海畫報》創刊號。1925 年 6 月。
51. 朱伯藩,〈畫報潮之回顧〉,《畫報》第 25 期。1926 年 2 月。
52. 同前注。
53. 同前注。
54. 記者文,〈二年來畫報興複史〉,《攝影畫報》第 100 期。1927 年 8 月。
55. 朱伯藩,〈畫報潮之回顧〉,《畫報》第 25 期。1926 年 2 月。
56. 記者文,〈二年來畫報興複史〉,《攝影畫報》第 100 期。1927 年 8 月。

第三章

影寫凹版畫報時期

1930—1949

所謂的影寫凹版是指屬於凹版印刷技術的照相凹版大類（另一類是雕版凹版，它分為手工雕刻、機械雕刻、電子雕刻）。該類又分為傳統照相凹版和照相加網凹版兩種。影寫凹版屬於傳統照相凹版技術，又稱碳素紙法。它是經過重鉻酸鹽敏化過的碳素紙上，先曬製凹版網絡，再曬製連續調陽圖，然後將碳素紙上之圖象轉移到滾筒上，通過顯影、填版腐蝕制得印板。據薩空了的文章稱，最先使用這種印刷方法的是「商務印書館之《東方》諸雜誌前之插圖」，正式採用此類技術的報紙畫刊始於戈公振自 1930 年 5 月 18 日創編的《申報星期畫刊》（1930 年 5 月 18 日—1932 年 1 月 31 日，共出 1 至 87 期）。正式用於印畫報者，則始於《良友》畫報。影寫凹版技術的成本更為低廉，效率更快更高，不久就取代了銅鋅凸版技術畫報，成為畫報界和新聞界爭相採用的一種技術，自此畫報進入了影寫凹版時期。

第一節
影寫凹版技術之先驅：《良友》畫報與四大主編

《良友畫報》，它是中國現代史上出版的最重要的畫報之一。1926年2月創刊於上海，1941年10月出至第171期，因太平洋戰爭上海淪陷，雜誌遭受日軍的查封被迫停刊。1945年10月抗戰勝利後復刊，僅出版了1期就終刊。作為上世紀二〇年代至四〇年代的發行量最大（從最初三千份到第45期的四萬餘份），發行地區最廣（遍及國內三十餘個城市和香港、南洋各地區），出版時間最長（整整歷時二十年）的一份大型畫報，它在中國畫報史上具有極其突出的地位。

創刊人伍聯德1900年出身在廣東臺山縣一個下層家庭裡，父親早年就遠涉重洋，靠在美國紐約唐人街替人當洗衣工來維持遠在家鄉的親人生計。伍從小就聰明過人，在廣州嶺南中學求學期間，就對美術產生了濃厚的興趣，中學畢業後，他升入嶺南大學預科班就讀時，曾與同班同學陳炳宏一起合譯了《新繪畫》，被上海當時最具影響的商務印書館看中出版，一讀完大學預科的功課後，他並沒有繼續讀本科，而是毅然決然棄學直奔上海，在嶺南大學校長的推薦下，在上海商務印書館當上了一名美術編輯，由此打下了他職業生涯的重要基礎。在商務工作期間，他勤奮的在實踐中磨練自己的才幹，一面負責編繪該館的《兒童教育掛圖》，一面兼職上海郇光小學的美術老師。他還利用業餘時間，曾與同事一起編印出版過一份以少年兒童為對象的四開小報《少年良友》。1925年在上海女子商業銀行董事長譚惠然的幫助下，他組建了良友印刷所，邀請了老同學余漢生共籌事務，7月15日，

坐落於北四川路鴻慶坊中的良友印刷所正式開張。半年後，即 1926 年 2 月，一份全新的大型綜合性圖文並茂的《良友畫報》出現在市場上，它以全新的視角，與眾不同的編排技巧和獨特審美觀念很快贏得了讀者的青睞。

據同人們回憶，《良友畫報》的誕生也並不是一帆風順的，在提出創辦畫報的計畫時，他就曾遭到印刷所同仁的反對，「畫報是要辦的，如果成功了，利益歸公，如果失敗了，我一個人承擔一切損失」。[57] 為實現其「編輯與印刷方面，亦堪與世界先進國家之畫報一較其高下」的辦刊目標，1927 年 4 月他專程遠赴美國考察畫報事業，回國後，他吸取了美國《生活雜誌》（Life）、《君子》（Esquire）、《禮拜六晚郵報》（Saturday Evening Post）和英國《倫敦新聞畫報》（Illustrated London News）等報刊的辦報內容和行銷長處，使其銷路從第 2 期起就達到了一萬份，第 37 期起擴大到三萬份，第 45 期起增發到四萬份，在中國畫報市場中獨占鰲頭，這是十分罕見的一種文化現象。[58] 為了實踐「以商業方式而努力於民眾的教育文化事業」之「旨趣」[59]，他從創辦之初就採用了商業化的經營模式，在公司內外募集股本，從 1926 年四萬元的募集資本起家，擴增到 1931 年的五十三萬四千的年營業額的資本，不僅在全國和海外設立了十家分公司，而且將其業務發展到其他出版物和體育用品等領域，並使其成為國內一家知名的文化品牌機構。[60]

以本刊的編輯為線，《良友畫報》共經歷過四大編輯時期：

第一個階段——伍聯德、周瘦鵑編輯時期：

創刊人伍聯德從 1926 年 2 月第 1 期開始編輯，至 4 月第 4 期；周瘦鵑從 1926 年 6 月第 5 期編至 1927 年 1 月第 12 期。之所以將兩人和

在一起，是因為儘管畫報署名分別為兩人，但實際上這時期的畫報，大部分還是伍本人出的力氣更大些。他不僅親自選材圖片，親自設計雜誌封面和雙鵝註冊商標，挑選「良友」美術字體，同時還欽定雜誌的內容基調，並親自編排每期圖片。他確定本刊的基調跟一般畫報不同，這可在他為第 2 期撰寫的非常通俗且口語化的「卷頭語」中找到答案：「作工到勞倦之時，拿本《良友》看了一躺，包你氣力勃發，作工還要好；常在電影院裡，音樂未奏，銀色未開之時，拿本《良友》看了一躺，比較四面顧盼還要好；坐在家裡沒事幹，拿本《良友》看了一躺，比較拍麻雀還要好；臥在床上眼睛還沒有倦，拿本《良友》來看了一本，比較眼睜睜臥在床上胡思亂想還要好」，這種順口溜式的廣告語為《良友畫報》爭取到了一大批市民讀者。周瘦鵑主要負責編輯文字，作為民國初期的重要通俗文學家，周的文學作品在當時市民階層中還是有一定的市場，伍聘請周主要還是從市場的角度出發。

第二個階段——梁得所編輯時期：

他是畫報的第三任編輯，從 1927 年 3 月第 13 期一直編到 1933 年 8 月第 78 期，整整歷時六年多。這個時期是畫報業務發展最快的一個時期。首先它更加鮮明的確立了自己的畫報風格：形式上「印刷精美」、「裝幀考究」，內容上「時尚新潮」、「緊貼生活」。其次為適應海外市場的要求，從 1928 年 4 月第 25 期起，所有的圖片文字均採用了中英文兩種說明。伍聯德曾談到了他與梁的相識過程「適於是年冬（1926）值梁得所先生，梁先生固負笈於山東齊魯，以事輟學來滬，因接洽印

件事，彼此獲識，時相會晤，頗覺年少有為，因即延聘，共同襄理編務」。[61] 事實上，伍的確慧眼識俊才，梁也不負重托，一人獨當編輯大任，為了降低畫報印刷的成本，而且還大膽的進行印刷技術的改革，率先在畫報界將銅版印刷技術轉變成影寫凹版技術，充分顯示了他多才多藝的潛能，使得畫報愈辦愈紅火。伍此時也抽身負責另組刊物，連續出版了《新影星》[62]、《體育世界》[63]、《今代婦女》[64]、《中國學生》[65]、《新銀星與體育》[66] 等刊物。第三任主編馬國亮曾在香港復刊的《良友畫報》上撰文評價兩人的功績「伍聯德是中國第一個大型綜合性畫報的創始者，而梁得所是把畫報革新，奠定了畫報地位的第一個編輯，在中國畫報史上，兩人的業績都是不可磨滅的」。[67] 遺憾的是，這對畫報史上的黃金搭檔於1933年夏後分道揚鑣，儘管伍聯德「苦留不獲」，感嘆「一旦失此患難與共之多年良友，至可憾也」[68]，梁還是離開了《良友畫報社》，自組大眾出版社，另出一份《大眾畫報》[69]，同時他還編印過《小說》[70]、《文化月刊》[71]、《時事旬報》[72] 等刊物，1938年8月梁因病在廣東故鄉逝世。

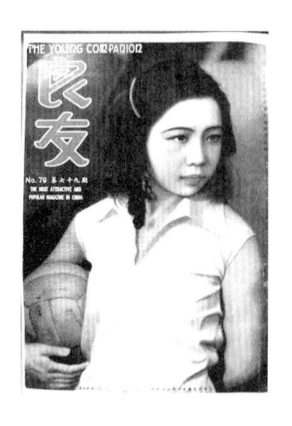

第三個階段——馬國亮編輯時期：

馬從1933年9月第79期開始接編，一直編到1938年6月第138期時止。馬也是伍親自看中的出版人才，早在1929年他就聘請了伍輔助梁編輯《良友畫報》，梁得所離開畫報社後，伍聯德就將畫報的編輯大權交付給馬，馬國亮的確不負重托，在他主編期間，儘管戰爭的陰霾一

直籠罩在中國大地上,但畫報社的事業呈蒸蒸日上之勢,在編輯方針上,不僅堅持了原刊物即時反映社會生活方方面面的「新潮休閒」的風格,而且緊密結合國內外的政局時事,發表了一大批具有歷史史料價值的攝影圖片,從而形成了「時事」、「體育」、「電影」、「婦女生活」、「旅遊」、「娛樂」、「商業廣告」七大內容版塊為特色的大型圖片雜誌。1937 年,八一三中日淞滬戰爭爆發,良友圖書印刷公司遭受到日軍的炮轟,社址被毀,報社被迫一度移到香港繼續出版了 6 期(即 133 期—138 期)後停刊。1939 年年初畫報社又從香港回滬,續出 139 期,此時編輯已改為張沅恒了。

第四個階段──張沅恒主編時期:

第四個階段是張沅恒主編時期,也是畫報社最艱難的時期。受抗日戰爭的影響,此時的報社在經濟上舉步維艱,逐步陷入破產的境地,同時,由於在上海租界「孤島」的特殊環境裡,畫報只得掛美國律師密爾斯(H. P. Mills)作為發行人的招牌繼續出版,從 139 期起一直出版了四年,至 1941 年 10 月出到 171 期,因太平洋戰爭的爆發被迫再次停刊,這一停就停了 4 年,直到 1945 年 9 月抗戰勝利,10 月畫報復刊,續出了 172 期後,因股東之間的嚴重分歧而最終停刊。作為現代出版史上最重要的畫報,它完整地記錄了中國近現代史上發生

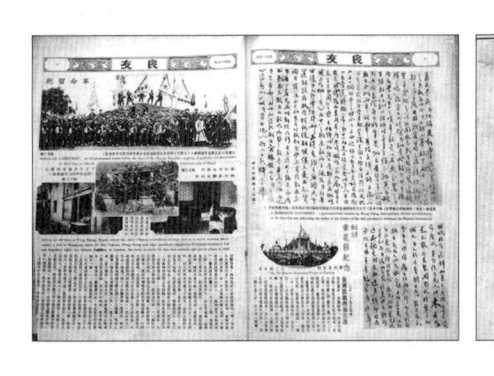

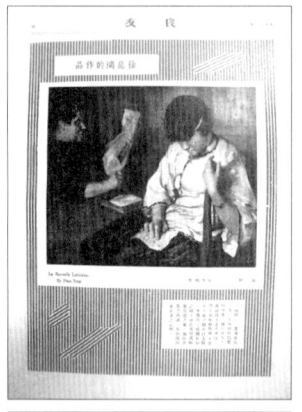

的所有它所見證的重大事件:「九一八」、「一二八」、「七七」、「八一三」、「七君子事件」、「西安事變」等。先後出版過《中山特刊》、《北伐畫史》、《中國現象》、《第二次世界大戰畫報》等。值得指出的是《良友》發行至第 50 期時,又將篇幅增加到四十二頁,其中三頁採用了五色彩畫精印,這不僅是其成為近代中國同時期、同類畫報中最先刊登色彩鮮豔的精美彩色畫頁的畫報,而且獲得了該領域印刷行業中「最精美之畫報」[73]的美譽。

1954 年,移居香港的伍聯德在港重新復刊了《良友》畫報,為承繼上海出版的原《良友》,他特在復刊後的香港版《良友》畫報的版權頁上專門注明「《良友》畫報海外版」字樣,隱約的表露出自己思源上海版《良友》的追根之念——那曾經是他事業達到輝煌頂峰的標誌。香港版的《良友》先後出過週刊、月刊兩種刊期,大約出版到 1968 年止,中途曾停刊過。在內容和編排形式上它繼承了上海版《良友》的風格,但由於當時香港處於英國管轄,以及政治等方面客觀因素的原因,復刊後的《良友》畫報,已難現昔日上海灘上傲視行業群雄的威風。1972 年 72 歲的伍聯德病逝香港。

1984 年 6 月伍聯德的兒子伍福強在香港重組香港良友圖書公司,恢復出版《良友畫報》,這已是後話,不再後述。

第二節
不斷創新改革的《攝影畫報》及其創辦人林澤蒼

　　《攝影畫報》也是從銅版畫報向影寫凹版畫報過渡時期的一面旗幟。它 1925 年 8 月 22 日創刊於上海。英文名：The Pictorial Weekly。中文名稱根據該刊的改革數度易名：初名《畫報》，自 1933 年 1 月起改成本名，1935 年 2 月起改名為《中國攝影學會畫報》。其間自 1928 年 1 月 28 日第 123 期至 1930 年 2 月 15 日第 225 期另出《捲筒紙畫報》，不知出於何種原因，《捲筒紙畫報》的編排版面、期數、圖文內容與正在出版的《畫報》竟然完全一致，遺憾的是在這兩份同時出版的畫報裡並沒有任何文字解釋，也許是出於市場行銷的需求吧，這種現象在同時代出版的畫報裡絕無僅有。1932 年 11 月 19 日出至第 375 期後曾停刊。1933 年 1 月元旦復刊，期數另起，標第 9 卷第 1 期（總 376 期）起。1937 年 8 月《中國攝影學會畫報》出版至第 13 卷第 18 期，因受淞滬抗日戰爭的影響終刊，歷時 13 年，自標總數 516 期，實際出版 566 期。[74] 該刊前期的歷任編輯有趙君豪、吳微雨、吳農花、張若谷、黃轉陶、諸保衡。1933 年後版權頁上開始標明刊物的具體責任者，設有圖畫編輯、文字編輯、攝影記者、美術編輯等崗位，主要人員有漫

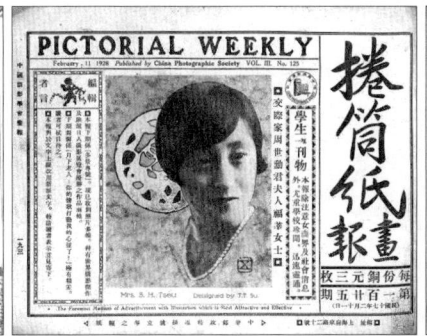

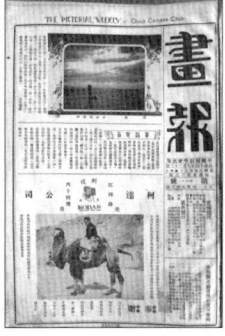

畫家黃士英、其弟林澤民和林澤人、表兄彭兆良，以及許秉鐸、陳競成等。該刊自始至終的創辦人及總經理是林澤蒼。

　　林澤蒼在創辦之初時談到了它的出版背景：「在這畫報潮澎湃期中，我們這張畫報，也應著時代的需求和讀者相見」，「畫報的名稱是很費研究的。我們覺得畫報的範圍很廣，隨便什麼東西都可以登載的，既不必限於上海，也無容以國際為界，所以簡潔便當，就以「畫報」兒二字作為我們的報名」。[75] 正是在這種指導思想下，初創時期的畫報雷同於一般綜合型的銅版畫報。首任編輯是趙君豪，內容則重文學與文藝。此後畫報內容隨著編輯的變換而變化，吳微雨主持期間，因他是《福爾摩斯》小報創辦人，所以注重時事新聞。其弟吳農花接編後，傾向教育界之學校動態。張若谷主編期間熱衷報導新文藝界消息，黃轉陶、諸保衡主持後，婦女界的圖文新聞明顯增多。該報在十二年裡曾六度改革：第一次是在1930年8月該報出版第5周年之際，就在這一年的5月，林澤蒼親赴日本考察了半個月，回國後主編242期《遊日專號》，接著就對該報的內容進行大調整：「專向摩登之路進攻，提倡時髦和愉快的旨趣」，但「並不鼓勵奢華與虛榮，使得枯燥社會的人們，得著優美的生活」[76]，為此他推出本報落實改革主旨的十大具體方針：「房間美的佈置、婦女的新裝束、男性的裝飾、都市中的消遣方式、人體的健美、刊登歐美電影界紅星、現代的社交、合乎現代生活而最新式的漫畫、諷刺畫附帶深刻的文字、現代對話」。[77] 1931年1月第271期起打破原先決不登「裸體照」的承諾，出現第一張女性裸體攝影照片。三年後，即1933年1月起進行第二次改革，他決意「不但追隨時代，而且要做時代的領導

者」，圖片編排上要「新鮮悅目」，文字上「短小精悍」，希望閱者一拿到這本「令人驚奇的活潑刊物」，就「愛不忍釋，興奮愉快」。[78]為此他將攝影圖片的領域大大擴展，「時事、世界、攝影、運動、漫畫、奇物、婦女、佈置、發明、歌譜、名人、健美、生活、兒童、古品、美術及特殊照片」[79]都成為畫報的素材。他緊跟先進的印刷潮流，首先在印刷技術上開刀，將原來的銅版畫報改成影寫凹版畫報，降低了印刷成本，其次，增加三倍多容量，從八頁增加到三十七頁左右。1934年5月和1935年的2月，林澤蒼又兩次推出畫報的革新號，前者「務使這本小冊子成為一種圖文並茂的大眾趣味讀物」[80]，後者的變革更是將其轉變成一份「全國唯一純粹之攝影週刊」，林澤蒼在親撰《本刊專刊攝影第一聲》，總結了攝影畫報發行後的十年歷史，他十分感慨的寫道：「攝影畫報仍能在大不景氣中展延其壽命，此皆攝影同好愛護本報有以致之，余愧無以報慰，然因同好之督促及同志之需要，改進之念固未嘗稍忘也。顧名思義，本報既以攝影冠其名，論理應為純粹之攝影刊物，然因種種之關係終未能使之實現。蓋以前尚在嘗試階段，非有充分之把握及具體之計畫不敢輕舉妄動，以致影響本報之前途。今則認為時機已熟，遂決心改革使之成為純粹之攝影週刊。內容務求充實，材料務求實用」[81]，此後刊物完全捨棄了以前歷次改革

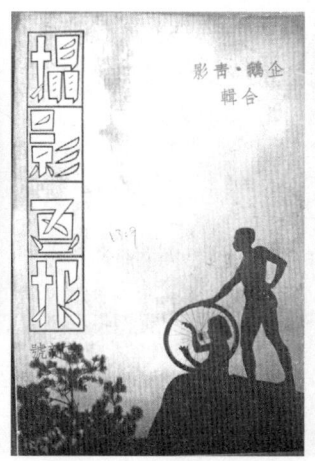

後形成的一般綜合性畫報之輕鬆趣味的圖文風格，脫胎換骨成為專事刊登中外攝影理論文章，介紹攝影技術實用知識的專業攝影雜誌，發表了大量世界攝影傑作、中外人體攝影名作、各國攝影佳作、全國影展得獎大作等等。然而，生性不斷創新的林澤蒼並不滿意所取得的成果，1937年他第六次對這份在中國攝影界具有權威影響力的刊物進行改革的大手術，他嚴厲的剖析自己不足，說道：「本報先前數度革新，終以時間匆促，人才缺乏，未能盡善盡美」，這次「因受讀者嚴正的指導和督促」與「現代中國對於攝影讀物需要之迫切」，決定「切實整頓，矢意圖新，以符我們為學術而努力的初衷」。他再次將刊物宗旨定位為「提倡指導，研究攝影」。將原先三十多頁的週刊，翻倍改為八十多頁的半月刊，極大地增加了攝影資訊容量，特重「譯述歐美雜誌與攝影雜誌之精華，選登世界攝影傑作和國內各影展中之重要作品，譯述連載三種攝影名著」[82]，使這份畫報在原有的基礎上，大大提高了專業學術水準，名副其實的真正成為當代中國唯一一份學術性兼實用性的攝影專業畫報。據粗略統計，自1925年至1937年，該畫報在林澤蒼的主持下，先後以中國攝影協會名義舉行了第一屆至第十屆全國攝影比賽展覽，編輯過75期各類專號或特輯，其中各類攝影主題展15期，女性主題（包括女學生、女校花、女職員、大家閨秀、女性人體、女明星、妓女）17期，電影戲劇舞蹈體育主題11期，春夏秋冬風景主題7期，風土人情主題4期，各類紀念專號7期。每逢國事貼危，還推出以時事新聞圖片為主的專號5期，如1931年10月出版的《抗日救國專號》、1933年1月、3月出

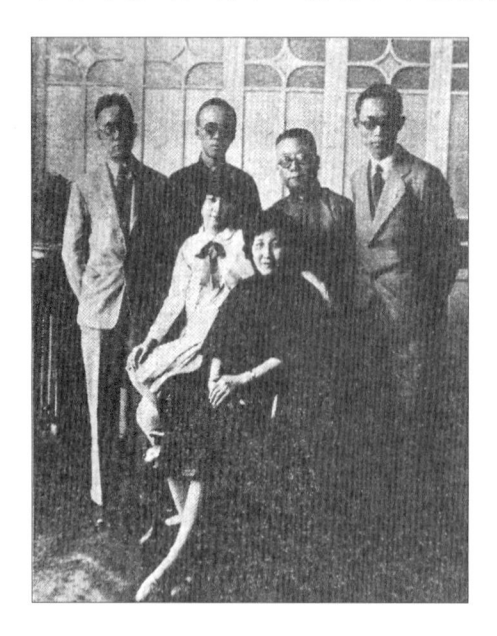

版了《東北義勇軍血戰抗日特刊》和《熱河抗日大戰特刊》等，尤其是 1931 年 1 月至 5 月打破出版每週一次的出版常規，從 324 期至 344 期起連續 20 期，以三日刊形式推出《戰事三日刊》，取消所有廣告，每期刊登 15 至 20 幅戰地時事實圖，全景式的反映中國人的抗日鬥志。

林澤蒼可說是中國現代攝影史上的一個重量級人物，他 1903 年出生於福建古田。少年聰慧，讀書時已嶄露頭角，秦瘦鷗稱他「雖籍福建而操滬語極純熟，中西文造詣咸高」，性格「善謙，博覽遷術」。[83]《攝影畫報》創刊初期，他還在上海光華大學商科求學，業餘愛好攝影。一日與同好丁惠康、龐亦鵬小酌閒談，聊起不滿市場上正在風靡一時的各種畫報，從而觸動靈感，於是三人一致合議創辦了本報。龐亦鵬主責畫報美術，丁負責照片審讀與發行，林主事社務與廣告，約請同好趙君豪任編輯主筆政。他憑著與上海柯達公司大班的友情，拉到了該公司每期贊助 20 元，以供每月支付 80 元的廣告費，《畫報》就此起家發行。首期出版後，市場反映熱烈。畫報出版半年多後，因刊名取得太寬泛，報販們意見紛紛，有的賣報時叫它為大頭畫報，有的稱呼之禿頭畫報，許多讀者也就刊名致信報社發表己見。為此林澤蒼在 1926 年 3 月 23 日第 31 期起，即在畫報出版七個月後，採取了一個折衷方案，他在刊名報眉下加上了「簡稱攝影畫報」六個小字，作為該刊的副標題。真是「有心栽花花不開，無心插柳柳成蔭」，哪知自後，報販和讀者反而將這個

副標題作為正刊名，約定俗成地叫喚它了。1933 年 1 月該刊大改革，正式定名為《攝影畫報》，其中「圖片占四分之三，文字占三分之一」。[84] 作為中國攝影協會的創辦人，他以《攝影畫報》為基地，不僅制定了第一部中國攝影協會章程[85]，主持協會的日常工作，還親力親為組織了十屆全國攝影比賽展覽和評獎。1926 年編著出版了《攝影良友》，1929 年與陳傳霖、聶光弟、林澤民、林懷雪等二十餘人，在上海大中華酒樓發起共同組辦民間攝影團體黑白影社，一年後，成員增加至三十餘人，盧施福、高元宰、宗惟賡等攝影家加入其中。該社每月定期聚餐碰頭，發起旅行攝影活動，先後赴南翔、蘇州、杭州、鎮江等地采風創作，連續三次在《攝影畫報》上推出《黑白社影展專號》。[86] 此外林還創辦主編過《攝影畫報》的附刊《常識》小報，這份 1927 年 11 月 9 日出版的紅色六開式小報，由胡適題寫刊頭，專門傳授有關吃喝住行的知識性小文章，首次印了八千多份，下午四點即售光，出版才半月，長期訂戶已有七十餘家。1932 年 5 月 2 日，他另同夫人梁心璽（梁愛保）一起創編出版了《電聲日報》，並自組三和出版公司。「三和」具有兩重涵義：一是取「天和、地和、人和」之義；二是林氏共三兄弟，林澤蒼（任公司總經理）、林澤民（任攝影畫報攝影記者）、林澤人（任攝影畫報英文編輯），取三人團結同和之義。《電聲日報》

由該公司總發行，在出版了593期後，於1934年1月改為雜誌，換名為《電聲電影週報》（期數自第3卷第1期起），一直出到1941年12月第10卷第5期，後因太平洋戰爭爆發而停刊。抗戰勝利時他已43歲，又在1945年10月10日，在其寓所南京路138號復刊以「新聞圖畫照片」為宗旨的《攝影畫報》和《電聲週刊》。[87] 1948年他與著名攝影家郎靜山一起重組中國攝影協會，試圖重振三〇年代攝影界活躍興盛之雄風。但他的命運以1949年為界開始曲折多舛，之前他以百屈不饒的精神，創辦並發展了《攝影畫報》的事業，在攝影界聲譽卓著，功勞顯赫。之後，在大陸政治氛圍不斷升級的環境中，在幾次政治運動中被多次批判，1958年1月27日上海市黃浦分局將其逮捕入獄，三年後林病逝客鄉。遺憾的是有關林澤蒼的生平事蹟記載幾乎為零，這不能不說是時代造就的悲劇。

攝影畫報發行後，各界對其好評如潮。著名新聞記者蔣劍侯要求各報社的攝影記者要向林學習：「林澤蒼創辦中國攝影學會，專攝新聞照片，為中國新聞攝影界之先河」，他所創辦的《攝影畫報》「成績斐然可觀」。[88] 署名青侶的人讚其為「百美俱全的圖畫」、「百讀不厭的文字」、「百屈不饒的精神」。[89]

第三節
各領風騷的其它重要影寫技術畫報：《文華》等

　　《良友畫報》創刊初期，即從 1926 年 7 月起至 1930 年 3 月第 44 期止，還是採用銅版印刷，每期二十四頁。從 1930 年 3 月第 45 期起，進行了印刷技術的重大改革，開始採用影寫凹版印刷的新技術：「上月已預告，本期的印刷有新的改良，從前是網目凸版（銅版），現在是影寫凹版。各國大畫報多採用這種印刷，它的好處是能多印而不失精美，同時這種印刷所用的紙張比從前的較廉，藉此可避免企業的大損失」。[90]《良友畫報》在從銅版圖片技術向影寫凹版技術的轉向過程中並不是一帆風順的，曾經歷過兩次失敗，第 44 期上的《編輯者言》清楚地交代了轉向失敗全過程，以及編輯們堅持畫報改革的經過和決心。

　　《良友》這一新技術的應用，印刷精美，紙張成本低廉的兩大優點很快就被各地大型畫報所仿效。據現存上圖館藏粗略統計，從 1935 年至 1949 年，同類的影寫凹版畫報的數量高達一百餘種。在封面設計上，出現了一些可喜的變化，不再局限在以女性形象作為招攬讀者目光的唯一選擇，一些畫報的封面設計採用了中西合璧的繪畫手段，展現了唯美主義的傾向，極具美術價值與個性色彩。有的畫報封面採錄世界各國千姿百態的風土風情，奇異新奇的鏡頭使人過目不忘。還有

的畫報突出地方特點，以著名建築，地標風格為風格，令人耳目一新。抗戰時期出版的畫報封面，更是捨棄一切軟性設計風格，將上至領袖、將軍，下至普通抗戰勇士們的形象定格在這方寸天地中，強烈地衝擊著人們的心靈，給人以抗敵的無窮力量。在題材上，創編者們的視野更寬闊，出版了一批諸如《天下》、《世界軍情畫報》、《遠東畫報》、《國際》等，以世界時事主體內容為目光而編譯的畫報。這些變化為影寫凹版技術畫報增添了時代變革的痕跡，成為其他階段畫報無法比擬的特定標記。其中跨年度發行一年以上的主要畫報有：

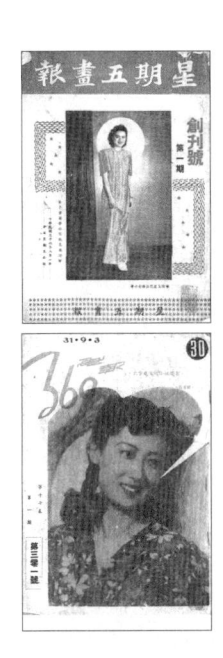

表四：主要影寫凹版畫報簡目

名稱及刊期	創辦及編輯	出版單位（發行）	創停刊日期及期數
《人民畫報》五日刊	蘇北揚州行政區人民畫報社編輯	江蘇人民畫報社	1948 年 2 月—1949 年 7 月（1—128）
《三六九畫報》不定期刊	總編輯李海鴻，主編王泰來	北京，發行人朱書坤	1939 年 11 月—1945 年 5 月（1：1—33：6）
《上海圖畫新聞》半月刊	編輯張沅吉	上海圖畫新聞社	1945 年 9 月—1946 年 9 月（1—17）
《上海畫報》半月刊	主編葉靈，編輯顧亞凱	上海現代出版社	1938 年 11 月—1939 年 2 月（1—5）
《大亞畫報》原逢五、逢十各出一期，後改為每週出兩期	大亞畫報社	上海大亞畫報社	1927 年—1933 年 10 月（1—403）
《大眾畫刊》月刊	福建省軍管區國民軍訓處編輯	福建省沙縣軍管區國民軍訓處	1939 年 1 月—1941 年 7 月（1—31）
《新國民畫報》旬刊	編輯高馬得	南京新國民畫報社發行	1946 年 1 月—1947 年 5 月（1—2）
《大眾畫報》月刊	主編梁得所	上海大眾畫報社	1933 年 11 月—1935 年 5 月（1—19）
《大華圖畫雜誌》不定期刊	李嵩壽等編輯	上海大華圖畫雜誌社	1945 年 10 月—1946 年 6 月（1—4）
《大陸畫報》月刊	編輯上村福之助、許和	上海，發行人納格	1934 年 10 月—1935 年 2 月（1—4）

名稱及刊期	創辦及編輯	出版單位（發行）	創停刊日期及期數
《山東畫報》不定期刊	山東軍區政治部該報社編輯	山東新華書店發行	1943年7月—1946年3月（1—23）
《廣東畫報》	廣東畫報社編輯	該社發行	1937年12月—1938年2月（1—4）
《中華月刊》	歷任主編周瘦鵑、嚴獨鶴、胡伯翔、郎靜山等	上海東方圖書出版社發行	1930年7月—1945年10月（1—108）
《中華畫報》每週三期	中華畫報社編輯	天津中華畫報社出版	1931年3月—1933年7月（1—324）
《中國生活畫報》不定期刊	主編唐亞偉，編輯徐昌霖	上海生活畫社	1947年2月—1948年6月（1—13）
《中國畫報》週刊	編輯葉如音	上海中國畫報社	1936年1月—1946年9月（1—24）
《今日中國》月刊	今日中國出版社編輯	香港今日中國出版社發行	1939年7月—1940年11月（1—14）
《天下》半月刊	總編梁晃	香港天下圖書出版社	1939年1月—1949年11月（1—86）
《文華》月刊	梁鼎銘等編輯	上海好友藝術社	1929年10月—1935年4月（1—54）
《新聞畫報》	新聞報社編輯	上海新聞畫報社發行	1946年1月—1947年5月（1—2）
《文華藝術月刊》月刊	編輯趙苕狂、張亦菴	上海文華美術圖書印刷公司發行	1929年8月—1935年4月（1—54）
《藝文畫報》月刊	藝文書局編輯所編輯	上海藝文書局發行	1946年7月—1948年9月（1:1—2:9）
《世界獵奇畫報》月刊	該畫報社編輯	上海聲美出版社出版	1937年3月—1938年1月（1—11）
《東方畫刊》月刊	編輯史谷興	香港，商務印書館香港分館出版	1939年4月—1941年7月（1:1—4:1）
《生活畫報》半年刊	生活週刊社編輯	上海該社發行	1933年1月—1934年2月（1—3）
《抗戰畫刊》初旬刊，後月刊	主編趙望雲	初由武昌抗戰畫刊社編印，後由重慶華中圖書公司出版	1938年3月—1941年1月（1:1—2:9）
《武漢畫報》	武漢日報編輯部	武漢該社發行	1934年6月—1936年9月（1—117）
《環球》（又名環球圖畫雜誌）月刊	該圖書出版社編輯部	上海該社發行	1945年10月—1949年3月（1—41）
《知識畫報》月刊	主編李旭丹	上海，發行人李知行	1936年8月—1937年7月（1—7）

名稱及刊期	創辦及編輯	出版單位（發行）	創停刊日期及期數
《青年知識畫報》半月刊	編輯陳忠豪	上海大中國出版社	1937年12月—1941年11月（1：1—9：2）
《青島畫報》雙月刊	編輯趙庶常、錢醉竹	青島市繁榮促進會發行	1934年5月—1937年5月（1—28）
《非非畫報》月刊	總編輯黎耦齋、編輯周劍影、黎適庵、杜其章	香港非非藥局發行	1928年5月—1936年12月（1—14）
《戰時後方畫刊》半月刊	戰時服務團—後方畫刊編輯部	成都四川省政府戰時服務團發行	1940年7月—1941年4月（1—20）
《南洋》月刊	編輯徐君廉	南洋畫報社發行	1946年2月—1960年1月（1—129）
《春秋畫報》月刊	主編劉偉民	上海春秋畫報社發行	1947年1月—1948年2月（1—20）
《革命軍人畫報》月刊	軍事委員會北平分會政治訓練處主辦	北平，該處發行	1933年？月—1934年？月（1：1—5：4）
《第二次世界大戰畫報》月刊	世界大戰畫報社編輯	上海良友圖書印刷公司發行	1939年10月—1941年10月（1—16）
《聯合畫報》月刊	主編舒宗僑	重慶聯合畫報社出版，發行人溫複立	1943年2月—1949年4月（1—170）
《新中國畫報》月刊	主編黃震遐、梁中銘	上海國防藝術圖書供應社發行	1947年3月—1949年4月（1—17）
《大美畫報》半月刊	名義編輯高爾特，實際主編趙家璧	上海大美報館發行	1938年5月—1939年8月（1：1—3：9）
《大晚報星期畫刊》週刊	大晚報編輯部編輯	上海大晚報社發行	1946年5月—1947年1月（1—32）
《中央畫刊》週刊	國民黨中央執行委員會宣傳部編輯	南京中央日報該部出版	1929年8月—1931年10月（1—116）
《文匯報畫刊》每週三期	編輯余所亞	上海文匯報館發行	1945年11月—1946年2月（1—44）
《紀事報畫刊》週刊	紀事報畫刊社編輯	北平，發行人孔效儒	1946年6月—1947年12月（1—80）
《杭州民國日報畫報》週刊	杭州民國日報社編輯	該報社發行	1933年？月—1934年6月（1—36）
《新聞報圖畫附刊》週刊	新聞報社主編	上海新聞報社發行	1930年5月—1932年1月（1—84）
《霓裳畫報》週刊	該畫報社編輯	天津霓裳畫報社	1947年8月—10月（1—8）
《遊藝畫報》週刊	該畫報社編輯	天津遊藝畫報社	1934年1月—7月（1—17）

在上述目錄中，有必要簡略介紹下述採用影寫凹版技術印刷的重要畫報：

1.《文華》：

又名《文華藝術月刊》、《文華畫報》。1929年8月創刊於上海。總編輯梁鼎銘，歷任編輯梁雪清、趙苕狂與張亦庵。上海文華美術圖書印刷公司出版，自35期起改由好友藝術社出版。1935年4月停刊，共出54期。全刊拒取「門羅主義」，注重時事新聞圖片，並以研究藝術為前提，刊登雕塑、石刻、漫畫、攝影等類作品。它在同時期步隨《良友》，也從銅版技術改向影寫技術，先後開闢婚姻、學生、民族、婦女、民眾藝術、體育等專號，銷量一度高達兩萬三千餘份，行銷至美國、古巴、秘魯、南洋等地。是三〇年代上半期的主要圖象文獻之一。

2.《中華》：

又名《中華圖畫雜誌》，1930年7月創刊於上海，月刊。歷任主編：周瘦鵑、嚴獨鶴、胡伯翔、朗靜山、胡伯洲、項美麗等人。先後由東方圖書出版社、上海中華雜誌社出版。自1937年12月60期起曾遷香港出版，80期後回遷上海發行，1941年10月後曾停刊，抗戰勝利後於1945年8月復刊，連續出版慶祝抗戰勝利的3期號外後終刊。

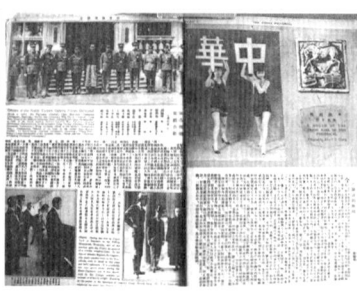

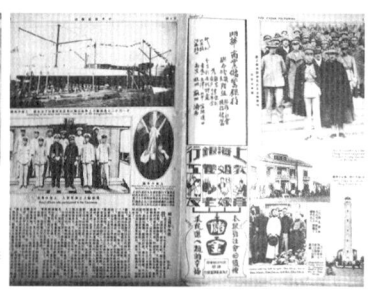

前後共出版 108 期。全刊以嚴正的態度，實行其「借助圖畫之力，儘量貢獻給讀者」的宗旨，曾發行《暴日侵佔東北特刊》、《上海自衛戰號》等。它聚集了一批優秀的圖文記者和攝影師，採用中英文兩種文字注釋圖片。其地位僅次於《良友畫報》。

3.《大眾》：

1933 年 11 月創刊於上海，月刊。主編梁得所在同年 8 月編完了《良友》第 78 期後，經過兩個月的籌辦推出了他另組團隊獨自負責的本刊。其編排風格有所變化，尤其是封面設計摒棄了寫真照片，改用手繪時尚女子，倒也獨具一格，並為它刊仿效。1935 年 5 月停刊，共出 19 期。《大眾》畫報的部分版面和內容，基本上延續了梁得所在《良友》畫報期間的編排風格。它所報導的清朝末代皇帝溥儀一家，以及民國著名將領馮玉祥家庭近況等新聞圖片，極具史料文獻價值。

4.《美術生活》：

1934 年 4 月創刊於上海，月刊。總編輯鍾山隱。歷任編輯有錢鐵瘦、郎靜山、吳朗西、唐雋等。金有成、俞象賢創辦及發行。上海新聞報館出版。1937 年 8 月 11 日，因受「八一三」淞戰影響出至第 41 期後停刊。立旨實踐「要使生活藝術化、美術化、大眾化、實用化」。第四期後因讀者提議，《文藝雜誌》併入該刊。名取「美術」，但實際上是一份類似《良友》的綜合性畫報，報導了大量政治、國際、外交、經濟、尤其是文化

藝術領域內的新聞圖象資訊。設金石、圖畫、洋畫、雕塑、建築、工藝圖案、電影、生活攝影、理論等欄目。該刊的特約編輯，或主要作者為：徐悲鴻、李可染、劉海粟、梁鼎銘、陳抱一、張聿先、顏文梁、林鳳眠與賀天健等藝術大家。它以啟發民族文化，介紹世界美術，描寫社會生活著稱畫報界。

5.《圖文》：

1936年1月創刊於上海。又名《圖文每月畫報》。這是主編伍聯德在退出《良友》畫報後，利用自己的力量所出版的第二份畫報。上海圖文出版社發行。同年2月停刊，共出2期。注重文化藝術界的報導，發表了《郎靜山及其作品》、《葉淺予北行攝影》、《景德鎮製瓷特輯》等。

6.《展望》：

1939年1月創刊於上海，月刊。編輯陳瀨舟、丁禾菲。展望圖畫雜誌社出版。1941年2月停刊，共出21期。本刊是上海「孤島」時期出版的主要圖象文獻，也是了解時局發展和現狀的重要文獻之一。創刊號上發表有關孫中山家族歷史，以及汪精衛政治動向的新聞圖片尤為珍貴。兩位編輯還在這個時期於1940年5月至10月，編印過6期以報導國際時事圖片新聞為主的畫報《國際》。

7.《天下》：

1939年創刊於香港。總編梁晃。半月刊。太平洋戰爭爆發後，曾於1942年至1945年停刊。1949年11月停刊，共出86期。它宣稱自己是「全

國第一本售價最低」的畫報和新型的「大眾之讀物」。

8.《世界》：

1940年1月創刊於上海。不定期刊。編輯是中國近現代史上的著名老報人狄楚青。曾先後又名《世界畫報》、《世界戰情畫報》。世界畫報社出版。1949年4月停刊，共出4卷22期。它是四〇年代同類畫報中，以「世界」視野報導環球時政新聞、社會新聞而著稱，也是同時期同類內容出版時間最長的圖象文獻。

9.《遠東畫報》：

1940年5月創刊於上海。半月刊。主編何本奧。上海璧恒公司出版。1941年12月停刊，共出2卷45期。編者宣稱本刊的主旨和責任是使它成為「一切精神糧食的中心」與記錄時代「真」與「美」的主力軍。自第3卷起改名為《歐亞畫報》繼續出版。

10.《世界畫報》：

1935年2月創刊於上海，月刊。編輯陳奕雲。上海良友圖書印刷有限公司發行。同年6月停刊，共出5期。它是一份報導國際時事風雲和世界各國奇風異俗消息的圖象文獻。

11.《世界軍情畫報》：

1935年11月創刊於上海，月刊。歷任編輯項美麗、明耀五。1937年7月出至11期後因受滬戰影響停刊。1939年復刊第12期後終刊。它以報導世界各國軍事、外交、武器裝備動態為主。

12.《世界新聞》：

1937年1月創刊於上海。上海大業圖書有限公司發行。僅見1期。畫報圖文並茂地詳細報導了英國皇位繼承人愛德華八世「不愛江山愛美人」的震動世界之大新聞。

13.《世界獵奇畫報》：

1937年3月創刊於上海。為該社編輯所編。上海聲美出版社發行。1938年停刊，共見11期。以報導世界各大洲各民族的風土民情、奇異風俗習慣著稱畫報界。

14.《小世界》：

1932年5月創刊於上海。小世界社編輯，良友圖書印刷有限公司發行。1934年8月停刊，共出50期。刊物由伍聯德主持出版，14期後由陳炳洪主編。刊名旨在把「世界上萬事萬物搜羅詳盡」，使「讀者坐在家中，便能知天下事」。設世界知識、各地風俗、名人生平、時事等欄目。它登載過一組被稱為中國最大的知識寶庫——東方圖書館未被日軍炸毀前的照片，著名科學家錢學森曾在該刊撰稿。

15.《特寫》：

1936年3月創刊於上海，月刊。編輯薛志英。特寫出版社發行。1937年6月停刊，共出2卷14期。1945年11月復刊，改名為《特寫圖畫雜誌》，出版2期後終刊。它最大的特色是各期封面設計極具海

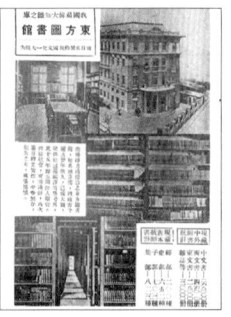

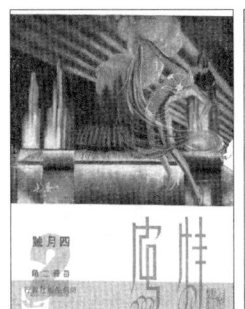

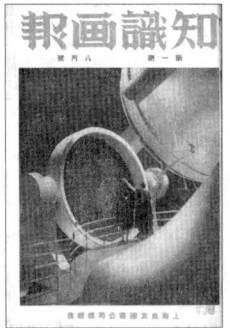

派風格，十分藝術化。

16.《知識畫報》：

　　1936年8月創刊於上海，月刊。歷任主編李旭丹、余俊人。歷任發行人李知行、余汗生。1937年7月停刊，共出7期。這是一份專門傳授科學知識，普及科學文化圖文並茂的專業刊物。

17.《東西畫報》：

　　1938年4月創刊於上海，半月刊。該社編輯發行。同年7月停刊後改名為《中西畫報》，共見7期。全刊以刊登西方各國與中國各地政局、時事和社會新聞圖片為主。創刊號和第2期封面即採用城市地標建築上海外灘和北京天壇作背景。

18.《人生畫報》：

　　1935年創刊於上海。編輯朱雪花。上海聲美出版社發行。1936年5月停刊。共出2卷12期。反映上海社會底層百姓生活群象是其特點。

19.《上海》：

1939年5月創刊於上海。編輯李小波、張英超。上海雜誌社發行。共見2期。其封面設計顯然受到梁得所編輯的《大眾》影響。

20.《大上海圖畫雜誌》：

1934年8月創刊於上海，月刊。編輯呂天奏、呂莊儀、丘夢彤等。大上海圖書公司發行。同年10月停刊。共見3期。以圖文形式報導了大量地方消息及本土新聞。

21.《文藝畫報》：

1934年10月創刊於上海，月刊。編輯葉靈鳳、穆時英。文藝畫報社出版。1935年4月停刊，共出4期。封面設計獨具匠心，體現了輕靈、抽象、唯美的藝術風格。《文藝畫報》重點在於報導國內外文化藝術界的動態。該刊登載過部分著名文化人徐悲鴻、劉吶鷗、王瑩、徐遲等人的近照。

第四節
黑白對壘的抗日畫報和日偽畫報

　　抗戰類畫報是在特定的歷史時期所出現的一種新聞現象。它產生於1937年「七七」盧溝橋事變，始至1945年8月抗日戰爭結束止。這一歷史時期正是全國全民反抗日本侵略者踩躪中華大地的關鍵時期。面對不斷加深的民族危機，全國畫報界的從職人員以滿腔的愛國熱忱，投身到這場偉大的抗日生存死亡的戰爭中。他們不僅在已出版發行的綜合性畫報與各大報附送的畫刊中，連篇累牘的發表各地新聞記者冒著生命危險拍攝的各戰場圖片，還以最即時的行動，出版了一大批以「抗戰」、「抵抗」、「抗敵」、「抗日」、「鐵血」、「戰地」等命名的畫報，動員全國人民奮起抗日，保衛家園。據統計，從1937年至1945年，全國各地出版的此類畫報共有四十餘種，如：1938年9月由浙江省出版的《抗日軍畫刊》，梁得所主編的1937年7月出版的《抗日戰爭畫刊》，王建鐸1940年2月在重慶編印的《抗建通俗畫刊》，唐納等人於1938年3月編印的《抗戰電影》，1938年趙望之主編的因戰局變化遷移武昌、長沙、桂林到重慶的《抗戰畫報》，

1938 年由黃家澤、黃芳琦在廣東潮安編印的《抗敵畫報》，1937 年 8 月上海出版的《抗戰畫報》，9 月出版的《抗敵畫報》，1937 年 9 月上海新生畫報社出版的《抗日畫報》。僅上海淞滬戰爭前後，就連續出版了二十餘種畫報：《抵抗畫報》、《鐵血畫報》、《戰地畫報》、《戰情畫刊》、《血戰畫報》、《戰時生活畫報》、《抗戰攝影》、《戰聲畫報》、《總動員畫報》、《鐵血畫報》、《勝利畫刊》、《大戰吳淞口》、《大抵抗畫報》、《抗敵畫報》、《上海戰事畫刊》、《辛報戰事畫刊》、《戰時生活畫報》、《大抗戰畫報》等等。這類畫報的共同特點是：

1.因受戰局的影響，出版時間較短，多數是出版 2 期至 6 期即停刊，最長的不超過兩年，最短的僅出 1 期。

2.新聞時效性特別鮮明強烈。所採用的戰地新聞畫面均是最新的，十分真實地記錄了人民奮起抗敵的精神面貌。

3.極大多數畫報封面採用戰地新聞攝影圖片，或是國共兩黨領袖及抗日愛國將領們身穿戰袍的個人肖像圖片，或是前方普通戰士抗敵英姿。這與綜合性畫報大多採用婦女肖像照形成鮮明的對比。

4. 在內容上反映四個方面的主題：

(1) 表現出國共兩黨軍隊在戰場上誓死抗戰。如：平型關大戰、二次淞滬抗戰、武漢保衛戰、太原保衛戰、蒙綏抵抗戰、南昌會戰、台兒莊戰役、百團大戰、忻口戰役、徐州會戰等均給予全面系統的圖片報導。

(2) 揭露日寇鐵蹄血染神州大地的種種暴行及戰爭罪行：日兵血刃無辜中國百姓，敵機狂轟爆炸中國城鄉，侵略者手持槍彈四處姦淫燒殺，慘遭荼毒四處流浪的貧苦民眾，鮮血淋漓屍首分離的戰爭場面，一一展現在各畫報上。

(3) 反映中國民眾精誠團結，後方民眾萬眾一心支援前線的民族抗敵精神。如各階層民眾捐錢捐物，成立支援前線服務隊，自發組織救護隊，慰問抗日將士，連夜縫製衣物被服，盡力救護傷兵及難民，走上街頭宣傳抗戰劇碼，義務演出抗戰戲劇等等，用一張張的圖片來激勵全國民族的抗敵決心和團結意志。

(4) 突出反映國共兩黨建立抗日統一戰線的政治新局面。這些畫報突破了以往國民黨統治區禁載共產黨活動的消息與照片，使中國兩大政治勢力在抗戰形勢下有了共同的奮鬥目標。最顯著的是，大量國共兩黨領袖及將領的照片出現在畫報的封面上。據統計，就有蔣中正、毛澤東、蔡廷楷、朱德、彭德懷、周恩來、白崇禧、李宗仁、傅作義、何應欽、孫元良、史良、宋子文等，這種現象是極為罕見的。

下面簡略的介紹數種在抗戰時期裡發行的主要畫報：

1.《抗戰畫報》，1937年8月創刊於上海。同年11月停刊，共出10期。它是在1937年「八一三」上海戰事爆發的隆隆炮聲中，最早誕生的抗日圖象文獻，「發揚抗戰精神，普及抗戰教育」是它的使命，它以畫報界罕見的三日刊出版形式出刊，為的是能迅速的將全國抗敵現實形勢傳達給國內外民眾。

2.《抗日畫報》，1937年9月創刊於上海。1937年11月停刊，共出15期。作為《新生畫報》號外，它通常以特輯形式集中報導抗戰中心事件，如晉西北戰局特輯、空軍英雄樂以琴特輯、抗戰英魂孫元良特輯等，在同類畫報中影響較大。

3.《遠東攝影新聞》，1938年8月創刊於上海。英文大美晚報館編輯出版。1939年1月停刊，共出6期。該刊記者拍攝的國內外新聞戰地圖片被其它刊物廣泛地轉載。

4.《東方畫刊》，1938年5月創刊於香港。編輯史谷興。月刊。商務印書館香港分館發行。1941年7月出版至第4卷第4期後停刊。本刊是香港淪陷前由中國文化人在港出版的主要畫報，也是太平洋戰爭爆發前，瞭解中國抗日戰爭初期國內外情勢的重要視窗。該刊發表

過著名女子敢死隊的新聞照片、抗日期間中國第一位女飛行家林鵬俠和著名女作家丁玲在西北前線的合影照，以及活躍在抗日後方的民族戰士等攝影照片。

　　5.《大地》，1938年11月創刊於香港。月刊。總編輯馬國亮，他曾是《良友》畫報第三任編輯。《大地》即是在淞滬抗戰爆發後，大量文化人士撤離上海，向香港、內地轉移後在港出版的最重要的圖象文獻之一。它由香港大地圖書公司發行。1940年3月停刊，共出12期。抗戰救國，保衛家園是本刊的主軸。每期均有名人題詞，如陳誠、李宗仁、李仙洲、王陵基、楊森等人。

　　6.《大抗戰畫報》，1937年10月創刊。十日刊。編輯尤半狂、毛松友、尤劍飛。該畫報社出版。設有淞滬抗戰前線、湖北抗戰前線、抗敵標語、華北反攻、救護與救濟等欄目。刊登了一系列全國軍民抗戰鬥志的新聞圖文，實地反映戰時生活攝影照片等。同年11月停刊，共出3期。

　　7.《大美畫報》，1938年5月1日創刊。半月刊。名義上掛名編輯是高爾特（美國人），實際主編趙家璧。它是《大美晚報》社附屬的刊物，屬大美晚報社發行出版。第2卷第5期後與《中國畫報》合輯，第3卷第5期後又與《中國畫報遠東攝影新聞》合輯，其遵循「使大

眾能知天下事」之旨，扣緊時代形勢，發表了大量抗戰初期國共合作期間，共同抵抗日軍侵略，保衛國土保衛家鄉的圖文，並以國共兩黨政軍領袖作封面，激勵全國軍民的抗敵熱情。每期銷量曾達到幾萬份。1939年8月出至第3卷第9期後停刊。

與《抗戰畫報》對壘的是——這時期淪陷區中還出版了一批以日本人或漢奸們主編的畫報。它們分為兩類：一類是在日本本土編印的中文畫報，然後在中國發行。主要有：

1.《大陸畫刊》，1940年10月創刊於日本東京。月刊。歷任編輯松野志氣雄、半澤正九郎。先後由朝日新聞東京本社和大陸新報東京支社發行。1945年4月停刊，共出6卷50期。它是抗戰期間，大陸傀儡政府的主要喉舌，也是出版時間最長的圖象文獻。

2.《東光畫報》，日本東京鐵道省國際觀光局編。1942年1月創刊於日本東京，雙月刊，1944年3月停刊，共出10期。

3.《東亞聯盟畫報》，中華東亞聯盟協會主編，月刊。1941年1月創刊於廣州，月刊。1945年停刊，共出5卷。

4.《日本》畫報，日本國際觀光協會編輯。1943年1月創刊於日本東京，同年5月停刊，共見2期。

5.《現代日本》畫報，日本東京國際觀光協會發行，寫真協會編。1943年3月創刊於日本東京，停刊日期不詳。

另一類主要在上海出版，由漢奸文人主編，它們是：

1.《青年良友》畫報，陳亦雲總編，1940年1月創刊於上海，月刊。

1942 年 10 月停刊，共出 22 期。

2.《沙漠畫報》，1938 年 4 月創刊於北京。週刊。編輯江漢生、張鐵生。發行人江漢生。1943 年 11 月停刊，共出 7 卷近 2 百期。它是北京淪陷期間出版的主要圖象文獻，主調宣傳「和平救國」的漢奸論調。

3.《太平》畫報，又名《太平月刊畫報》，1942 年 8 月創刊於上海，月刊。馬駒之編輯，1944 年 1 月停刊，共出 21 期。

4.《新中華畫報》，高明盛編輯。1939 年 6 月創刊於上海，月刊。1944 年 7 月停刊，共出 6 卷 12 期。

5.《中華畫報》，1943 年 8 月創刊於上海，中華日報社編輯，月刊。1944 年 5 月停刊，共出 2 卷 10 期。

6.《國民新聞畫報》，黃敬齊編輯，1941 年 11 月創刊於上海，月刊。1942 年 3 月停刊，僅見 3 期。作為南京汪偽政權的輿論喉舌，主旨宣傳和平救國、中日提攜的賣國主張。

7.《青年畫報》，1944 年 6 月創刊於上海。週刊。編輯謝天申、蕭浪萍。上海青年畫報社發行。1945 年 7 月停刊，共出 12 期。該畫

報雖然在淪陷區出版，但卻已預感到日本侵華戰爭必敗的結局，所發的圖文隱含了反對日本占領軍的傾向。

　　這類畫報儘管數量不大，寥寥數種。但主旨不脫離散布「和平救國論」，「大東亞共榮圈」，「中日親善提攜共建東亞」等陳腔濫調。大肆宣傳日本軍國主義的黷武政策和粉飾太平的所謂和平景象。對敵戰區民眾的蒙蔽毒化作用不可輕視，這裡不再贅述。

第五節
抗戰勝利後復甦中的畫報界

　　抗戰勝利後，採用影寫印刷技術的圖文文獻，曾在 1945 年 10 月至 1948 年初期出現過一波出版小高潮。大量文化出版人士歸返沿海大城市，為繁榮畫報市場增添了新的活力。影寫畫報的印刷品質，擺脫了抗戰時期紙張粗劣物質缺乏的困境，開始重新煥發出三〇年代中期畫報鼎盛時期的影寫品質。在地域分布上，出現了一些新的變化，東北三省、新疆、臺灣、南洋等地也出版了以報導地域新聞為主的圖象文獻，如四〇年代新疆地區就曾發行過兩種圖象文獻：同在 1947 年 6 月創刊於上海的《天山畫報》和《新疆文化》。《天山畫報》後遷至南京出版，為雙月刊，署天山畫報社編輯室編輯，由西北文化建設協會出版，1949 年 1 月停刊，共出 7 期，內容側重國內外時事和本地綜合新聞。《新疆文化》由新疆文化社編輯發行，1948 年 6 月停刊，共出 4 期，注重本地文化和民俗風情報導。它們是近現代該地區唯一出版的畫報。隨著中國社會政治力量對比的變化和國共兩黨軍事力量的轉變，還出現了一批中國共產黨統治地區出版的圖象文獻，如《東北畫報》，1946 年 8 月創刊於哈爾濱，自第 45 期遷至瀋陽出版，月刊，1950 年改名為《東北工人》，共出 80 期。又如創刊於 1946 年 6 月山

東的《山東畫報》，由山東膠東軍區政治部編輯印行，同年 8 月停刊，共出 3 期，為山東解放區出版的刊物。上述幾份畫報從一個側面反映了時代政治勢力和兩黨軍事實力的變化。其時，國民黨政府已退出東北和山東地區的行政統治，由共產黨管轄，其內容自然反映了東北和山東這兩地解放區的方方面面。

四〇年代後半期的多數畫報，在內容上大致可分為兩個階段：前階段注重抗戰勝利國民政府還都南京，各地收復重建家園、審判戰爭罪犯和國共重慶談判等重大的國內外圖片新聞。這時的畫報領域一下子出版了近十種以「勝利」為主題的圖象文獻，其中 1945 年 8 月上海出版的《勝利畫刊》是這類畫報中最早出版的刊物，它是在日本天皇宣布投降的當月出版的。由李嵩壽編輯和鄭留主編。9 月份市場上還出現了兩份同名畫報《勝利畫報》，只不過是前者由上海大同圖書出版公司發行，後者由上海永安公司永安月刊社發行，兩刊都在同年 10 月停刊，都出版了 3 期。中國人民經過了八年艱苦卓絕的抗日鬥爭，終於在今天看到了勝利與和平，喜悅之情自然在報人的筆底下盡情的揮灑，在他們的鏡頭裡得到了最真摯熱情的展現。後階段側重報導蔣統區通貨膨脹、社會動亂、學潮紛起等方面的消息。直至 1949 年春，國民黨政府陸續遷移臺灣，中國圖象文獻的出版數量也在 1948 年後半期急劇下滑，市面上所發行的畫報已經寥寥無幾。作為該時期歷史的見證，《聯合畫報》、《生活》、《春秋》、《新中國畫報》等可說是代表：

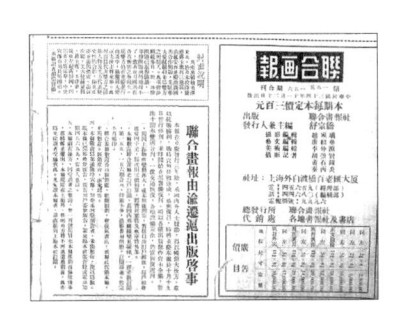

1.《聯合畫報》：

1942年9月創刊於重慶。主編舒宗僑。另設攝影編輯趙家瑞、藝文編輯唐紹華、新聞編輯李仲源。先後出過週刊、半月刊、月刊。它是抗戰期間國共兩黨統一戰線的產物，也是抗戰後期和勝利後出版的最重要之圖象文獻，以報導國共兩黨抗戰政策和動態著稱。重慶版由中英美三國人士組合，署聯合國幻燈電影供應社、聯合畫報社共同出版。故稱聯合畫報，宗旨為「和平與自由」，注重戰時宣傳。抗戰勝利後《聯合畫報》遷至上海出版，1945年10月復刊第1期。版面版式徹底革新，從報紙型態改為八開畫報型態，主旨改為「團結、民主、建設」。編輯方針轉向戰後復興重建，報導了戰後國共合作、日本投降、東條英機自殺、公審漢奸、反對內戰、北平解放等重大事件。該刊一直出版到1949年4月上海解放前夕停刊，共出227期。該畫報的歷史價值在於採用的各期封面，它表明了創編者們的用心良苦，即緊緊抓住歷史進程中具有里程碑意義的那一刻：如復刊號封面採用南京中山陵攝影照片和版權頁上的遷址啟示，表明了國民政府抗戰勝利後還都重建的涵義和決心。第171、172期合刊，為大漢奸《陳公博公審專輯》，保留了大量陳受審的歷史圖片和文字資料。中幅封面真實記錄了日軍戰俘回國的情景。第155、156合期與167、168合期封面記錄了國共兩黨巨頭蔣介石與毛澤東在重慶的歷史性會面，以及毛澤東、朱德在延安機場迎接美國政府代表馬歇爾和國民黨和談代表張

治中的新聞圖片等。

2.《春秋》：

　　1947年1月創刊於上海。主編劉偉民。月刊。上海春秋畫報社發行。1948年2月停刊，共出14期。它是四〇年代後半期出版時間較長的主要畫報。該報記錄了當時發生的重大事件，如國民代表大會開幕，國共兩黨歡迎美國政府馬歇爾和談代表團的新聞圖片等。

3.《新中國畫報》：

　　1947年3月創刊於上海。月刊。主編黃震霞、梁中銘。上海國防藝術供應社發行。1949年4月停刊，共出17期。它所報導的「全國

經商」和「通貨膨脹」新聞系列圖片反映了當時社會處於經濟動盪的現狀。如市民瘋狂擠兌銀行的圖片史料，真實的記錄下解放前夕通貨膨脹導致全國性金融危機的歷史畫面。它是四〇年代後期出版的主要圖象文獻。它與 1946 年 7 月創刊於上海的《藝文畫報》[91] 並稱為同時期上海出版的主要圖象新聞畫報。

4.《生活》：

　　英文名：*Life in Picture*。1946 年 1 月創刊於上海。月刊。主編金陵等。中國生活出版社發行。同年 5 月停刊，共見 4 期。畫報顯然受美國著名畫報 *Life* 影響，以「生活」為刊名，以好萊塢著名女演員作封面為特點吸引讀者。《生活》的封面女郎與其報導的新聞內容形成鮮明的對照，它的出版發行既是上海都市商業文化的一個縮影，也是抗戰勝利以後美國政治經濟文化勢力開始滲透中國社會的一個案例。最初的幾期畫報連續刊登了蔣介石政府從陪都重慶返回南京的時事新聞圖片，記錄了南京和各界恢復重建國民政府的方方面面。

5.《環球畫報》：

　　1945 年 10 月 10 日創刊。月刊。署上海環球圖書出版社編輯發行。全刊旨在「培養相親相愛的愉快，光明精神而建樹人類永久之和平」，

廣泛報導國內外時事、科學知識、工商實業、學術、教育、體育、美術等各領域，尤重圖片新聞，如遠東法庭審訊日本戰犯、蘇聯當局押解溥儀、審判大漢奸陳公博、毛澤東接見馬歇爾使節團、江亞輪被炸等。此外，還發表了沈邁士、徐悲鴻、關山月等的畫，豐子愷的漫畫、劉開渠的雕刻、吳稚暉的字等。1949 年 3 月出至第 41 期後停刊。

除上述的幾種畫報外，該時期出版的影寫畫報另有下述目錄數種：

1.《大華圖畫雜誌》，1945 年 10 月創刊於上海。不定期刊。李嵩壽等編輯。大華圖畫雜誌發行。1946 年 6 月停刊，共見 4 期。內披露了戰後不少國內外重大新聞事件。

2.《上海圖畫新聞》，1945 年 9 月創刊於上海。半月刊。編輯張沅吉。上海圖畫新聞社發行。1946 年 9 月停刊，共出 17 期。刊登國民黨政軍界領袖照片是該刊最大的封面特色。

3.《大路》，1949 年 3 月創刊於上海。總編王治洪。大路出版社發行。僅見一期。但它報導轟動國內外的「江亞輪爆炸」事件，卻震撼了讀者。

4.《藝文畫報》，1946年7月創刊於上海。月刊。藝文書局編輯所編輯發行。1948年9月停刊，共出2卷21期。它與《新中國畫報》並稱為同時期上海出版的主要圖象新聞畫報。

5.《上海》，1946年6月創刊於上海。總編輯夏體元。上海畫報社發行。同年出版至第5期後停刊。後改名為《中國生活》繼續出版。

6.《中國生活》，1946年秋創刊於上海。不定期刊。前身是《上海》。主編唐亞偉。編輯徐昌霖、梁琛。上海生活畫報社出版。1948年6月停刊，共出13期。

7.《國情畫報》，創刊於1945年10月。由伍聯德主編。上海大業圖書有限公司發行，1946年1月停刊，共出4期。

8.《社會畫報》，1946年9月創刊於上海。半月刊。主編姜星谷。編輯郭丕文、樂德卿、王震川。上海建華出版公司發行。1949年1月出版至第2卷第1期後停刊，共見7期。

9.《改造畫報》，1946年9月創刊於上海。主編金學成。改造出

版社發行。停刊時間不詳，僅見 1 期。重點報導政治和文化界人物的動態。如刊滿洲國傀儡溥儀接受國際法庭審判和蔣中正的活動照片。

抗戰勝利後的 1946 年，上海文化界刮過出版方形刊物的浪潮，一時間新出版的圖象文獻也紛紛仿效，《芝蘭畫報》、《至尊畫報》等即是這時期的產物，這類刊物的共同特點是採用新聞紙印刷，配上數張新聞圖片，報導社會新聞和文人們的消息動態，也在市場上風行了三四年。

1949 年 10 月以後，隨著中華人民共和國的建立，採用影寫凹版技術印刷的綜合性圖象文獻的內容也進入了一個新的歷史階段。中國近現代圖象文獻自 1875 年至 1949 年止，據粗略統計大約出版了七百餘種，經歷了從石印技術、銅鋅版照相製版技術、影寫凹版技術，長達 74 年；其中石印技術轉向銅版技術用了四十餘年的時間，銅鋅版技術改用影寫凹版技術花了十幾年的時間，而影寫凹版技術直到上世紀電子技術科學突飛猛進的九〇年代初期，才被電子分色製版取代，它

在中國的印刷技術領域大約占據了六十餘年的歷史。九〇年代後,隨著幾代電腦的不斷完善,電子分色製版具備了傳統印刷工藝照相和修版的二大功能,在電腦的輔助下,還具有設計、拼版、編輯等功能,自它問世後,發展迅速。如今,在其基礎上形成的雷射排版技術等圖象文獻之印刷技術,更是取得了革命性的偉大成果,這場劃時代的印刷技術變革已經將圖象文獻的發展帶入了翻天覆地的另一個新天地。

本章注釋

57. 馬國亮，〈良友畫報第一期〉，《讀書》第 7 期。1979 年。
58. 余漢生，〈良友十年以來〉，《良友畫報》第 100 期。1934 年 12 月。
59. 伍聯德，〈再為良友發言〉，《良友畫報》第 36 期。1929 年 4 月。
60. 〈創業七周年記〉，《良友畫報》第 62 期。1931 年 10 月。
61. 伍聯德，〈良友 100 期之回顧與前瞻〉，《良友畫報》第 100 期。1934 年 12 月。
62. 《新影星》。原名《銀星》，1926 年 9 月創刊，1928 年 8 月改為本名，月刊，陳炳洪編輯，1930 年 3 月後改名為《新銀星與體育世界》。
63. 《體育世界》。1927 年 3 月創刊，不定期刊，李偉才、余巨賢編輯，1929 年 9 月停刊，共出 5 期。
64. 《今代婦女》。1928 年 6 月出版，月刊，馬國亮編輯，1931 年 10 月停刊，共出 30 期。
65. 《中國學生》。1929 年 1 月出版，趙家璧、明耀五編輯，1931 年 12 月停刊，月刊，共出 30 期。
66. 《新銀星與體育》。由《新銀星》與《體育世界》合併而成，1930 年 4 月發行，月刊，陳炳洪主編，1930 年 12 月停刊。
67. 馬國亮，〈良友憶舊錄〉，《良友畫報》香港版第 9 期。1984。
68. 伍聯德，〈良友 100 期之回顧與前瞻〉，《良友畫報》第 100 期。1934 年 12 月。
69. 《大眾畫報》。1933 年 11 月創刊，月刊，1935 年 5 月停刊，共出 19 期。
70. 《小說》。1934 年 5 月出版，半月刊，後改月刊，1935 年 3 月停刊，共出 19 期。
71. 《文化月刊》。1934 年 1 月創刊，1935 年 6 月停刊，共出 6 期。
72. 《時事旬報》。1934 年 1 月創刊，次年 5 月停刊，共出 31 期。
73. 薩空了，〈五十年來中國畫報之三個時期〉，《新聞學研究》。北京：燕京大學新聞學系，1932。
74. 1937 年 1 月 16 日，第 13 卷第 2 期應標為總 550 期，錯標為 501 期。
75. 林澤蒼，〈畫報宣言〉，《攝影畫報》創刊號。1925 年 8 月。

76.〈五周紀年號編輯者言〉,《攝影畫報》第 250 期。1930 年 8 月。
77.〈本報之十大方針〉,《攝影畫報》第 249 期。1930 年 8 月。
78.〈宣言〉,《攝影畫報》第 9 卷第 1 期。1933。
79. 同前注。
80.〈編輯前言〉,《攝影畫報》第 10 卷第 14 期。1934 年 5 月。
81.《攝影畫報》第 11 卷第 1 期。1935 年 2 月。
82. 編者,〈半月刊第一頁〉,《攝影畫報》第 13 卷第 9 期。1937。
83.〈本報人物志〉,《攝影畫報》第 100 期。1927 年 8 月。
84.〈攝影畫報緊急啟事〉,《攝影畫報》第 375 期。1932。
85.《攝影畫報》第 38 期。1926 年 5 月。
86. 分別是《攝影畫報》1935 年 7 月第 482 期,8 月第 483 期,1937 年 4 月總 508 期。
87.〈上海市社會局報紙雜誌通訊社申請登記表〉,1945。
88. 蔣劍侯,〈新聞記者與攝影〉,《攝影畫報》第 100 期。1927 年 8 月。
89. 青侶,〈本報的三百主義〉,《攝影畫報》第 100 期。1927 年 8 月。
90.〈編者講話〉,《良友畫報》第 45 期。1930 年 3 月。
91.《藝文畫報》。月刊,由藝文書局編輯所編輯發行。1948 年 9 月停刊,共出 2 卷 21 期。

第四章

政治諷刺的風向標
——漫畫類畫報

第一節
漫畫畫報的孕育期（1898—1917）：
從近代第一張漫畫作品到漫畫畫報的正式出版

　　漫畫式圖象文獻的歷史可上溯自 1841 年，這年在英國倫敦問世了世界上最著名的諷刺漫畫雜誌《笨拙》（Punch, or the London Charivari）直至 1990 年停刊。歷時 150 年，創辦人里克翔克，當時已 50 歲。就在這份漫畫刊物中，曾經刊登過一些有關中國主題的漫畫作品。如《我們應在中國幹什麼》（What we ought to do in China）[92] 和《多美的海！這是我夢想的住宿之地》（Seaside lodgings）[93] 等。前者繪畫的時間正好處在第二次鴉片戰爭期間，後者發表的時間是在日俄戰爭後不久，兩幅畫幾乎是在不同戰爭背景下發生的同一類主題的漫畫，他們深刻揭露了英國和俄國對中國主權懷有霸佔的野心。這種新穎幽默的畫風，不久就在德國、法國、義大利、日本等國首先流傳開來，到了十九世紀後半期，約 1867 年，香港有人模仿《笨拙》，創辦《中國笨拙》（The China Punch）之後，漫畫開始流入中國，至二十世紀初期，這種繪畫風格才得以在中國廣泛傳播。

　　至於「漫畫」兩字發端於何時，學者們的研究各有說法，東西方文化各有闡解。有的學者說，它是 1798 年由日本人北尾政演在他的《四時交加》的《序文》中首先提出來的；有的認為是清乾隆年間金農所撰的《冬心先生雜畫題記》中率先使用的；也有的指出，是 1814 年日本浮世繪大師葛飾北齋最先在他的《北齋漫畫》套

書中最先出現的。西方人將漫畫稱作卡通（Cartoon）或誇張式漫畫（Caricature）。二十世紀初連載長篇式的漫畫故事，開始在美國盛行，連環漫畫（Comics Strip）就此產生。在中國權威的《現代漢語辭典》（2002年增補本），給它的定位是：「用簡單而誇張的手法來描繪生活或時事的圖畫。一般運用變形、比擬、象徵的方法，構成幽默、詼諧的畫面，以取得諷刺或歌頌的效果」。

在中國，最早的近代漫畫作品，刊登在十九世紀末期的1880年出版的《花圖新報》上，過了28年後的1918年，才出版了第一份專業漫畫雜誌《上海潑克》。過去學者們一般認為，「漫畫」兩字最早是1925年在鄭振鐸主編的《文學週報》刊登豐子愷的「子愷漫畫」時出現的。1926年12月由丁悚、張光宇組織中國最早的漫畫團體「漫畫會」，以及1928年出版的《上海漫畫》後，才使得「漫畫」兩字在國內普遍盛行開來。但據筆者考證，在近代中國，「漫畫」一詞最早卻是在報紙中首度出現。1904年3月27日，上海《警鐘日報》專闢「時事漫畫」欄目，最先刊登針砭時政的諷刺漫畫。其後，該報在一個月內又三次採用同樣欄名，從而成為最先使用「漫畫」兩字作為欄名的報紙，這也是近代中國第一次明確出現「漫畫」兩字概念的報紙。也就在這份由蔡元培等人創辦的報紙前身《俄事警聞》上，還發表過一張影響巨大的政治時事漫畫〈中國時局圖〉。

概覽整個近現代漫畫文獻的發展脈絡，從第一幅漫畫作品的發表，到第一份專業性漫畫雜誌的誕生，這個期間經歷了28年的時間，筆者將它定之為漫畫雜誌的孕育期。從1918年至1949年，根據中國近現代專業漫畫雜誌的出版現狀，又可將它分為漫畫雜誌的萌芽期（1918—1931）和繁榮期（1931—1949）。

在漫畫文獻的孕育期中，漫畫作品最初流行的園地並不出現在專業性的漫畫雜誌裡，而是散見在一些綜合性的雜誌中或畫報裡，或是近代的主流報紙附刊中。在這類文獻裡，它主要以二種形式出現：

第一種形式是在清末石印畫報，以及綜合性雜誌插圖中陸續出現，

它們數量並不多。據筆者所見和掌握的實物資料來看，最早登載漫畫的石印畫報是1880年出版的《花圖新報》，在這份由西方傳教士范約翰主編的畫報中，首次出現了具有西方漫畫風格的插圖和描繪中國人形象的漫畫作品。有關該畫報的概況已在第一章第一節中介紹過，這裡不再贅述。它所刊登的是近代中國第一批（共六張）以「白鴿票笑談」為題的漫畫，作品中的人物形象乃是兩個西方人士。接著它連續發表以中國人為形象繪製的漫畫，一批令人噴飯的嘻哈幽默式連續漫畫〈頑童騎蹺蹺板〉、〈爆竹爭搶圖〉、〈騎車落水圖〉和〈跳蚤擾人圖〉等，可視為是中國近代漫畫作品之圭臬，這批漫畫摘取提煉中國人民生活中一些常見的鏡頭，加以象徵對比，從而產生詼諧發噱的視覺效果，令人遐想。遺憾的是這批漫畫沒有署名作者姓名，但從漫畫作品的繪畫風格，以及畫中「洋為中用」人物形象的素描技術來看，創作者更像是當時的西方人士。

其後自1905年至1918年，在中國人主編的石印畫報中，如出版於廣州的《時事畫報》、出版於上海的《真相畫報》、出版於天津的《醒俗畫報》，以及《北京畫報》等開始陸續出現了政治時事類的漫畫作品，有關這幾份畫報的概況已在本書石印畫報章節中重點介紹過，這裡僅略述它們刊登漫畫作品的一些情況。

《時事畫報》可說是同時期南方地區刊登漫畫作品的排頭兵。它創刊初期即將漫畫作為畫報最有力的武器，不斷將矛頭對準西方列強、晚清政府與各級官僚。如創刊伊始，大洋彼岸恰逢美國各地出

現虐待華工與排華事件，成千的援美華工在修築美國西部鐵路的工程中慘遭壓迫，它連續的發表揭露此事，爭相和宣傳抵制美國商品的漫畫。辛亥革命期間，它及時報導各地革命黨人起事與農民起義，經常以「國恤志哀」、「國喪餘聞」、「國恤紀事」、「國恥須知」等題，出版專號或組畫、漫畫，入木三分地鞭撻清朝官場的種種腐朽黑暗，追蹤最新發生的社會重大新聞事件。「撕裂中國」、「進爭與退讓」等的系列漫畫組畫，與清報刊上一批〈時局警世圖〉具有異曲同工的相同政治諷刺含義。它兩次遭到清政府的查封，均緣於其發表的政治漫畫：一次是 1909 年，因為登載了潘達微的〈宋江夜題反詩圖〉，刊被查封，潘遭通緝被迫逃至香港。一次是發生在當時新軍爆發反清起義期間，《時事畫報》連發〈新軍變亂〉漫畫 12 幅，激怒清政府的兩廣總督照會香港政府，勒令該刊再次停刊。1913 年它又連登震動國內外的重大政治新聞事件——宋教仁上海火車站被刺殺的圖文報導。因此有後人撰文研究稱該畫報是「率先引進並傳播現代漫畫，揭開了中國美術史和廣府文化史嶄新的一頁」。[94]

《北京畫報》，它是北方地區圖象文獻中政治諷刺漫畫的先驅者。幾乎每期發表一幅「諷畫」，嘲諷晚清官場或社會生活中種種不良行為。如〈騎牆者〉，畫的就是一個身穿中裝，脖繫領帶的人，這人手拿標有「獨立、愛國、自強」的小旗，騎在隔離的象徵西方的西式洋房，和中國的中式住宅兩宅中間一堵牆上，嘲諷了政界某些政客在中西方政治衝突之間，貌似公正模棱兩可的，所謂保持中間立場的騎牆態度。〈見錢眼開〉，畫著一個高高掛起，光緒年間發行的方孔大錢幣，

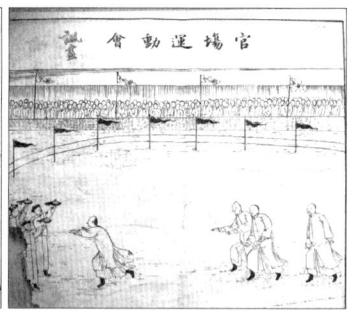

二人，一人帶著官帽、穿著官服，另一人是身著長袍馬褂的商人，右面站著兩個衣衫襤褸的窮人，畫旁一首順口溜：「國寶國寶，由看奸商瞎胡搞。真的沒人要，窮人受害真不小，這可怎麼好。」辛辣的鞭譏了官員商人們金錢至上唯利是圖的作風。〈官場運動會〉的這幅漫畫，借用了北京所舉行的大學運動會的外殼，畫了四人在運動場跑道上爭先恐後的，朝著站在終點線上手舉四頂官帽的官員奮力跑去，鞭笞了清末官場為獲取高官厚祿所進行的明爭暗鬥。天津出版的《醒俗畫報》與《北京畫報》類似，它不定期的在畫報中出現一幅「諷畫」，如〈黑暗世界〉、〈貪官鏡〉、〈列強爭商利〉等都是諷刺現實官場的政治漫畫。該畫報可說是晚清民初年間，北方地區刊登漫畫作品頗具代表性的陣地之一。

第二種形式是刊登在近代的主流報紙上，自1903年起，《俄事警聞》、《警鐘日報》、《中國新報》、《神州日報》等開始刊載漫畫作品，至1912年前後，各報上發表的漫畫作品愈來愈多。它們或作為報紙的欄目、附刊或版面內容出現，或作為報紙的插頁形式另行印刷，隨報每日或定期附送，這種插頁形式累積到一定的程度，或用月刊、半月刊、半年刊、年刊的形式，重新彙集裝訂成冊，另行出版。

第四章：政治諷刺的風向標——漫畫類畫報 | 165

其時散見於報紙上的漫畫並沒有統一的名稱，編輯和繪畫者常常將它們冠之為「諷刺畫」、「滑稽畫」、「幽默畫」、「諧畫」、「寓意畫」、「諷畫」、「趣畫」、「笑話」等名稱。報紙附刊往往發表在冠以「報名」、「畫報」、「圖畫雜俎」、「圖畫新聞」、「畫刊」等片語構成的報紙上。

有學者撰文說，1898年的香港，廣東人施振泰繪製了被後人喻為是中國近代時事漫畫的代表傑作〈時局圖〉，該作品以深刻有力的筆觸，將抽象的帝國主義各國加以典型生動的形象化，批判了19世紀末，中國面臨被帝國主義列強瓜分豆剖的嚴重危機。五年後，1903年12月25日創刊出版的日報《俄事警聞》也曾登載過一幅類似主題的〈中國瓜分圖〉，畫旁有題詞：「沉沉酣睡我中華，那知愛國即愛家！國民知醒宜今醒，莫待土分裂似瓜。」《俄事警聞》是在上海創刊的一份報紙，為清末反帝拒俄革命團體「對俄同志會」（後改名爭存會）的機關報。先後由蔡元培、汪元宗任主編，主要撰稿人有林獬、劉師培、陳去病等。同年2月25日第73號後停刊，次日改名為《警鐘日報》，旨在「為民族主義之宣導者」、「為抵禦外族之先鋒隊」、「為民黨之機關」、「為獨特之清議」。兩幅畫幾乎同調同曲：熊都代表俄國，蛤蟆代表法國，鷹代表美國，其中細微的差別是後者代表英國形象的是犬，前者是老虎。腸前者（又稱蟲）代表的是德國，後者代表日本。也有學者將這張漫畫定位為中國近代第一幅時事新聞漫畫。筆者卻發現，這兩幅畫在多位學者的研究中常常混為一談，有的將其歸為同一幅

圖，有的在創作背景的時間上自相矛盾。事實上這兩幅畫所創作的時間相隔了五年。據後人研究，〈中國瓜分圖〉的作者是謝纘泰。從畫面上看，顯然他是受到〈時局圖〉的啟發。謝早年在北京發起組織支援戊戌（康梁）變法的輔文社。1895 年他參加了孫中山創辦的興中會（同盟會前身），成為該會的第三號人物，積極支援參與了孫中山的辛亥革命。他用手中的畫筆，將矛頭直接指向企圖瓜分中國的西方列強，試圖喚醒中國人的覺悟，進而在嚴肅的報紙上採用通俗漫畫手段，向普通民眾進行國難當頭，國土遭到撕裂瓜分的形象化教育。有關施振泰繪製〈時局圖〉的最早記載見於馮自由所著《革命逸史》一書：「戊戌 6 月，振泰感慨時事，特繪製〈東亞時局形勢圖〉，以警國人。」自這兩幅畫發表，隨後在許多清末報刊中出現了類似同一主題的漫畫作品，如《中國與列強》[95] 和《四強分屍》[96] 等不下近十幅，儘管畫面有所不同，但都鮮明地表達了一批在報界工作的知識分子呼籲中華民族覺醒，挽救民族危亡，揭露帝國主義企圖瓜分中國領土的陰謀。

正如前言，中國的第一張自繪漫畫作品是由報紙登載的，近代中國「漫畫」一詞最早也是在報紙中首度出現。1904 年 3 月 27 日，上海《警鐘日報》專闢「時事漫畫」欄目，成為近代中國第一份在報紙上使用「漫畫」兩字作為欄目名稱的報紙，在不到一個月的時間內，該報連續四次刊登針砭時政的諷刺漫畫，也使其成為最早一批刊載針砭時政的諷刺漫畫的報紙之一。這四幅畫異曲同工地揭示一個主題，將嘲諷的矛頭直接指向了清朝政府，譏諷當局不僅將搜刮來的民脂民膏拱手奉讓給西方列強，而且置民眾生活於水深火熱之中。尤其是第四幅漫畫，純

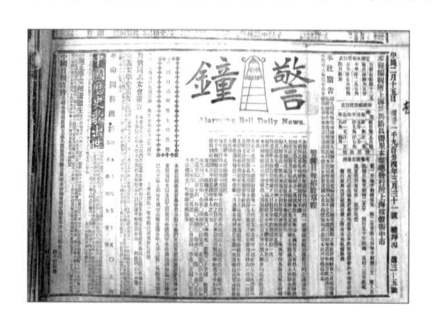

粹受先前發表的〈時局圖〉象徵性的動物繪畫形式之啟示，隱喻了在帝國主義列強橫行當道的魔爪下，中國人民遭受被殺被凌辱的苦難社會現實圖景。

清末民初，正是中國社會處於改朝換代的大變革時期，漫畫作品幾乎成了革命黨人主辦報刊上最為盛行的筆中之刀，內憂外患，列強逞霸，960 萬平方公里的中國被撕裂、吞噬，這一切成了政治漫畫源源不斷的靈感源泉。大量賦有歷史生命張力的諷刺漫畫就此在報紙或附刊中湧現。這些隨報附送的漫畫並不是茶餘飯後用來消遣談資的「玩物」，創辦者和繪畫者顯然希望這類作品能作為啟迪中國人覺悟、提升中國人視野、警視中國人知識，且開放中國人見聞的一種有力手段。這種願望可說是在辛亥革命期間出版的報刊圖畫中才真正得以實現。在內容上，這些報刊的創辦者，如于右任、宋教仁等早年追隨孫中山革命，憤慨清朝政府的腐敗無能，痛歎近代中國經歷中英鴉片戰爭、中法戰爭、中日戰爭、戊戌政變、八國聯軍侵京，與日俄戰爭給中國所帶來的巨大傷痛和磨難，因此在他們主編的報紙上，紛紛闢出附刊或插頁或另行印刷，隨報每日或定期附送，體現出鮮明的政治特徵和時代特徵的漫畫作品。它們是辛亥革命期間，最具有政治張力和充滿生命力的文獻載體。這類畫作不僅可被視為中國漫畫的創始陣地，也可作為一種全新型畫種──「政治諷刺畫」的發端之地。如《民呼畫報》、《民籲日報圖畫》、《民立畫報》、《輿論時事圖畫新聞》、《天鐸報附送畫刊》、《神州五日畫報》等即是此類畫報的傑出代表。如：載於《神州五日畫報》的〈國會之希望圖〉，其時，立憲政治輿論喧囂甚上，畫面為國會議員開會之場景，畫面下方畫了九把尖刀。這九把尖刀分

別代表了：外侮、內患、疾疫、雹災、蝗災、風災、旱災、水災、雨災，進而暗喻當前人民生活在水深火熱之中，還說什麼國會希望。載於《民籲日報》畫刊的〈要長就長，要短就短〉，畫面為一大腹便便的西方人，手捏一戴著官帽頭梳小辮的泥塑清廷官員。諷喻整個清廷就象西方列強手中的玩偶，任人擺佈。1907 年夏秋間創刊的《北京白話圖畫日報》，其 1909 年 4 月 13 日就採用了〈外人肉割之現象〉漫畫作為封面，告誡中國人民，當前的中國已經從被西方列強準備瓜分的對象變成了他們津津樂味的盤中餐，將列強分割中國的行為刻畫的淋漓盡致。

　　為何孕育期的漫畫作品，在內容上是清一色的政治時事批評類的政治諷刺畫呢？筆者認為這種現象是承繼了世界漫畫作品發展的軌跡規律，如在 16 世紀的德國，宗教改革前夕，批評政治的「卡通」畫，就首先在報紙上流行起來；1879 年法國大革命前夕，漫畫成為革命黨人重要的宣傳工具；1860 年美國南北戰爭期間，政治漫畫在美國報紙上風行一時。1912 年俄國大革命前夜，卡通漫畫成為針砭沙皇專制統治的重要工具。同樣在中國，這段時期正是中國社會處於大動盪大變革期間，「山雨欲來風滿樓」，整個中國就如一個即將噴發的火山口，作為老少男女婦孺皆愛的圖象文獻，在這個時期可說是諷刺中國政治

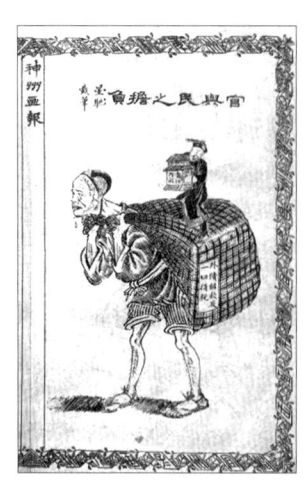

和社會弊端的急先鋒，它如同一根導火線，點燃了清朝政府覆滅前的民眾怒火，成為了國家社會政治發展的一種風向標，它們的大量出現為專業性漫畫雜誌的誕生產生了前導性的影響。

到了二十世紀一〇年代（1910—1919）末期，由於專業性漫畫雜誌誕生，各報紙附刊上的漫畫作品逐漸減少，漫畫的主要陣地開始向漫畫雜誌轉移。直到三、四〇年代，作為報紙副刊或附刊的漫畫才又開始活躍在報紙上，它們通常是在各地的報紙上以固定的副刊版面形式出現，其中直接用「漫畫」命名的副刊，據粗略統計約六十餘種，更多的漫畫刊登在各報綜合性的圖畫專刊裡，這裡不再敘述。只重點講述專業性漫畫雜誌的基本概況。

第二節
漫畫畫報的萌芽期（1918—1931）

　　從現有實物資料審視，從 1918 年至 1949 年，近代漫畫類的期刊約出版了近百種。它經歷了萌芽期和成熟期兩大階段。漫畫刊物的萌芽期大致從 1918 年至 1931 年。據筆者所見的資料，這段時間單獨出版的漫畫專業雜誌僅有九種。它們是：1918 年出版的《上海潑克》（又名為《泊塵滑稽畫報》）和《上海畫報》；1919 年出版的《滑稽畫報》；1920 年出版的《滑稽》；1921 年出版的《新新滑稽畫報》；1923 年出版的《笑畫》和《滑稽》；1928 年出版的《上海漫畫》；1930 年出版的《討逆特刊畫報》。其中《滑稽》和《新新滑稽畫報》，筆者未見實物文獻，只見目錄，無從論述。從所見的畫刊中，最有價值的莫過於沈氏兄弟主編的《上海潑克》、張光宇主編的《滑稽畫報》、孫雪泥主編的《笑畫》和黃文農、葉淺予、張正宇主編的《上海漫畫》。

壹、近代中國出版的第一份漫畫雜誌：《上海潑克》和沈氏兄弟

　　《上海潑克》是近代中國出版的第一份漫畫雜誌。1918 年 9 月 10 日創刊於上海。同年 12 月停刊，共出 4 期。由上海沈氏兄弟公司發行，沈氏兄弟分別主事：沈學廉負責印刷兼廣告部主任，沈泊塵任圖畫主任和會計主任，沈學仁（能毅）坐經理和編輯部主任位置。實際繪畫者是沈泊塵，所以本刊又名《泊塵滑稽畫報》。刊名另有英文名：*Shanghai Puck*。「潑克」是英文「puck」的譯音，取自於莎士比亞戲劇中的小妖精，即滑稽小丑之意。沈氏兄弟取名「潑克」顯然是受到之前已出版的日本

的《東京潑克》（1904 年）、朝鮮的《京城潑克》和臺灣的《臺灣潑克》以及英國老牌漫畫刊物《笨拙》（Punch）的影響。該刊每期發表約四十幅左右漫畫，旁配少量文稿。三人中最重要的是主編沈泊塵。

沈泊塵，原名沈學明，1889 年出身在浙江桐鄉烏鎮，少年時即聰慧過人，喜好繪畫，摹擬吳友如的畫風。20 歲時棄商赴滬學畫，先後拜錢慧安、潘雅聲為師，雖未受過高深教育，但從青年時，即專業從事繪畫，簡筆寫意畫、工筆線描畫為其打下了堅實的基礎，並在漫畫創作領域成果纍纍。有學者專門研究他，稱他在民國初年的《申報》、《神州畫報》等報上發表過一千餘幅的漫畫作品，很大一部分是針砭時局的諷刺畫，具有積極的思想意義和藝術價值。該畫報發表的《南北之爭》揭露了南北兩大派軍閥為爭奪各自的勢力範圍，兵戎相見，全然不顧民眾的苦難，是一場從頭到腳踐踏國民利益的不義戰爭；《地球村之盛宴》，揭露帝國主義列強掠奪在華利益互相爭鬥分割利益的真面目；〈新聞記者訪京圖〉從一個獨特的視角，抨擊了北洋軍閥勢力專制統治下的當局鉗制和封禁新聞輿論自由的種種現實；〈入土為安〉無情的嘲諷販賣毒品發家、唯利是圖的官僚奸商。〈誰謂中國國民尚進攻〉、〈雖不中亦不遠矣〉、〈某監督兼充鴉片捐客〉、〈諸葛亮揮淚斬馬謖〉等也從各個角度抨擊時弊。

他在創刊號上，公布出版宗旨之一是「為國家爭光榮，務使歐美人民盡知我中國人之立國精神」；之二是「警惕南北當局，使之同心協力以建設一強固統一之政府」，為此，創刊號封面繪製的〈十年老女猶畫娥眉〉，就是直接諷刺準備就任大總統的徐世昌。之三是「調和新舊，針砭末俗」。畫報出版後，即受到社會青睞。當時《申報》、《民國日報》等大報曾有人專文讚譽它「體尤嚴潔，諷刺時局，針砭社會，美具全並蔚為巨觀，實為近代中國月刊中別開生面之傑作也」，又道：「《上海潑克》產生以後，社會上亦甚注意，其第一期即在長江一帶銷行一萬餘冊，其中中英文著作皆出自名手，琳琅滿目，美不勝收。」遺憾的是該刊出版了第4期後，1920年3月20日沈泊塵因染肺病而停刊，其時沈年僅32歲。

貳、實繪山東大劫案的諷刺漫畫雜誌：《笑畫》

《笑畫》，1923年7月創刊於上海。月刊。主編孫雪泥、徐卓呆。理事編輯楊佩五、許一謳。上海生生美術公司發行。1924年12月停刊，共出12期。編者宣稱本刊「文字不拘文言白話，務以滑稽發笑為主旨」。該刊創刊前夕的5月5日至27日，國內發生了一場震驚世界的大劫案——山東臨城火車劫案；自命「山東建國自治軍」，盤踞在抱犢崮（魯南地區第一高峰），赫赫有名的土匪頭子孫美瑤率領了一千餘人的地方武裝隊伍，將在津浦鐵路正由徐州駛往魯南山區的整列火車，共兩百餘名旅客給綁架了。乘坐這列火車的旅客大部分是準備參加山東黃河宮家壩堤口落成典禮的中外旅客，其中外國人就有四十餘位，內不乏中外上流社會知名人士，如前北京總統府顧問美國人安迪生、美國石油大王洛克菲勒的妹妹露西‧奧爾德里奇、上海英文報紙《密勒氏評論報》的主筆鮑威爾、英國大陸報記

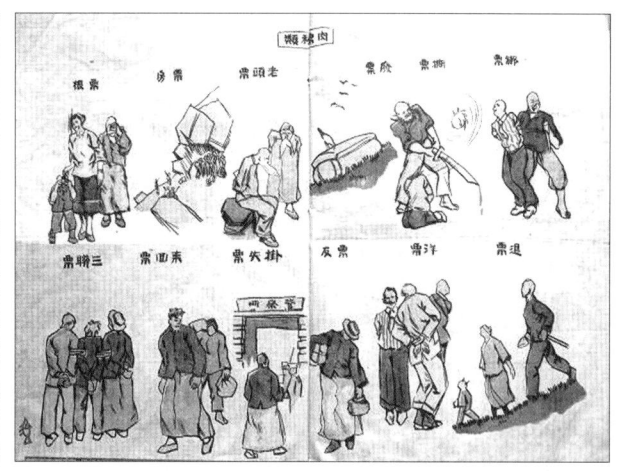

第四章：政治諷刺的風向標——漫畫類畫報 | 173

者蘭巴斯、袁世凱的女婿楊毓珣，以及北洋政府前財政次長錢錦孫的父親錢光治等。事件發生後，中外輿論一片譁然，北京上海等各地大小報紙紛紛頭條刊登這條重大新聞。英、美、法、義、比五國公使連續向北京政府提出最嚴厲的抗議，十六國駐京使團作出決議，最後北洋政府迫於國際外交壓力與孫美瑤談判，雙方達成協議：圍剿抱犢崮的政府軍，一律撤回原地。孫美瑤的「山東建國自治軍」於6月27日正式改編為「山東新編旅」，政府支付孫部軍費八年五萬元。孫雪泥即抓住了這樁吸引中外媒體目光的大案，用漫畫的形式將該案的全過程繪聲繪影地進行了全景掃描，《笑畫》的創刊號就以〈臨城案官匪之談判〉為題作封面，畫面一綁匪手持手槍，在談判桌上逼迫雙手舉投降狀的北洋政府談判代表簽約。接著幾期，圍繞此事件，還刊登了一批揭示該事件內幕主題的漫畫，並拓展其表現內涵，將其諷刺的領域擴展至中國動盪不安的社會治安，如〈肉票類〉漫畫，以「票」為題，綁票、撕票、廢票、進票、洋票、老頭票、房票、糧票、三聯票、掛失票、來回票、友票，辛辣幽默的嘲諷了社會現實的種種不平，又如〈吃飯問題之解決〉漫畫，用八個畫面：飢餓、自殺、覺悟（犯罪）、冒險、失敗、捕獲、逃走、安樂（進監獄），反映底層勞苦大眾民不聊生，為求生被逼走上惡性循環的犯罪之路。

該刊的主編孫雪泥是民國年間頗有影響力的文化人。他既是出版印刷行家，又擅長創作山水花鳥畫，1889年生於上海市金山亭林，原名鴻，字傑生，又字翠章，以號行，別署枕流居士。少年聰慧，5歲即能剪紙，16歲習畫，思想開明進步，傾向孫中山所領導的辛亥革命政治主張。1916年曾在鄭正秋主編的遊戲場小報《新世界》報擔任繪畫編輯。1917年28歲時創辦上海生生美術公司，1918年8月創刊每月出版一次的《世界畫報》（1927年停刊，共出55期），由自辦的生生美術公司出版發行。就在這份畫報上，他先後聘請過著名的漫畫家張聿先、丁悚、張光宇、關天翁等人擔任繪畫編輯或繪畫者，周瘦鵑、王仰笑等人擔任文字編輯。也就在主編該畫報的同時，他又利用山東臨城大劫案之際，推出了這份以漫畫作品為主的《笑畫》畫報，更值得一提的是，《笑畫》的印刷品質在同時期的漫畫畫報中堪稱一流，尤其是它的每期封面設計非常獨特，畫面色彩異常豐富。它最大的特點是在漫畫雜誌中開創了色彩明亮豔麗的漫畫插圖，這些漫畫作品寓意深刻雋永，回味無窮。他所主辦的生生美術公司不僅自己出版報刊雜誌，而且還承接或印刷工商廣告招貼畫設計、商標設計、月份牌、招貼廣告等，使其所創的生生美術公司的事業上了一個新臺階。就在《世界畫報》上，我們就可見到大量的此類作品。1928年，他承接了伍聯德創辦的《良友畫報》委託印刷的事宜，大膽採用新製版工藝，使得《良友畫報》更臻精美，聲譽更盛。1931赴日本考察，回國後又創辦圖畫書局，出版了一批兒童讀物。1932年，孫雪泥在上海參與創辦中國畫會。1934年被受聘為中國第一個工商美術團體「中國工

商美術家協會」的會董之一。1953 年至 1958 年間任上海畫片出版社編輯部主任。1965 年 7 月 4 日在上海逝世。《世界畫報》和《笑畫》的出版可說是他一生從事文化美術出版事業的轉捩點。

參、上海漫畫會成員的重要創作陣地：《上海漫畫》

《上海漫畫》1928 年 4 月 21 日創刊於上海。是上海漫畫會編輯發行的主要刊物。它的主編是漫畫界的三位大將黃文農、葉淺予、張光宇。就在這份刊物正式創辦前 3 個月的 1928 年 1 月 20 日，黃文農、葉淺予曾創辦過一份同名的《上海漫畫》，但因無經驗及無主題僅出版了一期就告終。葉淺予後來回憶這份他所編印且在上海街頭張貼的第一張彩色石印畫報說道，這張由王敦慶啟發創辦的「決定以揭露東印度公司販運鴉片毒害中國人民的歷史事實為題材，和英帝國主義算鴉片戰爭的賬」的畫報，意在「旁敲側擊」揭示「英美煙草公司壓迫工人的事實」。[97] 結果出版後遭到望平街報販的抵制，認為它根本不像一份畫報而失敗。但作為一種試驗，卻為兩人創辦後起的本刊累積

了「失敗即成功之母」的經驗。新出的《上海漫畫》果然不同凡響，道林紙精印，八版，其中彩色石印漫畫就占四版，另四版為攝影照片與文字。它那八開型，具有濃郁裝飾風格的各期封面漫畫具有強烈的視覺衝擊力。封面設計一期比一期精彩，極富藝術感染力，如第 2 期黃文農創作的〈迷惑的享受，誘惑的貢獻〉，以古埃及異國風情的雕像為藍圖，第 3 期魯了了創作的〈愛的命運〉，第 5 期張正宇創作的〈鬥〉等作品，均將藝術美學的概念引入了漫畫領域，使得漫畫作品擺脫了清末民初時事政治漫畫的諷刺性慣用風格。這些封面均在同類刊物中獨樹一幟，它們將畫筆的筆觸伸向更廣闊的社會生活層面，使其展現出漫畫作品的立體化、多元化和藝術化，使漫畫美學的理念在漫畫創作領域得到拓展性的昇華和傳播，令人感到新穎別致而引人注目，愛不釋手。該畫報的總編是被漫畫界小輩稱作為老大哥的張光宇。

張光宇，1900 年出生於江蘇無錫。早年隨畫家張聿先在上海新舞臺繪製舞臺佈景畫片，1918 年曾在孫雪泥的《世界畫報》社任編輯。因繪畫精湛畫藝突出，不久就被英美煙草公司錄用，任該公司的繪圖員，其後繪畫領域拓展至香煙牌、商業廣告、漫畫等。繪畫期間他勤

上海漫畫會全體會員　早會去年成立現方從事籌備第一次公開展覽會「自右至左」張光宇丁悚張振宇王敦慶黃文農蔡嶺丹季小波魯少飛葉淺予胡旭光張眉蓀

奮好學，博採眾長，既廣泛吸納民間藝術繪畫中如木刻版畫、剪紙、古代圖案之精華，又吸取西方現代美學美術各學派的理念和繪畫技藝，如德國包浩斯（Bauhaus）學派、墨西哥壁畫、德國表現主義（Expressionism）等創作手法，使其形成為自身獨有的裝飾風味之漫畫藝術風格：「色調濃重而協調，線條剛勁流暢」。由他親繪的《上海漫畫》創刊號封面：一個懷抱嗷嗷待哺嬰兒的裸體婦女，一個面帶愁容、垂頭喪氣、為生活所迫的裸體漢子，一個手捧食品面對父親的孩童，組成了一幅題名為〈立體的上海生活〉的畫面，透視出民眾生活得無奈、窘迫和尷尬，給人以無限的遐想。作為該刊的主編，他還十分重視發現和提拔漫畫界的新秀，葉淺予、張正宇、曹涵美（實為張光宇的大弟）等人也正是在他的鼓動下，成為漫畫界的主力。脫離《時代漫畫》後，他又在1935年9月，獨自創辦了《獨立漫畫》。抗戰爆發後，他又積極組織參加漫畫界的各種抗戰宣傳。在主編《上海漫畫》時，他不僅親力親為設計各期的封面漫畫，同樣也對各期內容精心布局，無論是〈他狂喊：中國人殺東洋人！〉等政治時事漫畫，還是〈衣、食、住〉等市井風情漫畫，或是漫畫會各成員人物的肖像漫畫；以及從創始之始一直在該刊連載，直到1930年6月7日第110期停刊後才終止的長篇連載漫畫〈王先生〉等，都展現出主編的用心，這些蘊含著飽滿深邃的作品內涵，誇張變形且詼諧幽默的繪畫技藝手法，使人過目不忘。此外，該畫報還不時報導各地漫畫界的動態，追蹤刊載第一屆全國漫畫展覽會赴蘇州、南京等地巡遊消息，刊登各種社會時事新聞照、名媛照、人體

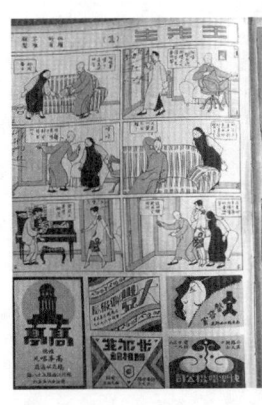

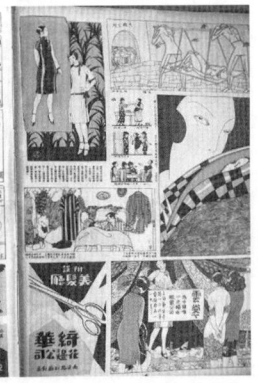

照和古今名畫等。

　　該畫報最重要的歷史貢獻為：它是近代中國最早的漫畫團體組織——上海漫畫會成員的主要創作陣地。上海漫畫會成立於1926年12月18日，主要成員有丁悚、張光宇、黃文農、葉淺予、魯少飛、王敦慶、胡旭光、張正宇、張眉蓀、季小波、蔡輸丹等人。該會成立之初設在上海寧波路65號3樓40室，後遷移至貝勒路（今黃陂南路）天祥里，它是被後人稱為是中國近代漫畫界「第一人」的老前輩丁悚的家。其時，該會的主要骨幹丁悚和張光宇，都在英美煙草公司從事香煙貼畫和包裝設計工作，生活富裕，住房寬敞，因此早期的「漫畫會」成員也常在他們兩人的家中不定期的展開漫畫推廣交流活動。從漫畫會成立到《上海漫畫》正式發行，其間中國政治舞臺也發生了逆轉。第一次國內革命戰爭期間，所建立起來的國共統一戰線分崩瓦解，國共聯合發動反對北洋政府統治的北伐戰爭結束，以蔣介石為首的國民黨政府宣告在南京成立。《上海漫畫》出版後，自然也就成為上述漫畫會成員的創作基地，與思想交流活動場館，他們在思想上反對國民黨一黨專權制度，同情下層勞動人民的苦難生活，因此在這本刊物中發表了大量抨擊時弊的諷刺漫畫作品。該刊上登載的上海漫畫會會徽「圓龍」，吸取了中國傳統磚刻瓦當和生肖印章的藝術技藝表現手法，來表達這批成員期盼漫畫會像一條漫天飛舞的巨龍，自由翱翔的奔騰在960萬平方公里的神州大地上，沒有專制，沒有壓迫，它那渾厚質樸充滿張力的造型，就像一團熾熱的、如太陽般的紅色圓球不斷地釋放出自己的巨大能量，給人永不停息追求光明的無限力量。1930年6月7日《上海漫畫》出至110期停刊。後與《時代畫報》合併。

　　《上海漫畫》可說是萌芽期間

繼《上海潑克》後出版的最重要漫畫雜誌，它在現代漫畫文獻史上占有極其重要的地位：它上承孕育期間的報刊上漫畫風格，下啟繁榮期間漫畫刊物之門，作為漫畫刊物孕育期和繁榮期的分水嶺，它的出版標誌著中國漫畫雜誌即將跨入一個新的歷史發展階段。其次，它培養並造就了一批馳騁三、四〇年代的著名漫畫家。這批人不僅是《上海漫畫》的主要作者，而且後來均成為三、四〇年代漫畫刊物的創辦者和主要骨幹，如：王敦慶創辦過《漫畫之友》、《漫畫界》；葉淺予創辦過《潑克》、《旅行漫畫》；張光宇創辦過《獨立漫畫》、《上海漫畫》（1936年）、《滑稽畫報》、《萬象》；魯少飛主編過《時代漫畫》、《國家總動員畫報》；黃文農編輯過《時代漫畫》；張正宇編輯過《如此汪精衛》漫畫集等。同時該畫報的編輯模式與風格幾乎成為後來漫畫雜誌模仿的固定格式與參照範本。八年後的1936年5月至1937年6月，上海市場上還曾出版過由獨立出版社發行，上海漫畫社編輯的同名刊物《上海漫畫》，其風格已有所變化。

第三節
漫畫畫報的繁榮期（1931—1949）

　　1931年至1949年是漫畫畫報出版的鼎盛期。這個時期歷經了中國近現代史上幾次重大歷史事件：1931年「九一八」後，東北三省淪陷；1937年「八一三」後，中國最大的商業都市上海淪為租界孤島；1945年「八一六」，抗日戰爭勝利結束；1949年10月1日，中華人民共和國宣告成立；同時，商業經濟在中國沿海城市取得了長足的發展，繁榮畸形的都市經濟異常活躍，遷居都市的市民成倍增長，文化出版流動頻繁，這些大背景為漫畫雜誌的繁榮發展和內容灌入了時代的注腳。據粗略統計，這段時期共出版了漫畫雜誌共八十餘種，其中可圈可點的湧現出以《漫畫生活》為代表的一批標竿性的漫畫畫報。

壹、四大標竿性的漫畫雜誌：
《漫畫和生活》、《漫畫生活》、《時代漫畫》與《漫畫界》

　　《漫畫生活》是三〇年代中期出版的最主要漫畫雜誌之一。1934年9月20日創刊於上海。月刊。上海美術生活雜誌社發行。上海生活書店總代售。它的創辦人金有成、俞象賢和編輯吳郎西、黃士英、黃鼎、鍾山隱均是活躍在文化界的出版人士。其中黃士英、黃鼎是漫

畫界的兩大幹將，擅長漫畫創作。黃士英還曾先後主編過《世界漫畫》和《生活漫畫》，後者曾得到過魯迅的讚揚和支持。編者在創刊號《我們的畫》中聲稱：它「只是一隻攝取時代舞臺上悲劇的鏡頭」[98]，在《開場白》中強調在這個世界大舞臺上，我們「人人是扮演悲喜劇的角色，人人又是悲喜劇的觀眾」，而當今社會的現實是「戰亂、失業、災荒、飢餓的大悲劇占據了這動亂時代的大舞臺」[99]；對此，為配合編者的主旨，在創刊號封面上出現了一個骨瘦如柴的人，伸出無力的雙臂，雙手指向昏暗的天空，並用「生活的呼號」為題，突出表明了編者們對當時現實社會的不滿和憤慨。《帝國主義在中國》、《生活的變態》、《人上人》、《和平招牌》等各期彩色封面漫畫繼承了晚清政治時事諷刺畫的衣缽，從不同角度揭露西方列強霸占中國野心，及踐踏世界各國主權的惡行。全刊分圖畫和文字兩大部分，內容涉及時事間評、世界木刻選錄、歐洲漫畫介紹、都市風光、電影漫畫、漫人漫事。圖畫部分不固定開闢新聞漫畫、政治諷刺漫畫、生活漫畫、街頭漫畫、學校漫畫等專欄。所發表的漫畫緊貼現實生活，筆觸辛辣尖銳，在藝術和思想深度上均達到一定水準，如徐悲鴻的〈生活的展望〉、葉淺予的〈王先生的祕密〉、黃鼎的〈法律與麵包〉、李樺的〈掘地工人的休息〉、向石的〈貧困的尖端〉等。文字作者陣營雄厚，茅盾的《蒼蠅》、巴金的《宣言》、老舍的《落花生》等均在本刊上首發。本刊還出版過兩期專刊：《黃士英、黃鼎第一回合作漫畫展覽會特輯》（載第5期）及反映五月國內外重大事件的《五月專號》

（載第 9 期）。它所刊載的黃士英和新劇家汪子美，分別撰寫的《中國漫畫發展史》與《中國漫畫之演進及展望》，是我們研究中國近現代漫畫發展極具史料價值的文獻。漫人漫事專欄專事介紹了中國著名漫畫家黃文農、張光宇、陳少翔、蔡若虹，以及世界著名漫畫家珂勒惠支、史特魯貞等人的生平。主要的文字作者有胡愈之、魯迅、傅東華、茅盾、張天翼、陳荒煤、巴金、葉靳以、周木齋、王統照、黎烈文、朱雯、鄭振鐸等，主要漫畫作者有萬籟鳴、豐子愷、黃苗子、李樺、陳少白、蔡若虹等。本刊出版後，由於它品質高，內容實在而受到當時漫畫界人士的高度讚揚，稱它是「始終抱著嚴肅的態度，非常正確的、科學的去分析社會，去挖掘社會病態的根源」。[100] 1935 年 9 月該畫報出至第 2 卷第 1 期（總第 13 期）後停刊。2 月後的 1935 年 11 月 10 日，原為該畫報的編輯黃士英與張諤一起另創辦了《漫畫和生活》，兩份漫畫雜誌幾乎同名，只不過多了一個連接詞「和」。只是這時的黃士英已經作為後者的發行人署名，其編輯署張諤，他們兩人均屬左翼美術家，因此與上海左翼文化工作者保持著密切的聯繫。這份署上海漫畫和生活社出版，上海雜誌公司總經售的漫畫雜誌秉持著《漫畫生活》一貫的風格，從稿件內容到編輯排版幾乎是《漫畫生活》的翻版，實際上就是 9 月停刊的《漫畫生活》之延續。左翼文化旗手魯迅特為本刊提了獻詞：「漫畫的第一件緊要事是誠實，要確切的顯示事件或人物的姿態，也就是精神」。為此，它所刊登的主要作品，如張諤的〈世界之再分割〉、〈傀儡登場〉；黃士英的〈失望〉、〈收捐〉、〈殖民地舞場〉、〈救亡運動〉；黃鼎的〈飢餓的人們在窗外吶喊著〉；蔡若虹的〈催眠曲〉、〈起來吧，奴隸們〉；彼得的〈少年中國的畫像〉等；文字作品李葵的〈一九三五

年漫畫界之動態〉；黃士英的〈漫畫和民族解放運動的鬥爭〉；魯夫的〈上海各大中學生救國宣傳團流血記〉及〈上海文化界救國宣言〉等圖文，緊扣時代風雲主旨，凸顯了六大鮮明主題：揭露帝國主義瓜分中國的陰謀；抨擊日本的侵華戰爭和所謂「提攜」、「親善」的真面目；反映民族工業的凋敝與農村經濟的破壞；描繪當時全國災情和飢餓的同胞；揭示社會不公現象和批評舊道德觀的落後意識；宣傳全國抗日救亡運動，宣導愛國主義思想和行動。該刊的漫畫者還有聶紺弩、黃苗子、許言、陳靜生、彼得、特偉、洪為齊等。1936 年 2 月《漫畫和生活》停刊，僅出版了 4 期。

《時代漫畫》與《漫畫界》分別創刊於 1934 年 1 月 20 日和 1936 年 4 月 1 日的上海。據編者稱，在思想內容和作者隊伍上，兩者具有承續性和因果性。《時代漫畫》由稱譽為中國漫壇的「伯樂」魯少飛任主編。署張光宇發行，上海時代圖書公司出版。上海時代圖書公司實際上是由張光宇、張正宇、曹涵美三兄弟加上葉淺予等一些漫畫家，在 1934 年創立的文化出版組織，它在全盛時期曾同時發行過當時極有影響的五大雜誌：林語堂主編的《論語》、葉淺予主編的《時代畫報》、宗淮庭主編的《時代電影》、張光宇主編的《萬象》和魯少飛主編的《時代漫畫》。魯少飛，1903 年出生在上海一個父親為民間畫工的家庭，從小耳濡目染的他，使他自然走上了美術之途，尤其是酷愛漫畫作品的創作。成年後一度參加北伐軍的生涯，又使他對中國社會的現

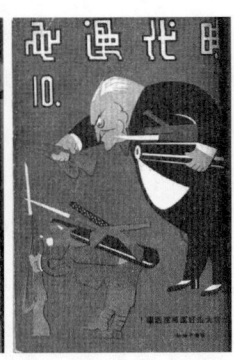

狀有了清醒的認識。25歲時，他在《申報‧自由談》上發表了他創作生涯中的重要代表作：長篇連環漫畫〈改造博士〉（自 1928 年 1 月 1 日起），他那細微犀利洞察人間萬象的目力，以及幽默調侃的繪畫技藝為讀者稱道。二十年後的 1947 年春，他又在上海版的《和平日報》上拋出又一長篇連載漫畫〈馬二哥〉（載 1947 年 2 月至 4 月期間），入木三分的刻畫了官僚軍閥們欺壓民眾的醜惡嘴臉。也就在這兩篇代表性作品創作期間，他還在許多報刊或漫畫雜誌上創作了一大批的漫畫作品。

　　《時代漫畫》也是這個時期的產物，它將魯少飛的漫畫事業推向了一個新的高峰。就在這份凝集其全部心血的刊物中，魯坦露過自己的心聲：「編這書經過，自然很多話想說，但不占地位，因就省去。只希望讀者不原諒，作者努力追究，編者極不厭煩，發行者盡力推銷。目下四圍環境緊張時代，個人如此，國家世界亦如此。永遠如此嗎？我就不知道。但感覺不停，因此什麼都想解決，愈不能解決愈會想應有解決。所以，需要努力！就是我們的態度。責任也只有如此。這一期封面的圖案，以後用作我們的標識，表明『威武不屈』的意思。『事事要不浪費』，是一句很時髦的話。我吃的是流行飯，當然榨出一點流行的腦汁，就此擱筆」。[101]話語不多，但卻將魯少飛創辦此刊的旨意，字字有意、惜墨如金地表達的淋漓盡致。該刊被當時雜誌界及漫畫界的同人認為是中國現代漫畫史上「第一個純粹幽默與諷刺的文藝月刊」，並是「中國新興漫畫的紀念碑與漫畫藝術的基石」。

　　作為三〇年代最有影響力、出版時間最長的漫畫專業刊物，它所發表的作品全面的反映了全國軍民團結一致奮起抵抗日軍侵略，積極保衛國土家園的決心和行動，譏諷一切消極抗日的社會現象，揭露社會的不公平，展現底層民眾的呼聲和悲慘生活，描摹都市小市民市井

風情。它最大的個性色彩有二點：一是封面漫畫極富魅力，引人入勝，如第 3 期和第 4 期魯少飛的封面作品，表達了漫畫家們對女性問題的觀察和思考。第 5 期張汀的〈驗屍圖〉和第 10 期張樂平〈軍火商大走好運再度活躍〉，從不同角度刻畫了戰爭所帶來的社會問題。尤其是第 9 期謂隱的〈中國的有數人物〉採用了幽默的藝術手法，分別刻畫了中國政壇蔣中正、林森、宋子文等九個風雲人物。第二個特點是它以出版專刊的編輯手法，濃縮主題，一題一議，從而深化該期漫畫的主旨，表達漫畫家們對各種社會現象的關切，如〈職業問題漫畫附輯〉揭露了在燈紅酒綠都市裡「商女不知亡國恨」，「春城無處不飛花」的畸形社會形態。〈摩登世相漫畫專號〉、〈人生小諷刺的漫畫與漫話專號〉、〈社會動態漫畫專號〉更是將畫筆瞄向社會的不同階層，將各階層人們的不同生活狀況、心態、所處的社會地位描摹的維妙維肖，令人噴飯，卻又心酸難忍，愛恨交加，多數作品嘲諷了「權貴視民賤」、「路有凍死骨」的不公社會現實。此外著名漫畫家曹涵美繪製的連環畫《金瓶梅》即在本刊最先發表。魯少飛在主持該畫報的期間，可說是精心呵護，心力交瘁，他在該畫報出版兩周年之際，曾說道：「這孩子雖不及英國的 *Punch* 有一百歲的高壽，或美國的 *Judge* 有五十餘歲的貴庚，不過在這個倒行逆施的時代和『漏屋偏遭連夜雨，破船更過打頭風』的國家裡，他還能和真理、良知、機智、樂趣、批評和嘲笑的兒女們結伴，既不左顧也未右盼地在遠東獨步，在光明的人生旅途上前進，不管他在爬、在滾、在走、在跑」，他深情地期盼，自己養育的這個孩子能「快快活活地長成而鞏固民族生存的始基」，他不忘那些在這艱難而困苦的日子裡給予這份刊物以支持的漫畫家們，飽含筆端的寫道：「全靠

漫畫藝術家和幽默作家不時束緊褲帶幫忙，將來若有翻身之日，決不忘我《時漫》的救命恩人」。[102] 事實確也如魯少飛所說的這樣，當《時代漫畫》出版至第 26 期（1936 年 2 月）時，因該期封面刊登了魯畫的諷刺南京政府對日實行屈辱外交的〈晏子乎〉漫畫，魯被國民黨上海市社會局以「危害民國」罪遭關押，刊物也被勒令停刊。直到 4 個月後的 6 月，該刊才以第 27 期期數重新復刊。無獨有偶的是一年以後，同樣的命運結果在等著魯少夫，1937 年 6 月 20 日出至第 39 期，也因為《時代漫畫》刊登了諷刺漫畫〈無冕之王塞拉西來華訪問〉與反日漫畫〈活動的中國〉，影射抨擊蔣介石執行一黨專制統治和直擊日帝侵華野心，該畫報被上海當局扣上「汙衊政府」與「妨礙邦交」罪名被迫再次停刊而終刊。自此，全國全面抗日戰爭即將來臨，魯少飛也轉移陣地，與王敦慶等漫畫家一起又先後創辦了《救亡漫畫》和《抗日漫畫》等，將自己的創作重點轉向以宣傳這場史無前例的保衛民族生存浴血奮戰的抗日主題漫畫中了。

　　《漫畫界》是《時代漫畫》的繼承者：「《漫畫界》僅僅是《時代漫畫》的暫時代言人而已。執筆者一概是『時漫』的老弟兄，編輯方法也和「時漫」像姐妹刊一樣」[103]，在談到《時代漫畫》為什麼停刊的原因時，它隱晦的暗示：「一是它平時過於高興大聲吶喊，一則是近來白喉流行」，這是由於「環境不良，非人力所能抵抗」。[104] 再次強調「《漫畫界》也是時代諷刺與幽默的尖端刊物，成為新興漫畫

家努力更進的集合」。¹⁰⁵ 雖然它名義上署王敦慶出版，但實際上它的主編也是王敦慶。王敦慶是漫畫界的老前輩，他 1899 年出生在浙江嘉興。字夢蘭，筆名王一榴、王履箴、黃次郎等。1923 年畢業於上海聖約翰大學國學科。1926 年底，他與魯少飛等人發起成立上海漫畫會。自此他全身心地投身於漫畫事業。先後領銜並參與創編過《上海漫畫》、《漫畫之友》、《抗戰漫畫》等刊物。在思想上，他追求進步光明，痛恨專制政權統治。為此，在他 30 歲左右，先後擔任過郭沫若等人組織的文學團體創造社的美術編輯。1930 年 3 月成為魯迅為旗手的中國左翼作家聯盟的成員，先後在左聯創辦的《巴爾底山》、《萌芽》、《拓荒者》、《太陽月刊》等刊物上發表《左聯作家聯盟成立》、《左翼聯盟的作家都要參加工農革命》等漫畫作品及評論。此後，他還組織創辦過時代美術社、首屆全國漫畫展、漫畫研究會。在他主編的《時代漫畫》、《漫畫界》中，他身心並用，不僅發表了一批在漫畫史上具有重大影響的漫畫作品，而且撰寫了一批漫畫理論研究與介紹中外漫畫家和漫畫作品的文章，如《介紹上海最老的一本幽默雜誌》、《第一回世界大戰的漫畫戰》、《談連續漫畫》、《日本漫畫介紹》等。《時代漫畫》雖然被當局勒令停刊，他緊接主編的《漫畫界》，仍然堅持原有的方向不變，不僅在出版形式上幾乎與《時代漫畫》相同，而且更多採用主題專刊的形式集中發表同類漫畫作品，譏諷調侃嬉笑怒罵皆成文章。如第 3 期是《復古號》，借用中外古今人物或重大歷史來嘲諷調侃社會醜惡現實，第 4 期是《風俗號》，用漫畫形式反映人世間的風土人情，世態百相。第 5 期的《風月專號》，第 6 期的《社會動態報導專號》，第 8 期的《獵奇

漫畫專號》，對看似林林總總千奇百怪的社會現象，卻賦予了深刻的政治內涵解讀，與外科割除毒瘤手術刀般的犀利解剖，思想深邃而耐人尋味。最重要的是第7期《全國漫畫展覽第一屆出品專號》，發表了一批極其重要、研究當時漫畫界現狀的史料性的文獻，如《全國漫畫展覽會的誕生》、《全國漫畫展覽會徵求作品徵函》、《漫畫，漫畫界，漫畫家》，以及簽有幾乎所有上海畫壇著名人士的宣言書《第一回全國漫畫展覽會緣起》等。原在《時代漫畫》上連載的曹涵美，為天下第一奇書《金瓶梅》畫的插圖在本刊上繼續，汪子美網羅現代漫畫家肖像的〈京滬漫畫家〉，嚴哲西描繪的中國著名電影明星群象的〈中國好萊塢〉，以及李凡夫的〈剿匪記〉、李劫夫的〈新都市的落伍生活〉、葉淺予的〈首都印象記〉、張文元的〈老張的學校生活〉、陳封雄的〈天津大水災小記〉等也在本刊發表。兩刊所設的通信、漫畫界消息等欄目，披露了大量漫畫界的重要活動和漫畫家的主要行蹤，它的漫畫作者隊伍非常強大，幾乎囊括了當時全國所有著名的漫畫家，如魯少飛、華君武、張文元、曹涵美、黃苗子、丁聰、黃堯、胡考、張鴻飛、蔡若虹、張正宇、王敦慶、張光宇、張元等。可以說《時代漫畫》與《漫畫界》的出版發行壯大了漫畫界的隊伍，豐富擴大了漫畫的創作領域，多視角全方位立體式的全景掃描中國社會全景方方面面，當之無愧成為了領銜同時期漫畫刊物的標竿性旗幟。

貳、百花齊放漫畫雜誌的四大特點

　　三、四〇年代是漫畫畫報發展最快，也是最繁榮的一個階段，漫畫創作隊伍得到了史無前例的迅速擴大，漫畫刊物不斷湧現，漫畫創作領域碩果纍纍，創作出版陣地不斷延伸，從畫報、雜誌、報紙副刊、漫畫集專刊等各類平面媒體都可看到漫畫作品的身影與蹤跡，幾乎可以這樣說，沒有一種報刊可以免俗。概覽繁榮階段期間出版的漫畫畫報，它們呈現出四大鮮明的特徵：

一、漫畫刊物出版種數呈現「山」字型結構：

　　這種結構在1935年達到了高峰，平均每月出版一種漫畫刊物。1934年出版了八種，1935年出版了十二種，1936年出版了九種，1937年出版了八種，1938年出版了九種，1939年出版了七種，1940年出版了八種。從1934年至1940年間，幾乎每年創刊出版的漫畫刊物平均有八種至九種。此後，漫畫類的刊物隨著抗日戰爭形勢的發展而銳減。如1941年出版了四種，1942年一種，1944年兩種，1945年兩種，1946年三種，1947年兩種，1948年三種。這種現象在一定程度說明了漫畫刊物的出版規律。

　　據不完全統計，從1931年至1949年，這段時期出版的漫畫類期刊共約八十餘種，其中主要漫畫刊物有四十餘種，見列表：

表五：繁榮期階段主要漫畫刊物簡目

刊名及刊期	創辦及編輯	出版單位（發行）	創停刊日期	內容簡介
《一月漫畫》月刊	黃紫霞編繪	福建泉州黃紫霞發行	1：1－2：4（1941年3月－1944年4月）	生活漫畫、風景風情漫畫、政治漫畫
《上海漫畫》月刊	該社編輯	上海獨立出版社發行	1：1－2：1（1936年5月－1937年6月）	抗戰漫畫、社會生活漫畫
《小上海人漫畫》	該社編輯	該社發行	1936年10月	副題名：十字架
《牛頭漫畫》	該社編輯	該社發行	1（1937年5月）	社會幽默漫畫
《世界漫畫》	張麗天編輯	廣州創刊發行	1946年4月	政治、社會漫畫

刊名及刊期	創辦及編輯	出版單位（發行）	創停刊日期	內容簡介
《西風漫畫》	黃嘉德等編輯	該社發行	1（1940年1月）	編輯顧問林語堂，幽默漫畫、國際政治漫畫
《現象漫畫》月刊	萬籟鳴、薛萍編輯	上海現象圖書刊行社	1—2（1935年4月—5月）	漫畫、雜記、雜談、特寫、海外名作
《星期漫畫》週刊	上海時代日報社主辦	該社	1—5（1932年7月）	抨擊社會時弊、攝影的各方消息
《潑克》月刊	張興予、葉淺予編輯	上海該社發行，發行人張鴻飛	1（1937年3月）	英文名：Puck，諷刺漫畫、抗戰漫畫
《玲瓏漫畫》旬刊	黃士莫編輯	該社發行	1—6（1932年10月—11月）	社會生活漫畫
《笑畫》旬刊	該社編輯	上海一流書店發行	1—4（1948年9月—10月）	政治漫畫、生活漫畫
《笑話笑畫》		上海出版	1（1937年）	諷刺漫畫
《牛形漫畫》	葉些殺	廣州羊社	1929—1933年7月	
《漫畫畫報》		廣州羊社	1932年—1935年	生活漫畫、風景、少量政治漫畫
《北京漫畫》月刊	武德報社編輯	北平該社發行	1:1—4:9（1940年6月—1943年9月）	時事、風俗、歷史、漫畫理論、文學講座
《大眾漫畫》	張鴻飛編輯	上海胡忠彪發行	1（1935年10）	社會生活各階層、攝影、木刻
《電影漫畫》月刊	該刊編輯	上海中國圖書雜誌公司發行	1（1940年3月）	電影紀事、人物速寫、漫畫、電影世界
《電影漫畫》	張白鷺編輯	上海	1—2（19？？）	漫畫、電影故事、人物速寫
《電影漫畫》	朱錦縷等	上海慢盧圖書公司發行	1—3（1935年4月—6月）	圖片、漫畫、文字漫畫、談笑
《東方漫畫》月刊	新藝漫畫社主編	上海東方出版社發行	1:1—6，2:1—3（1936年12月—1937年8月）	漫畫、諷刺、政治、國際、連續長篇漫畫
《獨立漫畫》月刊	張光宇主編	上海獨立出版社發行	1—9（1935年9月—1936年2月）	以風趣幽默抨擊侵略者，諷刺社會弊端，讚人間美好親情
《廣州漫畫》月刊	該刊編輯	廣州廣東漫畫刊發行	1—2（1938年）	抗日愛國漫畫、版畫，報導廣州漫畫活動、介紹外國漫畫家近狀、新作品
《建國漫畫旬刊》旬刊	丁戈夫編輯	張家口建國漫畫社、張戈夫發行	1—5（1947年5月—1947年7月）	描繪抗戰勝利後國內的戰爭

第四章：政治諷刺的風向標——漫畫類畫報 | 191

刊名及刊期	創辦及編輯	出版單位（發行）	創停刊日期	內容簡介
《旅行漫畫》	葉淺予主編	上海雜誌公司發行 發行人張鴻飛	1936年6月	葉先生個人漫畫作品集，為《現代漫畫叢刊》之一種
《漫畫》月刊	鄭天木等編輯	上海漫畫社發行	1—2（1941年5月—6月）	漫畫、木刻、攝影、翻譯、文藝、戲劇
《漫畫之友》半月刊	王敦慶、張鴻飛編輯	上海該社發行	1—4（1937年3月—7月）	生活漫畫、政治漫畫、抗戰漫畫等
《漫畫女阿Q傳》	胡中凡編輯	上海大眾出版社發行	1946年11月	長篇連載
《漫畫世界》月刊	黃士英編輯	該社發行	1—2（1939年9月—10月）	副題名：表露現實世界的漫畫刊物
《漫畫半月刊》半月刊	張鴻飛編輯	上海國泰公司出版部發行	1—2（1938年12月）	社會風情漫畫、政治漫畫、抗戰漫畫等
《漫畫和生活》月刊	張諤編輯	上海該社發行	1—4（1935年11月—1936年2月）	都市漫畫、政治漫畫、抗戰漫畫等
《漫畫漫話》月刊	李輝英、凌波編輯	上海該社發行	1—4（1935年4月—7月）	都市生活漫畫、政治漫畫、抗戰漫畫等
《漫畫漫話》月刊	萬人週報社編輯	香港聯合出版社發行	1—2（1946年12月—1947年1月）	副題名：萬人週報增刊
《漫畫界》月刊	曹涵美、王敦慶編輯	上海漫畫建設社發行	1—8（1936年4月—11月）	專刊：復古號、風俗號、風月號、獵奇專號
《漫畫木刻叢刊》	牧野編輯	上海技梧出版社	1（1941年4月）	漫畫、木刻、詩歌、文藝、戲劇、電影
《漫畫木刻月選》月刊	全國木刻界抗敵協會漫畫宣傳隊編輯	廣西該會發行	1—2（1940年7月—8月）	廣西抗日時期木刻、漫畫合編刊物
《漫畫生活》月刊	吳朗西、黃士英、黃鼎編輯，金有成、俞象賢創辦	上海美術生活雜誌社	1—13（1934年9月—1935年9月）	幽默繪畫形式，諷刺社會弊端，社會名流、勞動人民等生活
《漫畫與木刻》	刻該刊編輯部	刻刊發行	1939年5月	介紹木刻知識，抗日戰爭體裁作品
《群眾漫畫》月刊	江毓祺、張樂平、江牧、曹聚仁等編	上海群眾漫畫社發行	1—3（1935年2月—5月）	漫畫、文字、照片
《生活漫畫》月刊	黃士英編輯	上海該社發行	1—3（1936年4月—5月）	揭露社會陰暗面，漫畫、木刻、藝術、漫談

刊名及刊期	創辦及編輯	出版單位（發行）	創停刊日期	內容簡介
《詩歌漫畫》	詩歌漫畫社編輯	上海再現藝社發行	1（1934年）	詩歌、漫畫，合成一氣
《中國漫畫》月刊	中國漫畫社編輯	上海刻社發行	1—5（1942年10月—1943年5月）	淪陷區刊物，漫畫、散文、小說、畫稿
《中國漫畫》月刊	朱錦縷主編	上海中國圖書刊行社和中國漫畫社發行出版	1—14（1935年7月—1935年6月）	時事諷刺、民族主義、政治漫畫等
《中華漫畫》月刊	華北漫畫協會編輯	北京武德報社發行	1—4（1944年2月—5月）	淪陷區刊物，以國際政治為主題，矛頭直指英美
《眾生漫畫》	彭明鵬編輯	廣州眾生出版社發行	1946年7月	評論、雜文、社會寫實小詩、廣東社會風情
《新時代漫畫》	陳柳風編輯	上海春社發行	1935年	諷喻時事、幽默風趣、超短小說

在上述目錄中，值得重點介紹的漫畫畫報有：

1.《大眾漫畫》，1935年10月創刊於上海，主編張鴻飛，胡忠標發行，僅見創刊號。

2.《東方漫畫》，1936年12月出版。月刊。新藝漫畫社主編。上海東方出版社發行。1937年8月停刊，共出9期。

3.《獨立漫畫》，1935年9月25日創刊於上海。主編張正宇。獨立出版社出版。它以「漫畫家的開路先鋒，漫畫界的獨立精神」稱譽三〇年代的文化藝術界。1936年2月停刊，共出9期。

4.《滑稽世界》，1946年11月創刊於上海。月刊。圖畫世界出版社編輯發行。1947年11月出版至12期後停刊。它的封面以卡通式的漫畫設計風格和手法吸引了消費者的目光。

5.《滑稽》，1939年4月創刊於上海。滑稽週刊社編輯發行。1942年2月出版至120期後停刊。歷時近三年，在通俗漫畫刊物之中，算是出

版時間較長且期數較多的一份刊物,內容重點描摹社會世相百態。

二、漫畫加雜文式風格崛起：

二、三〇年代中後期,漫畫的繁榮興盛,使該類文獻兼具「雜文」的內涵,從而促成獨具「漫畫加雜文式」風格的漫畫刊物崛起。漫畫的幽默誇張、大膽直率、辛辣潑刺的畫風,加上雜文的短小精悍、嬉笑怒罵皆成文章的筆端風格,更能令人產生精神上的興奮愉悅和思想

上的反思和深省。因此,這時期的多數漫畫刊物上,在編輯手段上都包含這兩種形異神同的文化載體之元素。它同清末單純的政治諷刺畫不盡相同,其藝術表現手法更具有自己的時代特徵。魯迅曾專為漫畫作品寫過一篇雜文〈漫談「漫畫」〉,他稱:「漫畫的第一件緊要事是誠實,要確切的顯示事件或人物的姿態,也就是精神,」並說「漫畫要使人一目了然,所以那最普通方法是『誇張』,但又不是胡鬧」,精闢的見解點明了漫畫作品所應具備的兩大特徵,即「精神」和「誇張」,而雜文與漫畫的結合也使這時期的漫畫無愧於「漫畫雜文時代」的評價。其代表刊物有如下幾種:

1.《漫畫漫話》,1935年4月創刊於上海。李輝英、凌波編輯。該社發行。同年7月停刊,共出4期。它是「漫畫加雜文時代」的產物。

2.《漫畫之友》,1937年3月創刊於上海。半月刊。編輯王敦慶、張鴻飛。漫畫之友社發行。同年5月停刊,共出4期。

3.《潑克》,1937年3月於上海創刊,僅出1期。主編張光宇、葉淺予。它的開本乃是漫畫雜誌史上唯一超巨型的龐然大物,寬27釐米,高38釐米,面積為十六開雜誌的兩倍。它的漫畫和文字作者隊伍

多為名家，前者有汪子美、張仃、胡考、葉淺予、曹涵美、張樂平等，後者有倪貽德、傅彥長、高明等。

　　4.《中國漫畫》，1935年7月創刊於上海。月刊。主編朱錦樓。上海中國圖書刊社和中國漫畫社聯合出版。1937年6月停刊，共出14期。

三、刊物內容反映現實生活：

　　漫畫刊物已成為全面反映中外古今社會現實生活的鏡子。三〇年代的漫畫刊物，除了保持清末民初的政治時事諷刺畫的基本特點外，在這些刊物上還出現了一大批民俗風情漫畫、娛樂飲食漫畫、商業廣告漫畫、市井生活漫畫、都市風景漫畫、人物肖像漫畫、電影戲劇漫畫為主題的漫畫作品。多數的漫畫不僅封面設計多彩多姿，生動幽默，且都採用非政治諷刺畫作為招攬讀者的手段，如《東方漫畫》、《滑稽》、《群眾漫畫》、《漫畫半月刊》、《漫話漫畫》、《漫畫生活》、《漫畫之友》、《趣味漫畫》、《生活漫畫》、《時代漫畫》、《現象漫畫》、《中國漫畫》等，其中孕育了一批深受讀者群熱愛的膾炙

人口的漫畫典型人物,如三毛、王先生、阿Q、馬二等。這種現象深刻反映了都市經濟繁榮發展和市民群體閱讀視野和審美情趣的變化。這種情況直到抗日戰爭爆發才有所改觀。「三百六十行,行行出狀元」,漫畫雜誌幾乎從誕生起,此類的創作就一直伴隨活躍在漫畫家們的筆端。街頭漫畫小景,描繪世態百相,民俗風情漫畫濃縮了中國千年的傳統文化和悠久的歷史內涵,折射出中華民族的理念、信仰和憧憬。寥寥數筆的漫畫,將過春節各階層人們的活動和心理狀態刻畫的維妙維肖。漫畫雜誌上的「商業廣告漫畫」不僅記錄下二十世紀上半葉風靡全國的日常生活用品,與繁華發達的都市經濟的歷史路程,而且通過漫畫式的形象宣傳,豐富擴大了一大批國產名牌商品的影響。曾是都市生活裡的女性時裝,幾乎是漫畫文獻中常見的畫面。一個典型形象——葉淺予筆下的「王先生」,乃是現代生

第四章：政治諷刺的風向標——漫畫類畫報 | 197

活中低層小知識份子的縮影；嘗盡人間不平不公的酸甜苦辣的漫畫人物「三毛」，曾整整伴隨並影響了老中少幾代人的快樂和眼淚；「怒其不爭，哀其不幸」，魯迅筆下的那個拖著長辮子的阿Q，在漫畫家的畫筆中賦予了新的時代特徵；古典文學精品《金瓶梅》中，那瀟灑倜儻的西門慶與潘金蓮等眾多女子的風流韻事，在曹涵美的筆底下，更多的是給予了反封建意識的同情；黃堯創作的漫畫界寵兒——牛鼻子，曾被今日讀者譽為是「紙上精靈，二十世紀三〇年代的明星」。

四、漫畫登上主流報紙：

　　各主流報紙重拾漫畫雄風，陸續在主辦報紙上的副刊大量登載漫畫作品。二十世紀一〇年代（1910—1919）末期，由於專業性漫畫雜誌誕生，各報紙附刊上的漫畫作品逐漸減少，除了《時事新報》1919年1月至9月曾開闢過每週出版一次的《潑克》漫畫副刊外，它的主要陣地開始向漫畫雜誌轉移。直到三、四〇年代，作為報紙副刊或附刊的手繪漫畫才又開始活躍在報紙上，它們通常是在各地的報紙上以固定的副刊版面形式出現，其中直接用「漫畫」命名的副刊，據粗略統計約五十餘種，見下述目錄，這裡不再具體敘述。

表六：報紙副刊「漫畫專版」簡目

副刊名稱及刊期	隸屬報名	出版地	編輯或主辦人	創停刊日期
《每週漫畫》週刊	《世界日報》	北平		1935年3月—6月（1-18）
《漫畫》週刊	《華北新報》	北京		1944年10月—12月
《星期漫畫》週刊	《時代日報》	北平		1947年8月—9月（1-7）
《星期漫畫》週刊	《時代日報》	上海		1932年7月—8月（2-3）
《晨報漫畫》	《晨報》	上海	青白漫畫會編輯	1932年10月—1934年3月
《社會星期漫畫》週刊	《社會日報》	上海	士英主編	1933年6月—10月
《每日漫畫》日刊	《世界日報》	上海	陳靜生主編	1935年8月—10月（1-68）
《漫畫俱樂部》	《小晨報》	上海		1935年11月—12月（1-7）
《漫畫週刊》週刊	《華美晚報》	上海		1937年8月
《救亡漫畫》五日刊	《救亡日報》	上海		1937年9月—11月（1-11）
《每週漫畫》週刊	《社會日報》	上海	江棟良主編	1938年3月—7月（1-18）
《每週漫畫》週刊	《大美晚報晨刊》	上海		1938年4月26日（1），本刊原附刊於《大美晚報晨刊》，1938年5月1日該報改名《大美報》，本刊在該刊繼續刊行。
《每週漫畫》週刊	《大美晚報》	上海		1938年5月3日—6月28日（2-10），原附刊於《大美晚報晨刊》，1938年5月1日該報改名《大美報》，本刊在該刊繼續刊行。
《卡通》	《正報》	上海		1939年4月—5月（1-7）

副刊名稱及刊期	隸屬報名	出版地	編輯或主辦人	創停刊日期
《每週漫畫》週刊	《中華日報》	上海		1939年11月—1940年12月
《漫畫》	《新申報》	上海		1941年8月—12月
《十日漫畫》十日刊	《新申報夜報》	上海	江棟良主編	1941年11月—？
《每週漫畫》週刊	《光華日報》	上海	江棟良主編	1945年4月—8月（1-16）
《每週漫畫》週刊	《鐵報》	上海		1946年7月—1947年1月
《畫廊》週刊	《商報》	上海		1946年10月—12月（1-11）
《漫畫》	《天津華北新報》	天津		1944年10月—11月
《圖畫週刊》週刊	《朝報》	南京	高龍生繪編	1935年12月4日—25日（4-7），1936年1月8日起改用《一周漫畫》，期數另起。
《一周漫畫》週刊	《朝報》	南京	高龍生繪編	1936年1月—1937年3月（5-18）本刊原名《圖畫週刊》，1936年1月8日起改用現名，期數續前。
《漫畫半周》	《中央日報》	南京	黃堅主編	1946年9月3日—12日（1-4）1946年9月19日起改名為《漫畫一周》
《漫畫一周》週刊	《中央日報》	南京	黃堅主編	1946年9月—12月（5-18），原名《漫畫半周》，1946年9月19日起改用現名，期數續前。
《星期畫刊》週刊	《中國時報》	南京		1947年4月6日—13日（13）
《週末畫刊》週刊	《南京晚報》	南京		1948年4月—9月
《漫畫》	《中央日報》	南京		1949年1月（1-9），增刊（1949年1月12日）
《錫報漫畫》	《錫報》	江蘇無錫		1937年8月2日（17）
《抗敵畫刊》	《抗敵導報》	杭州	杭州藝術專校編輯	1937年10月—11月（1-8）
《民間漫畫》	《小民報》	福州	人生漫畫社編輯	1936年4月
《卡吞》	《華報》	福州	人生漫畫社編輯	1936年6月—9月（1-15）
《十日漫畫》十日刊	《小民報》	福州	鄧向椿等編輯	1936年9月5日—1937年5月20日
《人生漫畫》	《華報》	福州	王竹生主編	1936年10月5日—12日（4-5）
《美術圈》週刊	《楚聲報》	漢口	魯捷主編	1948年9月1日—11月28日（1-11）
《畫刊》週刊	《中國新報》	南昌		1946年6月—12月（51-55）

副刊名稱及刊期	隸屬報名	出版地	編輯或主辦人	創停刊日期
《漫畫週刊》週刊	《華僑日報》	香港		1947年2月—1948年12月，原名《漫畫週刊》1949年1月11日第99期起改名《漫畫兩週刊》。
《漫畫之窗》週刊	《星島日報》	香港		1947年3月—11月，原名《漫畫之窗》，1947年11月23日起改名為《漫畫》。
《兩周畫刊》	《華商報》	香港		1947年7月—10月（1-6）
《漫畫》週刊	《星島日報》	香港		1947年11月—12月，原名《漫畫之窗》，1947年11月23日起改用現名。
《漫畫與木刻》	《星島日報》	香港		1947年12月—1948年8月（1-24）
《漫畫雙週刊》半月刊	《文匯報》	香港	李誠主編	1948年10月—1949年2月（8—11），原名《漫畫週刊》，1949年1月11日第99期起改名《美術雙週刊》
《漫畫》雙週刊	《星島日報》	香港		1948年12月—1949年3月（1-9）
《漫畫兩週刊》	《華僑日報》	香港	李誠主編	1948年10月—1949年2月（1-100）1949年1月11日第99期起改名《美術雙週刊》
《美術雙週刊》	《文匯報》	香港	李誠主編	1949年3月—4月（12-15），原名《漫畫週刊》，1949年1月11日第99期起改用現名。
《赤光》	《民視日報》	成都		1926年10月—11月（1-5）
《每週漫畫版》週刊	《新新新聞》	成都		1937年4月—1942年12月
《萬象》	《新中國日報》	成都		1947年8月—1949年5月
《星期漫畫》週刊	《商務日報》	重慶	星期漫畫社編輯	1945年8月—9月（10-17）
《漫畫月刊》月刊	《天文臺》	重慶		1945年8月—12月（1-5）
《星期畫刊週刊》	《新民報晚刊》	重慶		1946年3月
《漫木半月刊》半月刊	《新康報》	西康西昌		1943年2月1日（7）

參、漫畫陣營中的兩軍對壘：
　　抗敵號角：《救亡漫畫》與《抗戰漫畫》
　　漢奸之調：《北京漫畫》和《中國漫畫》

　　中國漫畫源於政治時事漫畫。每當發生重大的社會變革時，此類漫畫總是最先敏銳察覺並捕捉到這種變化，尤其是新聞時事漫畫本身就兼具了既有新聞特性又有藝術特性的雙重性質。這種特殊的功能，加大了此類畫種具有鮮明的政治性、時事性和戰鬥力。抗戰漫畫的出現，正是反映了中國近代這一特定戰爭時期的時代風雲。它與清末民初盛行一時的政治諷刺漫畫一脈相承，只是漫畫的內容隨著時代的推移而改變，抗戰漫畫很快成為三〇年代末，四〇年代上半期畫壇的主流畫種。

　　最初的抗戰漫畫出現在1931年「九一八」事變後，它們大都以分散的形式陸續出現在各漫畫雜誌或各報刊上。1937年「七七」事變後，市場上開始出現了以「抗戰」為主題的漫畫雜誌，《救亡漫畫》、《抗戰漫畫》（同名有兩種）、《抗敵漫畫》、《戰時畫刊》、《抗敵畫報》、《抗戰畫刊》、《漫畫戰線》、《廣州漫畫》、《戰時藝術》、《戰爭畫報》、《戰鬥美術》、《晉西北大眾畫報》、《動員畫報》、《戰地畫刊》、《抗建畫刊》、《抗建通俗畫刊》、《戰時後方畫刊》等近二十種，這批抗戰漫畫畫報從1937年9月至1940年先後在上海、武漢、重慶等地出版。同時，這時期出版，且並未以「抗戰」命名的其他漫畫雜誌，如：《漫畫戰線》（1938年）、《漫畫木刻》（1939年）、《漫木旬刊》（1939年）、《刀與筆》（1939年）、《工合畫刊》（1940年）、《漫畫木刻月選》（1940年）、《半月漫畫》（1940年）等，它們大部分內容也都是刊載抗戰主調的漫畫。其

中的代表為《救亡漫畫》和《抗戰漫畫》。

《救亡漫畫》1937年9月20日創刊於上海。同年11月停刊，共出12期。它是抗戰時期第一份以「抗戰」為主題命名出版的漫畫雜誌，也是在「八一三」淞滬抗戰爆發後，在抗擊日寇侵略的隆隆炮火槍口下最先誕生的漫畫雜誌。其主辦者為上海抗敵後援會漫畫界救亡協會。漫畫界救亡協會成立於1937年的上海霞飛路（今淮海中路）240號——上海時代圖書公司。這是一個匯聚了中國漫畫精英的戰鬥組織。他們用手中的畫筆與侵略者鋼鐵炮火進行了一場「驚天地，泣鬼神」的殊死「漫畫戰」。《救亡漫畫》就是該協會在這場「漫畫戰」的主戰場，作為1937年8月24日創刊的《救亡日報》的附刊，它以五日刊的形式在戰火中誕生，由魯少飛為發行人，章乃器題寫刊名，王敦慶撰發刊詞，蔡若虹創作了〈永葆青春〉、〈全民抗戰巨浪〉的創刊號封面。葉淺予、張樂平、特偉、胡考、梁白波、丁聰、江棟良、沈逸千、張文元、汪子美、張仃、華君武、張諤、沈同衡、張光宇、張正宇、陸志癢、廖冰兄、蔡若虹等漫畫大師們，用他們滾燙的愛國情懷，以筆代刀，加入了這場擔負歷史責任與重任的「漫畫戰場」。總編王敦慶旗幟鮮明的宣稱：「《救亡漫畫》的誕生，是我們主力漫畫戰的發動。因為上海是中國漫畫藝術的策源地」，即使面臨當前「漫畫販子」將「幾個主要的漫畫刊物一律宣告死刑」的艱難時刻，和「我們的漫畫戰一開始便遭遇著類似漢奸的搗亂」，但我們「這小小的五日刊」是「留守上海的漫畫鬥士的營壘」，「準備與日寇作一回殊死的漫畫戰」。在全國幾百個漫畫同志的增援下，「以爭取抗敵救亡最後勝利」。[106] 這篇戰鬥檄文激勵了全國的漫畫工作者，其編委隊伍也從最初的二十

多人迅速增加到四十多人，每期行銷兩萬多份，創造了又一個漫畫雜誌發行數量的奇跡。它不但在上海直接發行，還分別出版過南京、漢口、廣州、香港等版。被時人稱作是「抗戰以來國內的唯一興奮劑」和「抗戰救亡中最強的一環」。

《抗戰漫畫》，1938年1月1日創刊於湖北漢口，半月刊。同年6月出至第12期後停刊。這是繼《救亡漫畫》後又一份具有歷史文獻價值的漫畫刊物。實際上，它也是《救亡漫畫》的姐妹刊。其主辦者是全國漫畫作家協會漫畫宣傳隊。該隊與漫畫界救亡協會有著血脈聯繫，其中的大部分成員同是這兩個組織的成員。漫畫宣傳隊就是在《救亡漫畫》受戰事影響被迫停刊後，在一天之內組織成立的。總領隊是葉淺予。葉淺予，1907年3月1日生於浙江省桐廬縣，原名葉綸綺，筆名初萌、性天等。青少年時涉足繪畫領域，19歲時先後在上海三友實業社、中原書局等任繪畫員，畫過廣告、教科書插圖，時裝設計圖和舞臺美術佈景。1927年在張光宇、王敦慶的力薦下，進入《上海漫畫》開始其漫畫創作生涯，畫下了他的早期代表作品〈王先生〉。對於這段改變其一生路途目標的經歷和背景，葉在晚年的一部回憶錄中曾有詳細的記載：「上海有一份英文日報 China Daily，中文叫《大陸報》，每週附送一份美國長篇漫畫專版，很受讀者歡迎。其中有一篇怕老婆的故事，題為 Bringing up Father，是全版最叫座的一篇。《上海漫畫》為了吸引讀者，打算仿照這個長篇，創作一個中國的漫畫長篇。大家商量由誰來執筆，因為我年輕肯賣力，又無固定職業，可以專心一意為

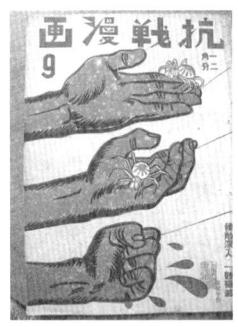

這個長篇下工夫，就叫我幹。最初定名為《上海人》，王敦慶說，這個題目在已失敗的《上海漫畫》見過，太狹窄又不吉利，乾脆把它改為〈王先生〉可以隨便做文章。中國姓王的最多，名字叫得響。他還幫我設計主角的具體形象——瘦長條，尖鼻子，兩撇鬍子，像個久住上海的鄉下財主；給他配上個矮胖太太，加上個愛打扮的女兒。至於他的朋友小陳，是個富家子弟，配上個凶神惡煞般的老婆。五個角色各具性格，關係微妙，比 Bringing up Father 裡那個矮胖老頭兒的性格複雜得多，因此故事表現的內容也豐富得多。然而我當時才 21 歲，生活經驗很少，為人又老實，畫來畫去，總跳不出王、陳兩家之間的男女關係。直到 1930 年前後，接受了《晨報》畫〈王先生別傳〉的任務，思路才開始活躍，題材內容接觸到社會的多方面，擴大了讀者的圈子」。[107] 葉也料想不到，也就是這個長篇連載作品，鑄就了他在中國漫畫界的赫赫名聲。《上海漫畫》停刊後，〈王先生〉又移至《時代漫畫》上繼續刊登，後又受《晨報》邀請，在該報連載了七年，創造了漫畫史上的一個奇跡。1936 年，他又為南京小型報《朝報》創作了又一部長篇連環漫畫力作〈小陳留京外史〉。抗戰爆發後，他作為《救亡漫畫》的編委之一，堅守陣地。《救亡漫畫》停刊的當天，他又擔負起漫畫界救亡宣傳隊隊長的重任，帶領著副領隊張樂平，隊員胡考、特偉等人曾先後赴南京、漢口、鎮江、長沙、上饒、台兒莊、桂林、重慶等地從事漫畫抗日宣傳。1939 年他在香港主編了《今日畫報》。1940 年他來到陪都重慶，先後創作了組畫〈戰時重慶〉、〈明日中國〉等百餘幅。《抗戰漫畫》也就是該隊在漢口宣傳時，經過兩天兩夜的緊張籌劃趕在 1938 年元旦正

式出版。在內容風格上，它完全繼承了《救亡漫畫》的戰鬥風格。在漫畫抗戰的戰線上擔負起自身重擔與責任，成為同時期最有力量的時代號角，畫壇巨筆，在小小的方寸土地，將一顆顆的炸彈投向侵略者，喚醒並激勵全國民眾的抗敵意志和力量。《抗戰漫畫》各期封面作品或充滿著中國人民戰鬥的意志及力量，或描畫日本侵略軍身陷全國人民反日浪潮的汪洋大海中，或展示全國軍民誓死保衛國家抗擊日寇入侵的堅強決心。尤其是它連續報導刊載的全國抗戰美術展上的各幅招貼海報，如〈精忠報國、為國犧牲〉、〈誓死全面抗戰的義勇軍〉、〈敵軍個個怕死〉、〈向中國陸空軍致敬〉等，主題鮮明，看後令人熱血沸騰。

此外，1939年10月創刊於浙江金華《抗衛軍畫刊》和1938年創刊於武昌的《抗戰畫刊》也值得一提。前者由浙江省抗衛總司令部政訓處宣傳科編輯發行。同年12月停刊，共出5期。刊中主要發表抗日主題的漫畫。第1卷第3期為〈討汪特輯〉，所有漫畫作品形象深刻的嘲諷甘當日本卵翼庇護下「兒皇帝」汪精衛的傀儡政權。後者署趙望雲主編。抗戰畫刊社編印。華中圖書公司發行。後因戰局不斷變化從武昌先後遷移長沙、桂林到重慶。儘管戰局緊張，出版條件惡劣，但編者們仍然堅持手握畫筆，直至1941年1月出至36期後才停刊。在這份刊物上發表過張文元創作的一組抗戰宣傳連載漫畫，以及特偉的漫畫作品〈亡國的民族被逼榨上死路〉。

抗戰時期與抗戰漫畫大唱對臺戲的漫畫文獻中，有一批鼓吹漢奸老調在日軍淪陷區出版的漫畫雜誌，其中最典型的要數南北呼應，同唱一曲「和平救國」調子的《北京漫畫》和《中國漫畫》。

《北京漫畫》它是北方淪陷區中出版時間最長

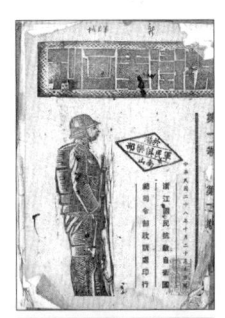

的漫畫畫報。1940年6月創刊於北平。署武德報社編輯發行。每月出版一期。1943年9月出版至第4卷第9期後停刊。次年，該刊的原編輯們又在1944年2月改頭換面地出版了《中華漫畫》，名稱雖然改變了，但它的基本編輯及漫畫創作隊伍仍然是《北京漫畫》的一班人馬。由漫畫界的文化漢奸們組織的「華北漫畫協會」編輯。仍歸武德報社發行。1944年5月出版至第4期後停刊。

《中國漫畫》是南方淪陷地區文化漢奸主辦的漫畫畫報。1942年10月創刊於上海。署中國漫畫社編輯發行。1943年5月停刊，共出6期。兩刊儘管出版地不同，但在思想內核上惺惺相惜，南北呼應，同彈一曲。所發表的圖文或粉飾太平，鼓吹「東亞樂土」，或同唱建立「東亞新秩序」，或醜化美、英、中、蘇聯等國的反法西斯陣營，或鼓吹日德義同盟的所謂友誼和戰果，或明目張膽的美化淪陷區的所謂種種成就等。兩刊的漫畫作品充斥著投降賣國的論調，瓦解全國人民的抗日鬥志，腐蝕著生活在淪陷區裡醉生夢死的民眾靈魂。1945年8月隨著抗日戰爭的勝利，這類文化垃圾也被清除出歷史的舞臺，被釘在了中華民族的恥辱柱上，永遭人民的唾棄。

如果說，清末民初的政治時事新聞漫畫開創了中國近代漫畫作品的濫觴，那麼，抗戰漫畫刊物可說是在整個近代漫畫史上創造了最輝煌燦爛的一頁，它所取得的成就，也是最值得大書特書的一頁。漫畫家們身上和作品中所體現出來的幽默與倔強、機智與堅韌、樸實與浪漫、稚拙與犀利、含蓄與狂熱、冷靜與衝動、樂觀與憂悶、詼諧與嚴

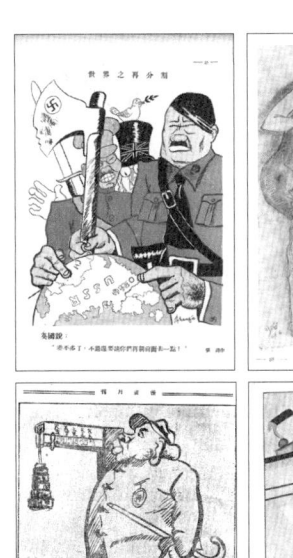

肅、包容與忍耐，淡定與超然、洞察與感悟、理性與感性，有機融合，天然渾成。為我們留下了一批極其珍貴的近現代優秀圖象文化遺產。這份文化遺產至今仍在發展，並無衰落期，大陸上每逢政治運動時，漫畫就特別活躍，如：三反五反鬥爭、反右鬥爭、文化大革命、反擊右傾翻案風、粉碎四人幫等。之所以沒有衰落期，是因為該畫種直到今天仍在迅猛發展，顯示出無限的生命張力。在新的時代環境下，它正在形成一種強大的文化產業——動漫作品，一個市場的新寵兒。這已是後話，不在本書論述範圍之中了。

本章注釋

92. *Punch*，1860 年 12 月 22 日。
93. William Blakeney, *On the coasts of Cathay and Cipango forty years ago: a record of surveying service in the China, Yellow and Japan seas and on the seaboard of Korea and Manchuria* 中選自 *Punch* 的插圖，London: Elliot Stock, 1902。
94. 江沛揚，〈廣府漫畫文化與社會變革〉，《海珠文藝》。2009。
95. 《中國新報》第 1 期。1907 年 1 月。
96. 《中國近百年歷史圖集》。香港：七十年代出版社，1975。
97. 葉淺予，《細敘滄桑記流年》。北京：群言出版社，1992 年 1 月。
98. 〈我們的畫〉，《漫畫生活》創刊號。1934 年 9 月。
99. 〈開場白〉，《漫畫生活》創刊號。1934 年 9 月。
100. 張諤，〈編後記〉，《漫畫和生活》創刊號。1935 年 11 月。
101. 〈編者補白〉，《時代漫畫》創刊號。1934 年 1 月。
102. 〈編者按語〉，《時代漫畫》第 25 期。1936 年 1 月。
103. 〈發刊之話〉，《漫畫界》創刊號。1936 年 4 月。
104. 同前註。
105. 〈編印話〉，《漫畫界》第 7 期。1936。
106. 〈漫畫戰〉代創刊詞，《救亡漫畫》創刊號。1937 年 9 月。
107. 葉淺予，《細敘滄桑記流年》。北京：群言出版社，1992 年 1 月。

第五章

各具風采的專題畫報

二〇年代至四〇年代,畫報界出現了另一個突出特點是該階段出版了大量專業性畫報。它們與前述的綜合性畫報類不同,具有三大特徵:

1. 以特定的報導物件為素材,在某一領域中掌握新聞,並採用「畫報」的這一名稱或形式出版,在市場上獨領風騷。

2. 專題專刊性質的特刊畫冊,他們或採用號外圖畫形式,或集中報導中外時事新聞上的突發事件,或是紀念一些重大的節慶活動、報刊紀念活動和重大體育賽事的畫報。

3. 以畫報的形式,出版某一機構或個人的專集專號。這類畫冊或記錄某人的生平經歷,或宣稱某人的藝術活動,或介紹某機構基本概況。

上述特徵的畫報或畫冊在數量上遠超綜合性畫報,在文獻史料價值上也具有特殊的研究價值。從內容上粗分,它可分為電影類畫報、戲劇戲曲類畫報、漫畫類畫報(第四章已述)、兒童類畫報、美術類(包括木刻金石書畫)畫報、攝影類畫報、娛樂類畫報、個人專集類畫報、特刊專號類畫報,以及其它類畫報。下面將選擇其中發行數量較廣的五類專題性畫報加以概述。

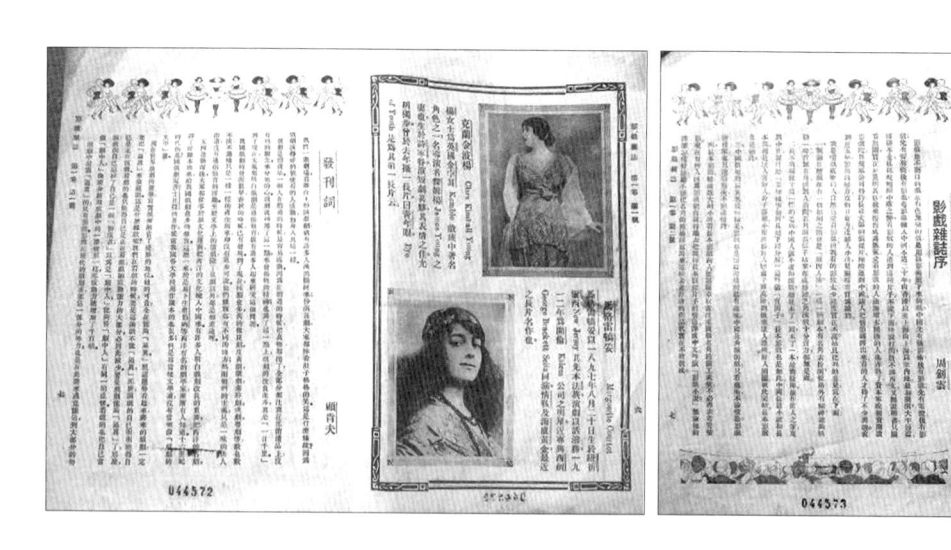

第一節
蒙太奇鏡頭的記錄者：電影類畫報

電影畫報是中國專業類畫報中發行數量最多，市場銷路最廣的畫報了，很難將它與電影雜誌相區別，因為絕大多數電影類刊物多是圖文並茂的形式。據《中國電影出版物總目提要》統計，1949 年前出版的電影連續出版物、報紙、書籍總數大約有一千餘種。其中圖文並茂的電影畫報至少有兩百餘種。據現存實物資料，以及 1921 年 2 月 3 日《申報》上刊登的《影戲叢報》出版的大幅廣告，《影戲叢報》可能是最早出版的電影刊物之一。這份採用石印技術刊印的專業雜誌僅出了 1 期，署影戲叢報社編輯出版，由但杜宇繪畫。其內容純粹清一色的介紹美國好萊塢的影星軼事花絮及影壇動態消息，較有價值的是所闢的「影戲人物匯志」專欄，介紹了卓別林、羅克、威理姍、賈克等共 16 位美國默片時期的代表人物傳略。接著出版的還有如下幾種：

1.《影戲雜誌》：

1921 年 12 月創刊於上海，由顧肯夫、陸潔、張光宇合編。第 1、2 期由中國影戲研究會發行，第 3 期起歸屬明星影片公司發行，共出 3 期。該刊是中國最早出版的第一本銅版印刷的電影雜誌，其時中國電影尚處啟蒙階段。顧肯夫撰的〈發刊詞〉和周劍雲的〈序〉是兩篇重要的電影文獻：前者宣告其四點宗旨：「發揚影戲在文學美術上的價值」、「介紹有價值的影片給讀者」、「防止有害片的流行」、「在影劇上替我們中國人爭人格」；後者概括了電影傳入中國的簡

史和中國電影現狀，它們傳達了早期中國電影人發展本國電影的聲音和立場。它的另一貢獻是將電影的多種專業名詞譯介到中國，如「導演」、「明星」、「電影本事」等詞彙，均由本刊首譯而流傳，開風氣之先。該刊共發表各類文章19篇，其中有關論述中國電影的僅一篇，絕大多數是報導國外電影界資訊、介紹外國影片內容和明星，還發表了好萊塢默片時期的幾幅劇照。這種情況在早期出版的電影雜誌中較為常見，它是受當時中國電影事業剛起步現狀所制約的集中體現。〈中國影戲談〉、〈滑稽影片底變遷〉、〈明星影片股份有限公司組織緣起〉、〈對於商務印書館攝製影片的評論和意見〉等文，是研究中國早期電影起源的史料文章。

2.《晨星》：

1922年1月28日創刊於上海。署晨社出版。1925年1月停刊，共見12期。作為中國早期重要的電影雜誌之一，它雖然不是某個電影公司的宣傳雜誌，但它與明星公司有著密切的關係，該刊的主編任矜萍就是明星公司的五大虎將之一。它的出版意義主要有二點：第一，這是電影雜誌出版史上第一本完全介紹、評論和報導國產影片的雜誌。時任明星影片公司「老闆」的周劍雲，在〈導言〉中明確的指出，發行本刊的最重要使命是「使得中國影戲之路，早日開闢成功」。第二，開創了中國電影刊物史上每一期圖文並茂地專門介紹一部影片的「特刊」先河，見有《孤兒救祖記》、《棄兒》、《玉梨魂》、《苦兒弱女》、《誘婚》、《水火鴛鴦》、《棄婦》、《電影藝術會》等，內容包括本事、字幕、劇照、演職員表、編導闡述、演員小史和拍攝過程等。這種以每部電影片名編排的「特刊」形式，直到1925年後才被其他影片公司所仿效，並開始盛行起來。

3.《電影雜誌》：

　　1924年5月創刊於上海。顧肯夫、程奇高、朱瘦菊主編（第10期起李懷麟主編，13期起蔡曉白主編）。晨社出版。月刊。1925年秋出版第13期後停刊。該刊以扶助中國電影事業，介紹外國先進經驗為宗旨，先後闢有影片評論、晶片劇本、藝術論壇、電影家小傳、讀者意見等欄目。發表了一批品質較高、視角獨特、史料豐富的學術性論文，如戈公振的〈影戲和新聞事業〉、程步高的〈電影攝製論〉、鳳昔醉的〈中國影戲的服裝問題〉、馬兒先生的〈中國影戲劇本的必要特點〉、王漢倫的〈我入影劇界之始末〉、鄭正秋的〈我之編劇經驗談〉等。12期曾出卓別林導演的《巴黎一婦人》特輯。該刊在中國電影刊物上的功績有二點：一是曾發起過外國影片和國產影片的選優打分活動，這是中國現代史上最早的電影評選活動。二是最早在電影刊物中，以中國電影界的明星作為雜誌封面，如張織雲、黎明暉、蕭養素、鄭鵬鶴、鄭小秋等，其意義也在於宣導張揚國產電影。

4.其他：

　　此外還有1924年12月創刊於北京的《電影週刊》（共出6期），和1924年6月創刊於浙江嘉興《明星》半月刊（主編沈劍儒、沈西貧。另聘周瘦鵑、許謹夫、施濟群為名譽編輯。嘉興明星社發行，同年7月停刊，共見3期）等。

　　最初印行問世的這批電影刊物夾文夾圖，它們可說是客觀記錄中

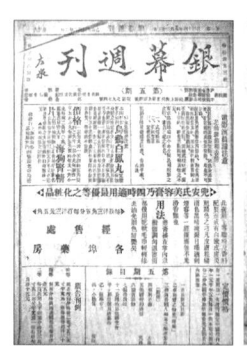

國早期電影的先驅文獻，具有以下特點：

第一，在宗旨上，強調要振興中國自己的電影事業，發揚民族精神，宣傳電影在文學美術上的價值。

第二，在內容上，多數刊物卻與宗旨背道而馳，千篇一律以報導外國影壇動態及演員為主。如《影戲雜誌》19篇文章中，只有一篇是論及中國電影的。這種背離的矛盾現象卻印證了中國電影早期起步維艱的現狀。

第三，開始出現了以宣傳中國影片為主的電影畫報。如《晨星》、《電影雜誌》、《銀幕週刊》等。它們標誌著純粹的中國電影刊物登上了歷史舞臺。尤其是《晨星》的編列體系，開創了每期宣傳一部國產影片的風格，類似於特刊專集的「先河」。

1925年至1927年是中國電影刊物，尤其是電影畫報高速發展的歷史時期，全國出版的電影雜誌達二十多種，僅就上海地區的電影畫報而言，1925年就出版了12種，1926年10種，1927年4種。形成這種繁榮景象的支撐主柱是中國電影事業的迅速崛起，據1927年出版的《中華影業年鑑》統計，就在這段時間，中國各地成立的電影公司高達175家，上海為魁，獨佔141家。也就在1925年，中國第一本《電影年鑑》（周劍雲編輯）、第一張電影專業報紙《電影》（電影研究社編輯出版）、第一部正規的電影劇本《申屠氏》（洪深編劇），以及一些專集、譯著等都是在這年出版，從一定意義上講，1925年是中

國電影事業起步與進入繁榮發展階段的分水嶺。其中主要的有：1925 年 3 月 1 日創刊於上海，由湯筆花、何時辛、程步高、周世勳編輯的《影戲春秋》（平民書局發行，共出 12 期），1925 年 4 月 20 日和 25 日，分別創刊的《電影週報》（舒廷浩編輯，上海晨社發行，共出 3 期）和《銀幕週刊》（李伯鈞、金健侯等人編輯，共見 5 期，附圖畫增刊）；以及 1925 年 5 月 1 日創刊，周劍雲、宋癡萍編輯的《明星特刊》（1928 年 1 月停刊，共出 29 期）。1925 年 9 月 19 日創刊，王西神主編的《明星畫報》（同年 12 月停刊，共出 14 期）。1926 年 9 月 1 日創刊，盧夢殊、陳炳洪編輯的《銀星》（1930 年 4 月與《體育世界》合併，改名為《新銀星與體育》，1931 年 3 月又改回原名，10 月停刊，共出 49 期）。1926 年 10 月 25 日創刊，周瘦鵑、駱無涯等編輯的《電影畫報》。1927 年 1 月 1 日創刊，倫德、周觀、鄭漱芳等先後主編的《中國電影雜誌》（1929 年 2 月 1 日停刊，共出 15 期）等等。現摘其要者簡介如下：

1.《電影週報》：

　　1925 年 4 月 25 日創刊。舒廷浩編輯。上海晨社發行。同年 5 月 9 日出版第 3 期後停刊。該刊由同名小報改為雜誌。任矜萍撰寫的《本報改冊之發行辭》中闡明宗旨為「凡中國自製影片之公司，吾人皆樂為贊助，而促其進步」。設有中外明星小史、影界新聞近訊、影片劇情概述等欄目。內容偏重介紹普及電影知識，報導影界動態和影片評論等。

2.《明星特刊》：

　　1925 年 5 月 1 日創刊。周劍雲、宋癡萍編輯。明星影片公司發行。

1928 年 1 月停刊，共出 29 期。本刊是公司特刊中創刊時間最早，發行時間最長的一種雜誌。作為明星影片公司的宣傳刊物，凡是每拍一部影片，就出版一期特刊，幾乎網羅從 1925 年至 1927 年間該公司拍攝的所有影片。每期約八十頁，包括兩大部分：上半部主要是新片介紹，包括導演闡述、演員介紹、影片本事、攝製過程、字幕劇照等；下半部是摘錄各報影片評論，譯介國內外電影理論文章等。主要撰稿人有周劍雲、洪深、包天笑、萬籟天、歐陽予倩等。

3.《民新特刊》：

1926 年 7 月 1 日創刊於上海。1927 年 5 月 4 日出版至第 6 期後停刊。不定期刊。編輯歐陽予倩、朱維琪、芳信、魯少飛等。民新影片股份有限公司發行。本刊為民新影片公司的宣傳特刊。每期刊登該影片公司最新拍攝的一部影片，圍繞該部影片發表導演闡述、劇情本事、演員、電影劇照和影片評論。所拍影片的編劇和導演多為當時的著名影人，如卜萬蒼、歐陽予倩、候曜、黎民偉。主要撰稿人有田漢、朱應鵬、徐卓呆、史東山等。

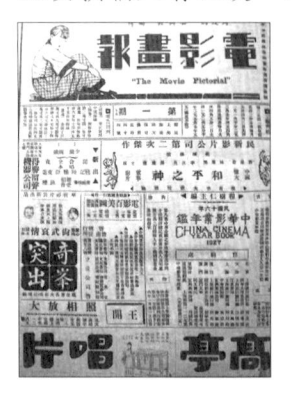

4.《電影畫報》：

1926 年 10 月 25 日創刊，歷任編輯周瘦鵑、駱無涯、楊耐時、曹蝸隱、盧雅雲等。三日刊。1927 年 12 月 2 日出至第 51 期後停刊。本刊雖名畫報，但卻是八開四版小報性刊物。其刊物形式顯然受到當時風靡報刊市場的三日刊小報形式之影響。宗旨為「討論電影藝術，鼓吹電

影事業」。[108] 內容側重報導各電影公司消息、傳遞電影界動態，刊登影人影片劇照廣告等。開闢有聞必錄、明星小傳、影壇珍聞等小欄目。1927年初還曾發起過國產影片選舉活動。

5.《明星畫報》：

1925年9月19日創刊。王西神主編。同年12月停刊，共出14期。上海明星畫報社發行。三日刊。本刊是電影畫報中最早使用「畫報」兩字的電影刊物，圖畫文字各占一半。主要刊登明星逸事、影壇花絮、影片本事、明星照片、電影劇照、短評和廣告等。撰稿者多為通俗文學家，其編輯風格純受《上海畫報》之影響。

6.《新銀星》：

1926年8月創刊。盧夢殊，陳炳洪編輯。1930年4月與《體育世界》合併，改名為《新銀星與體育》，1931年3月又改回原名，10月停刊，共出49期。新銀星雜誌社出版。本刊是影響力較大的電影刊物。編者宣稱宗旨為「提倡電影藝術」，並「引起閱者研究電影的興趣」。[109] 設有調查、片評、銀燈珍聞等小欄目。內容偏重電影理論、影片批評、電影知識介紹和影壇動態消息。尤其大量報導了黃宗沾、有聲電影、範朋克訪華等事件，發表了《1930年度在上海開演外國有聲影片一覽》等史料文。撰稿人有周瘦鵑、張若谷、歐陽予倩、伍聯德、田漢、孫師毅、楊小仲等。

7.《中國電影雜誌》：

1927年1月創刊於上海。中國電影雜誌社

編輯發行。共出 15 期。本刊早期分為中文英文兩部分,主要介紹歐美電影及消息。第 5 期鄭漱芳接編後,宣稱宗旨「志在以世界電影常識灌輸於中國人,而同時又想把中國固有的文明藉銀幕表現介紹到外國去」[110],內容有所轉向,加重國產影片的討論、評論和介紹,發表了〈上海電影事業之現狀〉、〈國產影片中的兩個問題〉、〈電影的新趨勢〉、〈電影在文藝上的新估價〉等文章。撰稿人有黃嘉謨、盧夢珠、晨光、聶光地等。

8.《影報畫刊》:

1929 年 7 月 14 日創刊於上海。聯業編譯廣告公司編輯出版。同年 10 月 27 日出版至第 2 卷第 2 期後停刊,共出 15 期。本刊注重報導歐美電影界的各類消息動態。刊登了大量好萊塢影壇影片的劇照、影訊、影人近況和電影小說。偶爾報導中國影壇消息和明星的行蹤。

這時期的畫報,具有如下特點:

一、採用銅鋅版印刷技術印製:

這類畫報與同時代崛起的《上海畫報》等一樣,大多均採用銅鋅版印刷技術印製,各刊上均配有精美的銅版製的電影明星或電影劇照

的圖片。如《中國電影雜誌》，全部採用重磅紙精印，其製版裝幀十分精美，號稱一流。又如：《明星的特刊》採用道林紙精印，品質毫不遜色《上海畫報》。極大多數都採用中外電影明星照片作其封面。

二、以「畫報」二字作刊名：

首次在該類刊物上正式使用「畫報」二字作為刊名，如：《明星畫報》、《電影畫報》等，攝影圖片明顯增多，有的占全刊的50％。

三、出版電影刊物：

出現了一批以電影公司為基礎，自辦宣傳本公司影片和演員陣容的特刊類刊物。如：長城公司編印的《長城特刊》、大中華百合影片公司編印的《大中華百合特刊》、鳳凰影片公司出版的《鳳凰特刊》、天一影片公司編印的《天一特刊》、民新影片股份公司出版的《民新特刊》、國光影片公司出版的《國光特刊》等等。以中國劇作家、評論家、電影家主辦的電影刊物開始占據主流地位。如前例的主要刊物，均在此列。它們注重宣傳和評論國產影片，介紹本國演員，探索和反思中國電影的發展之路。

時間跨入三〇年代後，電影畫報已成為市場

上最暢銷的刊物種類。自 1928 年至 1949 年，在上海一地，就出版了一百七十餘種，這時期畫報類的電影刊物具有如下幾個特點：

（一）左翼電影刊物嶄露頭角

盛行於二〇年代中期的神怪片、武俠片的電影刊物幾乎銷聲匿跡。反映現實生活、注重思想精華、凸顯社會民族危機的左翼電影刊物登上歷史舞臺。主要有：1932 年 7 月 8 日創刊，由陸小洛、沈西苓編輯的《電影藝術》。1933 年 5 月 1 日創刊，由夏衍、阿英、鄭伯奇任顧問，陸小洛編輯的《明星月報》。1935 年 5 月創刊，由孫師毅、袁牧之、許幸之、司徒悲敏編輯的《電通》。1936 年 10 月 10 日創刊，由凌鶴主編的《電影戲劇》等等。它們引領著整個中國電影界的前進方向，催生著一批朝氣蓬勃的新電影人，開創著電影畫報的新局面。它們曾與劉吶鷗、黃嘉謨等主編《現代電影》（1933 年 3 月創刊）等刊物鼓吹的「軟性電影」展開過爭論。其中又以《電通》、《電影戲劇》和《電影藝術》為代表。

1.《電通》：

1935 年 5 月創刊。孫師毅、袁牧之、許幸之、司徒慧敏編輯了前 12 期，第 13 期由唐納主編。同年 11 月停刊，共出 13 期。著名攝影家吳印咸拍攝，每期 6 至 8 頁，為四開版長條式，由上海電通股份有限影業公司出版。該公司乃是中國現代左翼電影發源地之一，在上世紀三〇年代的左翼文化運動中，所拍的影片在觀眾中影響巨大，作為

電影界左翼運動的旗幟，它忠實的記錄了該電影公司所拍影片的主要創作過程、主要演員的各種消息和動態，所有封面封底一律採用該公司拍攝的演員劇照。依次為：第一期封面陳波兒，封底是袁牧之。第二期封面王人美，封底是袁瑛、袁牧之。第三期封面王瑩，封底是施超。第四期封面藍蘋，封底是周伯勳。第五期封面陸磊明，封底是顧夢鶴。第六期封面王瑩，封底是施超、藍蘋、周伯勳。第七期封面聶耳，封底是鄭正秋。第八期封面張新珠，封底是唐納。第九期封面白璐，封底是蔡若虹。第十期封面群體演員，封底是袁牧之。第十一期封面陳波兒，封底是唐納、張新珠。第十二期封面周駿（錄音師），封底是金山。第十三期封面王瑩，封底是顧而已。所有13期的照片和文字都圍繞「電通」拍攝的四部影片《桃李劫》、《風雲兒女》、《自由神》、《都市風光》而發，尤其是第7期〈紀念聶耳特輯〉，發表了聶耳的作曲《義勇軍進行曲》，聶的書信手跡、歌曲遺稿、生平照片和作品目錄、悼念文章等，十分珍貴。撰稿人除編者外，還有趙元任、黃自、賀綠汀、王瑩、陳波兒等人。正是因為這份刊物刊登了毛澤東夫人藍蘋（江青）的照片等資料，文化大革命引來了許多人的殺身之禍，這已是後話了。

2.《電影戲劇》：

　　1936年10月10日創刊於上海。主編凌鶴。電影戲劇社出版。同年12月10日出至第3期後停刊，共出3期。編者宣稱在中華民族生死存亡的關頭，本刊「應該變為爭取民族自由解放的戰場」[111]，它的編輯方針是「通俗而不庸俗」、「嚴肅而不晦澀」。[112] 該刊注重創作和影評。創作多為劇本，影評側重電影理論。相繼刊登過歐陽予倩、蔡楚生、吳永剛、史東山等著名導演有關話劇電影領域的創作經驗文章。第2期為紀念魯迅先生逝世特輯，發表了歐陽予倩的〈不要以

悲哀來紀念魯迅之死〉，敘述了上海明星影片公司拍攝魯迅逝世新聞片的全過程，具有較大的史料價值。主要撰稿人多為影劇界人士，如田漢、洪深、于伶、陽翰笙、陳白塵等。

3.《電影藝術》：

1932年7月創刊於上海。同月29日出至第4期後停刊。編輯陸小洛、沈西苓。電影藝術社發行。本刊是左翼電影工作者主編的理論批評雜誌。它接受中國共產黨領導下的電影小組領導。申明宗旨為：公開的鬥爭，客觀的批判，學術的介紹。許多文章揭露抨擊電影界的現實狀況，尤其是對放映日本狂熱宣傳侵略中國的侮辱影片，中國政府卻下令不准放映抗日影片的行為，以及美國壟斷資本公開打入中國電影界的企圖，予以譴責和批判。並發表了一批剖析中國電影界時代使命、回顧自己創作經歷並報導國外有聲電影進展的文章。撰稿人有聶耳、孫瑜、金焰、沈西苓、司徒慧敏、鄭伯奇等。

(二) 電影公司主辦畫報成為主力軍

一批以電影公司雄厚財力為後臺的「電影畫報」成為主流刊物。這些刊物極大多數均以圖片為主，且採用了影寫凹版印刷技術。其中較典型的是《聯華畫報》，《中國藝壇畫報》、《明星》畫報、《電聲》和《青青電影》。

1.《聯華畫報》：

1933年1月1日創刊於上海，歷任編輯王紹清、沈浮、唐瑜、丁聰等。初為週刊，5卷期起改為半月刊。1937年8月1日因受淞滬抗

戰影響被迫停刊。共出 152 期。該刊是上海聯華影業公司的宣傳刊物，主旨為「站在國產影業運動的路線，來說明並介紹聯華的行程」。[113] 在此之前，該公司還曾出版過《影戲雜誌》（1927 年 7 月創刊）和《聯華週報》（1932 年 12 月 3 日創刊）。該刊版式分早期和後期，早期為橫式十六開，後期改為豎式十六開。早期封面刊登了阮玲玉、林楚楚、童星黎鏗等照片。設有情報、短文、論著、編導說創作回顧、電影劇本小本事、讀者問答、國內外電影大事記、漫畫等欄目。它以圖文並茂的形式介紹了所有該影片公司的電影作品。田漢、沈西苓、金焰、馬徐維邦、朱石麟、鄭君里、楊少仲、陳燕燕、黎莉莉、韓蘭根、殷秀岑等一大批著名電影人的作品和文章均在本刊上發表。

2.《電聲》：

1932 年 5 月 1 日創刊於上海。創辦人即是《攝影畫報》的林澤蒼。主編梁心璽、范寄病等人，梁是林的夫人。初創時是一份

每日出版的方型小報，名《電聲日報》，內配電影圖片，品質粗糙。1934年1月12日改版成十六開本，大幅增加影寫圖片，成為一份圖文並茂的電影畫報。每週發行一次。編者挑明本刊出版目的在於「給讀者充分的電影新聞及有趣消息」，並「於新舊的影片予以公正的評價，給一般觀眾予以參考和指導」。[114] 審其宗旨為「供給電影界正確的電通消息，登載公正忠實的影片批評，提倡國產影片，發揚電影藝術」[115]，實事求是的評論和報導新上映的各類影片，加上花絮繁多的影人花絮和影壇動態，因此刊物銷量直線上升，每期達萬冊左右。1941年12月出版至第10卷第5期後因太平洋戰爭爆發停刊。歷史近十年。它是三、四〇年代影響最大、累積電影史料較有系統的電影畫報。

3.《明星》：

半月刊，1935年4月16日創刊。1937年7月1日出至第8卷第10期後，也因受淞滬戰局的影響而停刊，共出48期。歷任主編高季琳（柯靈）、范煙橋。該刊是明星影業公司出版的專門宣傳本公司所拍攝的影片及演員刊物。圖片、文字、漫畫三者並重。左翼進步文化人士是該刊的重要支柱，茅盾、鄭伯奇、阿英、趙景

深、周木齋等人，及鄭正秋、張石川等著名導演在本刊上發表了不少鋒芒畢露、立意深遂、獨具見地的雜文、影評意見和創作思想類文章。它所出版的《歡迎周（信芳）、胡（胡蝶）歐遊歸國特輯》（2卷1期）、《鄭正秋先生追悼專號》（2卷2期）、《明星公司革新號》（6卷1期）、《明星聯歡日特刊》（7卷1期），為後人留下了珍貴的圖片文獻史料。

4.《青青電影》：

1934年4月15日創刊於上海。1951年10月31日出至第19年第20期後停刊。其間1935年11月至1937年2月曾停刊，先後共出197期。主編嚴次平。該刊是三、四〇年代出版時間最長、出版期數最多的電影畫報。歷時16年。圖片文字各占其半。最大的價值，它是一份純粹的電影刊物，無門戶和派別之見，左、中、右翼的影人影事資料均可在本刊發表。所反映的領域非常廣泛，電影劇照、影人肖像、劇本、影片故事、影評、電影綜述、理論、影人訪問、小傳、回憶錄、軼聞、行蹤、創作體會、電影技術等各領域，它是研究電影發展的主要文獻資料。

5.《新華畫報》：

1936年6月5日創刊。1937年8月出版至第2卷第8期後因淞滬抗戰爆發一度停刊。1938年10月復刊，1940年12月25日出至第5卷第12期後停刊。另出《雲裳仙子》和《雁門關》特刊2期。共出44期。歷任編輯龔天衣、丁聰、李松

壽、江棟良、曹蝸隱等。新華影業公司出版。作為新華影業公司的宣傳雜誌，主要刊登本公司拍攝的各電影影片的介紹和劇照，以及電影影訊、影人行蹤、影評影論。張樂平、丁聰、黃苗子、黃堯、胡考、江棟良等著名漫畫家為它撰畫。其中長篇連載漫畫《牛鼻子》（黃堯）和《三毛》（張樂平）是當時風行一時的長篇連載幽默和諷刺漫畫。第1卷第3期和第6期封面乃是中國電影史上最具代表性的電影《漁光曲》和《夜半歌聲》劇照，兩片一上演就轟動整個中國影壇，觀眾如潮。中國電影界的著名影人田漢、洪深、蔡楚生、吳永剛、金山、宣景琳、史東山等在本刊撰文，尤其是《中國電影院小史》、《國片年譜》、《中國電影劇本的發展階段》、《中國電影的演進及其它》等文，記錄了不少中國電影從啟蒙至上世紀三〇年代的發展資料，頗為珍貴。

6.《藝華》：

1936年5月1日創刊於上海。編輯龔天衣等。1940年5月15日出至第6期後停刊。其間曾兩度停刊又復刊。曾另出特刊2期。不定期刊。共出11期。本刊是藝華影業公司的宣傳雜誌。早期左翼工作者曾參與該公司創作的進步電影，後期刊物傾向改變，內容也隨之變化，以創作脫離社會現實鬥爭的「軟性電影」為主。這種變化在本刊發表

的嚴春堂和曾瑜分別撰寫的《本公司創辦誌經過》和《藝華公司過去現在和未來》中清晰坦率的記錄下這種變化緣由。其起因源於1935年左翼工作者田漢、陽翰笙先後被捕。

(三) 商業化軟性電影畫報行銷市場

以都市市民的消費文化為市場，出現了一大批趣味化、消遣化、商業市場化、軟性化為特色的一批電影畫報，如江峻明主編的《銀幕週報》、夢蒼等人編的《銀幕與摩登》、周瘦鵑主編的《銀史》、陳家樞等編的《明星家庭》、陳嘉震編印的《中國電影女明星照相集》、趙俊編輯的《銀海週刊》、嚴次平主編的《明星特寫》和《影迷畫報》等均屬此類。

1.《中國電影女明星照相集》：

1934年出版於上海。編輯兼攝影陳嘉震。上海良友圖書公司出版。僅出1輯共8冊。每冊一位明星，卷首附有該明星的小傳和八人的合影照，後載每位明星主演的各種影片劇照。八人分別為王人美、阮玲玉、胡蝶、徐來、袁美雲、陳燕燕、葉秋心和黎明暉。全輯的攝影、製版和裝幀堪稱一流，同時發行簽名本和普通本，這在當時的出版界並不多見。

2.《中國電影明星大觀》：

由聲藝出版社出版。問世後市場銷路節節上升。作為商業消費文化市場模式炒作的這本刊物，是攝影家陳嘉震繼《中國電影女明星照相集》後編輯的又一本以介紹電影演員為主的刊物。它不再局限於女明星，介紹了一批活躍在當時電影戰線的一批男明星，如龔稼農、趙丹、王獻齋、鄭小秋、梅熹等。

3.《銀影》：

1939年6月創刊於上海。銀影編輯部編輯，上海銀色公司出版。同年8月出版第3期後停刊。本刊主要報導國外電影近況和消息。尤其是好萊塢影城的各種電影劇照、明星趣聞、婚戀行蹤、和影片電影故事梗概等。

4.《明星家庭》：

1934年11月1日創刊於上海。編輯陳家樞、朱錦樓。攝影何佐明、陳鯉庭。漫廬圖書公司出版。1935年7月出至第2集後停刊，共出2期。本刊主要報導電影明星的家庭生活。每期刊登五個明星的肖像照、家庭環境照、朋友合影照和家人生活照等。見有男演員王引、張翼，女演員阮玲玉、徐來、黎明暉、黎莉莉、貂斑華等。

5.《明星特寫》：

1937年5月1日創刊於上海。主編嚴次平。青青出版社出版。同年7月1日出版至第3期後停刊。本刊以圖為主，道林精印。每期介紹數位明星，如童星陳娟娟、葛佐治、黎鏗、胡蓉蓉，女明星白楊、袁美雲、黎莉莉、路明等，男演員金山等。

6.《影迷畫報》：

1940年3月1日創刊於上海。編輯嚴次平、陳亞里、吳鏞子。青青電影出版社出版。同年9月5日出版至第18期後停刊。本刊關注電影界影人影片動態消息，傳授電影小知識，發表周璇、李琦年、王熙春等影人專訪記。設有香港專電、

重慶航訊和大西南地區影界影訊等。撰稿人有姚蘇鳳、陳明勳、薛覺先等。

7.《明星畫報》：

1942年12月創刊於上海。明星畫報編輯部編輯。明星畫報社出版。1943年8月出版至第5期後停刊。本刊雖稱畫報，卻以文字為主，圖片為輔。設有影人專訪、新聞特寫、隨星日誌、藝人文墨等欄目。專注報導影人行蹤、照片和趣聞軼事。首期為四十大明星專輯，收有女明星陳雲裳、李麗華、王丹鳳、陳燕燕、顧蘭君；男明星高占非、舒適、顧也魯、劉瓊等人的簡歷小傳和照片。影人專訪登載了白光、童芷苓、言慧珠、王丹鳳、白虹等人的專訪記。

（四）多元主題類電影畫報登場現身

由於電影刊物的廣大市場，這時期還出現了一批與之攀親類的畫報。如與美術並重的《電影漫畫》、《美術電影》；與戲劇類合二為一的《戲劇與電影》、《影與戲》、《影戲雜誌》；與文學類合夥的《文藝電影》、《電影與文藝》；與舞蹈類相關的《銀舞》、《影舞新聞》、《銀色》等；與音樂相關的《藝聲》（副題名：《電影與音樂月刊》），以及《電影與婦女》、《電影與體育》等等。林林總總，五花八門。

這類圖文並茂的刊物或以圖片為主，或以文字為重、或圖文並茂，除了下述《電影與戲劇》、《劇影春秋》等少數刊物是嚴肅的電影刊物外，大都是以尋求市場化為銷路而刊印的影寫凹版類畫報。

1. 《中國藝壇畫報》：

1939年6月10日創刊於上海，編輯余以文，同年9月24日出至第107期後停刊。這是一份上海淪為「孤島」時期，以日報形式出版的四開本大型畫報。每日四大版，內分電影、話劇、戲曲三類。注重報導影劇動態、藝壇綜述和藝人行蹤。它的價值是發表了不少具有史料價值的連載長篇文章。一些進步電影人和文化人，如夏衍、于伶等人曾利用該刊，展開抗日救亡和進步影片《孤島天空》的宣傳活動，進而受到租界當局和日偽的恐嚇而被迫停刊。

2. 《電影與戲劇》：

1941年1月創刊於香港。歷任編輯馮亦代、沈鏞。發行人張同時。電影戲劇出版社出版。不定期刊。同年5月停刊，共出3期。本刊每一期均以特輯形式編輯，第一輯是《前程萬里》、《國家至上》特輯；第二輯是《大獨裁者專輯》；第三輯是《各地劇運特輯》。三輯連載了夏衍撰寫的四幕劇《愁城記》。主要文章有蔡楚生的〈抗戰以來華南的電影和當前的展望〉、宋之的的〈感舊記〉、司徒慧敏的〈三年回想錄〉等。本刊特約撰稿人陣營強大，都是中國劇壇上的巨人，如于伶、田漢、老舍、曹禺、陽翰笙、歐陽予倩、費穆、魏如晦、宋之的等。

3. 《劇影春秋》：

1948年8月創刊於上海。主編魏照風、沙坪。劇影春秋社出版。同年12月停刊。共出4期。本刊是戲劇電影綜合刊。編者在〈小啟〉

中言明,「我們願意多登載如下的稿件:各地影劇動態報導、團體介紹、任務特寫、書刊評介、劇影圖照、劇影史實、以及生動有趣的短文」。內容側重影劇理論、影劇評論、影劇座談討論等。撰稿人有辛宏、史東山、唐軒、安娥、劉念渠等。

4.《影劇雜誌》:

1949 年 1 月 25 日創刊於上海。主編唐軒、葉聯熏、呂西安。編輯文章、徐潔。波濤出版社發行。同年 4 月 5 日出至第 4 期後停刊。本刊為戲劇電影綜合刊,特別注重影劇理論研究,文章多為概論、綜述、影劇評論、人物評傳等。設有論壇、影劇人語、半月影劇等欄目。撰稿人有許傑、唐軒、石揮、洪深、熊佛西、吳永剛等。

四〇年代部分電影刊物由於受到戰爭的影響,雖稱畫報,但已名不符實,多以新聞紙配以數幅照片的形式出版,品質粗糙,前期如《電影小畫報》,1914 年 8 月創刊,李嵩年編輯。就是一份專門追蹤報導電影明星桃色新聞、家庭趣聞、生活信息、影坊祕事的六十四開本休閒雜誌。設有從影小記、快報和圈內老百姓等欄目,同年 11 月出版 26 期後停刊。後期如 1947 年 1 月創刊於上海的《藝海畫報》,由沈琪編輯,藝海畫報社出版,雙月刊,同年 9 月出版至第 4 期後曾停刊。

1948 年 10 月出版新 1 期，改為十六開報紙出版至第 16 期後停刊，共出 20 期。

電影畫報作為大眾消費文化中最受讀者歡迎的文獻載體之一，曾在報刊界風靡一時，即使在今天，它仍然是受讀者所熱愛的讀物，這裡不再一一贅述。

第二節
聚焦特定物件的史料集萃：
個人專集類與特刊類畫報

　　此類畫報最早起源於何時，筆者並未進行深入研究。但在現存實物資料中，只知道它始於民國初年，盛行於三、四〇年代。1913年8月20日《民權報》曾出版過一本《袁政府畫史》，這也許是最早的個人專題類的畫報了。該畫報採用油光紙石印，封面由周浩書寫，蔣箸超題簽，繪畫者是錢病鶴（1879—1944）。當時周、蔣二人都在《民權報》主持筆政，錢是該報畫刊的主要編畫者。錢病鶴，名辛，字味金，又名雲鶴，字味辛。出身於浙江吳興（今湖州）的一個南潯書香門第之家，1904年中舉，家藏碑帖甚多，從小耳濡目染，精通美術金石。1906年加入同盟會。辛亥革命前後，曾任各革命黨人主辦的報紙《民權畫報》、《民生畫報》、《民國畫報》及《申報》上圖畫主筆，所作的政治諷刺畫散布各清末民初石印報刊。辛亥革命後主筆《民權報》。《袁政府畫史》就是三人合計後，將「民國開始以來，一年有半之畫報，擇尤匯存，付梓問世」，「嬉笑怒罵，皆得神理，減大觀也」。[116]該畫報約兩百餘幅，其中一半作品為錢所畫，其中《老袁百態》

畫了一百幅猿猴嬉戲，將矛頭直指陰謀稱帝的袁世凱，其大膽直接為時人所讚頌。

從此類畫報的內容種別來看，它們主要集中在三個層面：

第一層面：

集中在政治領袖或黨政軍界要人們。這類畫報所反映的人物屈指可數，但因其影響大，印刷品質考究，發行量大而在畫報界獨樹奇葩。如有關蔣介石的個人畫集，據現存資料，就先後出版過六本：1936年11月良友畫報社出版的《蔣委員長壽辰紀念畫冊》，1945年11月，由屠詩聘主編的《蔣委員長畫集》，1946年10月蔣介石60歲時，市場上同時出現了四本畫冊，分別由南京中央日報社編印《蔣主席六秩壽辰專刊》、上海文化藝術圖畫公司編印的《蔣主席六十壽辰祝嘏畫集》和中國圖書雜誌公司發行的《蔣主席畫史》。又如有關國父孫中山的個人畫冊，先後就曾出版過《總理誕辰紀念特刊》、《總理誕辰紀念刊》、《總理逝世三周年紀念特刊》、《總理奉安畫刊》、《總

理奉安大典寫真》、《中山先生奉安特刊》等。後三本畫冊記錄了1929年孫中山靈柩移葬南京中山陵的全過程。

第二層面：

文化界著名人士的個人專集。它們又主要集中在電影界和戲曲界。如電影界的《楊耐梅畫報》、《李綺平》畫報、《蝴蝶訪歐專集》、《阮玲玉女士遺影集》、《嚴華周璇婚變特刊》、《影星生活集》等，戲曲界的《白玉霜專集》、《梅蘭芳專集》、《程硯秋專集》、《毛世平劇團專集》、《麒麟童專集》、《荀慧生專集》、《李世芳專集》、《越中三絕》、《姚水娟專集》等均屬此類，有的演員如梅蘭芳、程硯秋甚至出版過三、四種個人畫報。此類畫刊模式相同，重點介紹藝人們的生平小傳、代表劇碼、藝技評論、舞臺劇照、生活家庭照及個人肖像。

第三層面：

各報刊所出版的各種特刊、專集。它們是此類畫報中內容最豐富、最具文獻史料價值的畫報，在內容及規模上，它又可細分成四小類：第一小類是及時報導一個重大的歷史事件，第二小類是紀念特定節慶，第三小類是報導一項專門的體育賽事或特別展覽會，第四小類是記錄一國地理領域的風光特色及發展歷史。四類刊物中，第一小類反映重大歷史事件的畫報，是最具時事新聞價值和文獻歷史價值的。它們基

本採用圖文並茂的形式，且以新聞照片為主，全面記錄某一事件從發生到爆發的整個過程，是後人研究這類事件的客觀和權威的資料。從時間長度和圖片的規模上，又可分為宏觀類和微觀類：

一、宏觀與微觀類畫報：

《甲午中日戰事攝影集》、《日本侵佔東北真相畫刊》、《東北巨變血淚大畫史》、《抗戰建國大畫史》等屬於宏觀類畫報，它們都採用了實拍的戰地新聞照片，時事背景攝影圖片，宏觀系統完整地再現了中國近代史上中國和日本發生的三次戰爭。甲午中日戰爭的結果導致了1895年4月17日的不平等「馬關條約」之簽定，使中國喪失了對臺灣、遼東半島和澎湖列島的主權。1931年的「九一八」事變，驅使日本侵入遼寧、吉林、黑龍江東北三省，東北人民身陷國破家亡的深重災難之中。1937年「八一三」淞滬抗戰的爆發，標誌著中國人民抗日救亡運動在960萬平方公里的神州大地上轟轟烈烈的展開。三份畫報所收錄的圖片少則近百張，多則近千張。從不同的戰爭視角全方位、全鏡式的立體角度，真實且深刻地記錄了這幾段影響中國社會進展的重大歷史片段，用攝影畫面加遠景簡介，詳細詮釋了這些片段所發生的歷史背景、事件緣由、整個過程、重大戰役、事件細節及國內外的反響。其它諸如全程記錄孫中山領導的辛亥革命、武昌

起義、推翻清朝政府的《大革命寫真畫》，以及反映全世界正義力量的英美俄同盟國抗擊法西斯陣營德義日軸心國的《第二次世界大戰畫史》，實錄中國空軍歷史的《中國空軍抗戰史畫》等均屬此類性質的畫報。微觀類的畫報往往將它們的焦點和視野專事集中在當時國內外特定的突發事件，並以迅速快捷的出版速度，報導該事件的全過程。如：《熱河大戰寫真》（北平隨軍記者李之攝影）和《熱河大戰畫史》，記錄了 1933 年 2 月至 3 月，國民黨同抗日軍民抵禦日軍侵略的戰爭畫面（上海文華公司編印）。《淞滬禦日血戰大畫史》記錄了 1937 年八一三上海軍民抵抗日軍侵略的畫片。《五三慘案專號》記錄了 1928 年日軍屠殺山東濟南軍民三百六十餘人的悲慘畫面。《五二〇血案真相》記錄了 1947 年上海各高校進行反內戰大遊行，而遭受到當局鎮壓的慘禍畫面。《浙江戰事畫報》記錄了 1925 年 6 月奉系軍閥張作霖與直系軍閥孫傳芳為爭奪控制地方權益而大打內戰的畫面。《西安事變畫刊》記錄了 1927 年張學良、楊虎城囚禁蔣介石，逼蔣抗日的畫面。《錦州戰事畫刊》記錄了解放戰爭期間，

1948年國共兩黨軍隊決戰遼寧錦州的戰場畫面。《上海戰事畫刊》記錄了1932年「一二八」蔡廷楷將軍領導十九路軍英雄抗敵的戰爭畫面。《兩廣水災畫刊》記錄了1947年夏季發生在廣東廣西的特大水災，造成數十萬人離鄉背井，餓死慘死的悲慘一頁。

二、重大活動畫報：

第二小類是紀念特定的節慶活動、或一項重大活動，或重大體育賽事的畫報。它們的共同特點是：一、基本上由活動主辦方刊印出版；二、由主要報刊或新聞機構編輯出版；三、自始自終的詳盡記錄活動的全過程，報導活動花絮趣味。如：1946年由友聲旅行團出版《復興後的首都》，記錄了抗戰勝利，國民黨中央政府從重慶返歸南京之後的畫面。上海中華日報館編印的《國民政府還都紀念刊》（1940年4月出版），記錄了汪精衛偽政府定都南京的畫片。上海申報館主辦發行的《國民大會紀念畫冊》，記錄了1947年全國各黨派選舉國民代表前後的畫面。南洋勸業會事務所編印的《南洋勸業會紀念冊》（1910年出版），記錄了當年在上海舉辦商品展覽會盛況的畫面。在此類畫報中，數量最大的是反映重大體育賽事的畫報。從第2屆遠東運動會到第7屆遠東運動會，全國各大新聞媒體及雜誌社紛紛推出專刊專欄，或特刊、增刊、號外，這些報刊在整個運動會期間，連篇累牘的用大量圖片報導賽事的詳細過程和概況。尤其是舉辦地城市，畫報更是

不惜版面追蹤每一項運動的細節及花絮。如全國著名的新聞媒體：上海的《申報》、《新聞報》、《時事新報》，天津的《晨報》、《大公報》，南京的《中央時報》等都曾出版過各種形式的運動會特刊、專集畫冊，全程記錄運動會實況。據筆者粗略統計，此類畫報畫冊竟高達近百種，這裡就以上海為例，自1910年至1948年，中國共舉辦過七屆全國運動會，上海作為東道主共舉辦過兩屆，第6屆（1935年）和第7屆（1948年）。自1915年至1948年，上海還舉辦過三次國際性的遠東運動會，如1915、1921、1927年分別舉行的第2、5、7屆遠東運動會。各報刊社出版了《申報全國運動會圖畫專刊》、《東方雜誌運動會特刊》、《第六屆全國運動會特刊》、《全國運動會圖畫特刊》、《1933年全運會特刊》、《第二屆全運會圖畫專刊》、《第11屆世界運動大會畫刊》等等不下幾十種。

三、風光名勝類的畫報：

第三小類是全景記錄式畫報和風光名勝類的畫報。如：上海良友圖書印刷公司印行的《中國現象：九一八以後之中國畫史》和《中華景象》，前者共107章，收錄圖片一千餘幅，編者在序言中稱它「是圖畫的中國近代史，是歷史的圖畫故事」；後者又名《全國攝影總集》，該社為出版這本重點圖籍，特別組織了良友全國攝影旅行團，派出了梁得所、張源恒、

歐陽璞等著名攝影師，據該畫報的《發刊旨趣》稱：「行程三萬里，費時八個多月，拍得照片上萬幅」，走遍了全國二十四個省市的山山水水，從中挑選出一千餘張編輯而成。上海商務印書館出版的《中國名勝》系列攝影畫冊和上海文華出版的《上海大觀》更是此類畫冊的佼佼者，它們留下了大量文獻性的史料圖片。據《中國名勝》編者說，該畫冊「用珂羅版精印，每冊多至二、三十幅」，從民初至 1930 年 11 月共出版了 22 種 33 冊。其攝影者「均為我國教育名流旅行」時所拍，如黃炎培、張元濟、蔣維喬、張錫光等。《上海大觀》共出版過兩種，一種出版於 1933 年，另一種出版於 1948 年。共收錄反映上海社會發展及各行業，具有傳世史料價值的銅版或影寫版照片近千張。

其他還有中國旅行社出版、趙君豪編輯的《攬勝畫報》，良友編印的《中國大觀》、上海中學生社 1933 年編印的《全國大學圖鑒》，1934 年出版的《世界遺跡大觀》、1928 年著名攝影家陳萬里編輯的《故宮圖錄》等等。這類畫報所反映的領域，比前幾類畫報廣泛的多。它們將圖片的觸角伸向經濟、文化、建築、娛樂、社會生活、民俗風情、古蹟遺址、旅遊勝地、地理風貌等

各層面。畫冊的數量可觀,忠實拍攝下當時特定領域的千種百態,很多圖景現已成為昨日黃花,今日難再尋覓。

現將1919年至1937年間出版的主要風景名勝攝影集列表如下[117]:

表七:風景名勝攝影集簡目(1919 — 1937)

畫報名稱	創辦及編輯	出版單位(發行)	出版日期
隴海線中州風景	張祖、廉序		1920
盤山(第一集)	蔣維喬攝編	商務印書館	1920
大房山(第一集)	同上	商務印書館	1921
盤山(第二集)	同上	商務印書館	1922
華山	張登九編	商務印書館	1922
黃山		商務印書館	
廬山		商務印書館	
泰山		商務印書館	
大房山(第二集)	蔣維喬攝編	商務印書館	1923
雁蕩山(第四集)	周錫光編	商務印書館	1923
雁蕩山一覽	雁蕩山人蔣淑南著	上海西冷印刷社	
美術名勝畫冊(第一冊)	莊俞、謝燕堂編,西湖閑閑居士編	商務,西湖鑫記書局	1923
新編五彩西湖全影	蔣維喬攝編	商務印書館	1924
雲臺山	蔣希召編	商務印書館	1924
武夷山	莊俞、王顯華編	商務印書館	1925
天目山	商務編譯	商務印書館	1925年再版
莫干山	張元濟、莊俞	商務印書館	1925年三版
五臺山	劉先觀攝,石晉昌編	中華書局	1925
京綏鐵路沿線風景	郁厚培、張元濟等	商務印書館	1926年五版
孔林	吳增熏、劉承植	商務印書館	1926
崂山	商務編	商務印書館	1928年五版
北平宮苑名勝	商務編	商務印書館	1928
西湖風景(第一集)	蔣維喬	商務印書館	1929年三版
恒山	蔣維喬	商務印書館	1929

畫報名稱	創辦及編輯	出版單位（發行）	出版日期
西山			1929
首都名勝古跡	許止淨編	商務印書館	1930
普陀勝跡	良友編	上海良友圖書印刷有限公司	1931
新廣州	滕固編	商務印書館	1933
圓明園歐式宮殿殘跡	陳彭壽	上海文華美術圖書印刷有限公司	1933
天目勝影	山東省政府秘書處	該處印刷	1933
山東古跡名勝大觀	張源恒	良友出版有限公司	1934
今日之四邑（廣州）	賴彥於編	南寧廣西印刷廠	1935
廣西一覽	汪家眉、趙君豪	東南交通展覽會印刷	1935
東南攬勝	北平市政府秘書處編	秘書處第一科出版	1935
舊都文物略	張默尹題詞		1935
西陲吟痕	懷氏兄弟攝	上海懷氏兄弟美術社印行	
美哉中華	朱契	商務印書館	1936
金陵名勝古跡攝影集	朱契	商務印書館	
金陵古跡圖考	許師慎攝	南京正中書局	1936
西北攬勝	孫玉聲序		1936
黃家花園	時代圖書公司編	時代圖書公司印	1937
上海輪廓	陳冷血攝	上海時報館	1936
良辰美景	良友全國攝影旅行團攝製	上海良友圖書印刷有限公司	
中國建築美	良友全國攝影旅行團攝製	上海良友圖書印刷有限公司	
中國雕刻美	良友全國攝影旅行團攝製	上海良友圖書印刷有限公司	
中國風景美	張源恒編		
桂林山水	張源恒編		
西北一瞥	張源恒編		
頤和園	張源恒編		
聖地巡禮	張源恒編		

（本表格源自於中國攝影家協會網站的《風光名勝攝影集》章節）

第三節
知識導航的啟蒙階梯：兒童類畫報

兒童類畫報始於1875年出版的石印畫報《小孩月報》，此後《成童畫報》、《蒙學報》、《啟蒙畫報》、《兒童教育畫》等相繼問市。據不完全統計，從1875年至1949年，各地出版的兒童刊物約有兩百餘種，其中多數兒童刊物均是圖文並茂的刊物。

《啟蒙畫報》，創刊於1902年6月23日（光緒壬寅二十八年五月十八日），初為日刊，每週出6期，自181號起（1903年2月18日）該報實行改良，後改為月刊（1903年3月28日至7月24日），再改為半月刊（1903年9月21日起）。該畫報不僅是北京地區出版最早的畫報，而且是繼《小孩月報》後，在北方地區出版影響最大的兒童畫報之一。與《小孩月報》相比，前者是宗教人士宣傳基督教義的兒童刊物，而《啟蒙畫報》卻是由中國人自辦、以啟迪「教育兒童之捷徑」為己任的兒童刊物。約1904年底1905年初停刊，共出了32冊181期。創辦人是清末北京著名報人彭翼仲。

彭翼仲，名治孫，字翼仲，別署歸劍道人。1864年出身於蘇州一個官宦家，其父彭德章曾官至軍機大臣領班。1904年他創辦《京話日報》，同年12月再創《中華報》。1906年9月29日因「妄議朝政，捏造謠言，附合匪黨，肆為論說」罪名被投入大牢。1907年又被發配新疆，直至1911年辛亥革命後才得赦回京。1913年曾復刊《京話日報》，

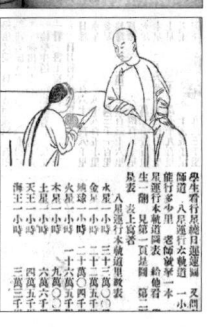

1921 年病逝。他編本刊具有明確的目的,「壬寅春,從弟谷孫由申歸,相與痛論時局,悲愴諮歎。手無寸柯,救時乏策,苦思多日,欲從根本上解決」,彭認為,這個根本途徑就是創辦兒童畫報,因此「遂有《啟蒙畫報》之舉」。[118] 他清醒的認識到,中國的前途在於兒童,只有從小培養他們的意識,才能使他們擔當起報國愛國的重任。因此,它在本刊設置了倫理、掌故、格致、地輿、算術、動植、附頁,後又增加淺算學、物理格致學、動物學、小說等欄目,圖文並茂,全面的將知識傳播給兒童。尤其是改良後的《啟蒙畫報》內容更臻精彩:中外歷史故事、各類自然科學現象、天文地理知識、世界文學名著、中外名人勵志事蹟等,均使用通俗易懂的解釋,朗朗上口的白話連載形式,對兒童進行全方位的教育。諸如非洲黑奴傳,法國拿破崙領導法軍與敵軍打仗,林則徐廣東虎口禁煙,超級望遠鏡、土路火車(實為拖拉機)和電暖風扇等世界科學技術的最新發明,甚至太平天國洪秀全拜上帝會,俄國女工在經濟活動中的地位等也在該畫刊上出現,這些曲折隱晦的表達了彭翼仲與編輯者們反清的立場和呼籲解放中國女性社會地位的思想傾向。

《蒙學報》也是一份圖文並茂的石印刊物,文字篇幅略多於圖畫。1897 年 10 月 26 日(光緒二十三年十月一日)創刊於上海。週刊。線裝石印本。總董汪康年。總理汪鐘霖。總撰述葉瀚。總圖繪葉耀元。東文翻譯古城貞吉。撰述兼刪校葉瀾。上海蒙學公會編印。停刊時間不詳,所見

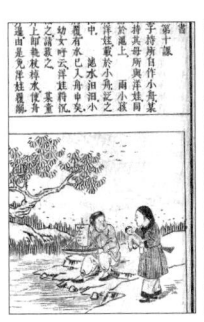

最後一期為第38期。本刊是清末成立的蒙學公會會刊。該會是「專為童蒙說法」,並以「啟蒙為主」,由「同志集塾款項,開館譯印」;它的任務和使命是「先辦書報,後立學堂」,其內容「書則輯譯兼資,其有海內通人著作,圖器書論,極便蒙學者」。[119] 它將蒙學者分為四個年齡階段:5歲至7歲;8歲至12歲;13歲至18歲;18歲以上。主要傳授「母儀訓育之法」和「師教通便之法」[120],前者內容為養育、勸誦、儀範和演習四項。後者內容有字課、數理、方名(地理)、智學(動植物常識)、史要和時事六項。內容涉及中文語法、文學、科學、自然知識、數學、物理、歷史、地理、修身養性等方面。全刊語言通俗淺顯,圖文並茂,十分適合青少年閱讀。如第三冊上的《山水土石》一課,既有解釋文字,又附配圖畫:「地上高起者是山,有土有石;地上下流者水也,山上之石被水衝激,磨成細粉,即變為土」。《蒙學報》相當於現代的教科書,但又有區別,它更注重圖象的直觀教育,並用寫實的繪圖手法,將知識傳授給兒童少年。它的第1期封面還是傳統的私塾教育方式,第5期封面傳達出此時新式學堂教育已取代傳統的私塾教育。每期採用教科書的編輯方式,以組課按序編排,一課一講,第7課開始講解的中文識字圖文,已有相當於現代漢語標點符號的「句讀」,無論是具象或抽象的物體,都以通俗明瞭簡潔

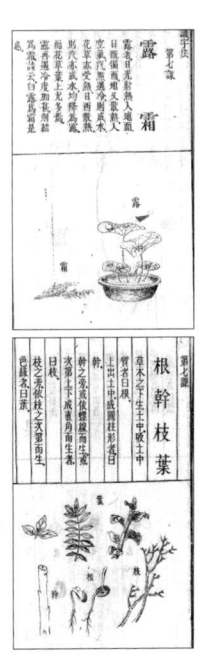

的圖文，闡介的生動有趣。它還十分注重兒童的傳統思想教育，它的第1、2、5課開宗明義就以「孝道」、「家庭和睦」和「社會和諧」為圖文主題。

《兒童教育畫》1908年12月創刊於上海。1925年2月停刊，共出92期。這份由上海商務印書館出版發行的石印畫報，由戴克敦（1—28）、朱之善（29—91）、伍聯德（92）先後編輯。其中主要編輯朱之善在1914年主編的《學生雜誌》（1947年停刊）蜚聲中國教育界，茅盾曾是他的助理編輯，他還是中國近代教育「分組教學法」的首創者，並撰寫過中國第一部圖書館管理著作《圖書館管理法》，同時他還是提出實施「公民教育」的前驅者。伍聯德是《良友》畫報的創辦人。這份畫報與前幾種兒童畫報的最大區別是它的封面封底均採用了彩色繪圖。這就增加了刊物的吸引力。它的畫面鮮豔奪目，人物形象俏皮生動，從人物的不同服裝變化就透視了清末民初的時代變遷，及當時兒童受啟蒙教育的現象圖景。

兒童畫報到了二、三〇年代，就跨入了一個大發展的時代，各類各式圖文並茂的兒童畫報接踵問世。據不完全統計，各類圖文並茂的兒童刊物達一百餘種。它們的共同特點是：

一、傳授知識：

在內容上已擺脫清末兒童畫報的基本模式，從單純傳授科學知識和文化知識的「啟蒙童智」階段，向全面均衡多元立體的知識領域開發，並將「時事教育」、「思想道德教育」、「愛國愛家愛父母教育融入其間」。如：1922年1月先後在上海、長沙、香港出版發行的《兒童世界》，8月由上海商務印書館出版的《兒童畫報》（朱天民、萬籟

鳴等編輯），1928年3月創刊於南京的《兒童教育》（熊文敏、陳鶴琴、夏丏尊、豐子愷等人編輯），1934年7月創刊於上海的《小朋友畫報》，1936年6月創刊於北平的《兒童科學畫報》，1938年12月創辦於上海的《兒童圖畫半月刊》（姚吳編輯），1941年創刊於上海的《兒童樂園》，1946年12月創刊於上海的《兒童故事》（陳鶴琴等人主編，豐子愷繪畫裝幀），1946年7月創刊於上海的《兒童知識》（陳鶴琴、胡叔弄主編，陳江風等人繪圖），1948年1月創刊於上海的《兒童良友》（黃一德主編，張令濤等繪圖），1948年10月創刊於上海的《兒童世界畫報》（何今超主編，沈同衡、陳江風繪畫）等均屬此類。其中又以《小朋友》、《兒童雜誌》、《兒童世界》為標竿。

1.《小朋友》：

1922年4月創刊於上海的《小朋友》，由著名兒童教育家陳伯吹主編，中華書局印行出版。它是兒童讀物中出版時間最大，銷量最廣，最受兒童們歡迎的圖文並茂讀物。1932年它還特地出版過《淞滬抗日戰事記略》。抗日戰爭八年期間停刊，1945年4月在重慶復刊，次年

2月遷回上海出版。1952年12月出至1048期後停刊，1953年3月復刊。文革中一度停刊，至今仍在續寫它的歷史。凡是讀過它的人，無不被它豐富的內容和圖文並茂的精彩插圖所吸引。更多的讀者是伴隨它而渡過了愉快的童年生活，最大限度地從中吸取著知識的養料，思想的薰陶。

2.《兒童雜誌》：

　　1932年8月創刊於上海，由胡叔弄主編，上海文華美術圖書公司出版的《兒童雜誌》，根據兒童的不同年齡階段，分別編印了三種版本的兒童雜誌：低級版（1932年8月創刊，半月刊，1935年1月後改

名為《低級兒童常識畫報》，共出 50 期）。中級版（1932 年 8 月創刊，半月刊，1935 年 1 月改名為《中級兒童常識畫報》，共出 50 期）。高級版（1932 年 9 月創刊，1935 年 2 月改名為《高級兒童常識畫報》，共出 50 期）。後者結合該年齡階段兒童的特點，曾以 13 種專刊形式向兒童傳授各種知識：《秋天農村號》、《國慶號》、《兒童生活指導號》、《衣食號》、《水產號》、《氣候研究號》、《兒童年號》、《過冬號》、《國花號》、《建築號》、《園藝號》、《風俗號》、《高級地球號》等。

3.《兒童世界》：

1922 年 1 月創刊於上海的《兒童世界》，先後出過週刊、半月刊。1932 年 1 月受「一二八」戰事影響，一度停刊。同年 10 月復刊，續出 29 卷新 1 期後，銷路持續上升。1937 年 10 月再度受八一三戰事停刊。1938 年 2 月復刊遷至長沙出版。同年 9 月，自 41 卷 4 期又移至香港出版直至 1941 年 6 月停刊，共出 46 卷。它是僅次於《小朋友》中出版時間最長的兒童讀物，不管政局時事如何動盪，幾次遷移出版地仍在持續出版，可見其影響力了。

二、注重裝幀：

在裝幀和出版形式上，更加注重形式美和封面設計的「童性化」、「裝飾化」和「趣味化」，反映了從傳統的石印空間向現代印刷技術轉型的變化和革新。這種轉變加大了視覺的衝擊力度和廣度，在市場上取得了長足的進步。幾乎從二〇年代初期至四〇年代所出版的兒童刊物都十分注重兒童讀物的美術設

計，多數都採用手繪彩色圖畫來作各種兒童出版物的封面封底，這與時事新聞類的畫報形成鮮明的對比，也與兒童心理的成長過程相吻合。一百種兒童畫報就有一百種不同的封面設計，即使是同一種畫報出版過幾十期，甚至是上千期，各期封面均迥異紛呈，各顯神韻。使得兒童畫報的天地顯得分外五光十色，炫目耀眼。如：《小朋友》、《兒童世界畫報》、《圖畫世界》、《兒童良友畫報》、《小小畫報》、《兒童教育》、《兒童世界》等。其中《兒童畫報》1924 年 5 月創刊於上海。這份由上海商務印書館出版發行的刊物，直至 1937 年 7 月因受淞滬戰爭爆發影響而停刊。前後共出版 14 年。歷任編輯朱天民、徐應昶。期期封面精彩，寓教於樂。相反的是採用攝影照片作封面的兒童畫報，屈指可數，寥寥數種而已，僅見《兒童健康畫報》、《兒童生活》、《少年畫報》，後者於 1937 年 4 月創刊於上海，後隨中日戰事的發展先後遷移至長沙和香港。停刊時間不詳，所見實物最後 1 期出版於 1941 年

9月,共 47 期,也許是兒童畫報中採用攝影照片作封面最多的一份刊物了。

三、繪畫手法更多元：

在繪畫手段上,它從兒童石印畫報期間的寫實手法,向多方面的繪畫手段發展,或以色彩斑斕漫畫式的誇張手段、或以卡通式的藝術幽默手段,或以擬人化變幻多端的動植物形象之繪畫手段來挖掘兒童的心靈世界,展現兒童的生活層面:既有以紀實性漫畫手段繪畫的《小子畫報》、《我的畫報》、《小朋友畫報》等;也有卡通繪畫手段編印的《圖畫世界》、《警備車》、《滑稽世界》等。這類畫報的風格相當於當今世上流行的動漫作品。它們多數以連環畫的長篇連載作品為主。每期登載幾部作品,連續發表,非常吸引兒童的興趣。有的整個一期就是一部連環故事。如 1938 年 3 月創刊於上海的《滑稽世界》(1941 年 7 月停刊,共見 164 期),其中連載的長篇作品《大力水手》、《牛鼻子》、《米老鼠》、《大毛二毛》、《笨水手》、《演說家》等均是當時最受兒童歡迎的卡通漫畫故事,有的直至今日仍然膾炙人口,為幾代兒童所熱愛。又如以擬人化手段繪圖的《兒童世界畫報》(1948 年 10 月創刊於上海,1949 年 1 月停刊,主編何今超,繪畫沈同衡、陳江風,共出 4 期)、《滑稽畫報》(1936 年 8 月創刊於上海,1939 年 5 月停刊,半月刊。由該畫報社編印,共見 56 期)、《兒童良友》和《畫報》等。它們適合一歲至三歲幼兒期的兒童閱讀。它將動物植

物賦於人的生命，借用它們的形象來表達人類的思想情感。

兒童世界歷來就受到各界文化人士、出版界的注意。因此，上述兒童讀物的作者隊伍和繪畫陣營是十分強大的，葉聖陶、陳伯吹、陳鶴琴、陶行知、茅盾、郭沫若、豐子愷、胡適、沈同衡、丁聰、何今超、伍聯德、王雲五、夏丏尊等文化大家均為此類圖文並茂的兒童讀物撰過文、繪過圖，更使得兒童畫報在整個畫報史上占有其獨特的地位和價值。

第四節
繽紛異彩的藝苑天地：美術類畫報

美術刊物是近代畫報中種類最豐富的一類畫報。據筆者所見實物資料粗略統計約有四百餘種。其中大致又可粗分為綜合類和專業類兩大類。專業類又可細分為漫畫類、金石書畫類、版畫類和國畫類。自1912年至1949年期間，綜合類出版的美術刊物共約一百五十餘種，漫畫類畫報約出版了八十餘種（見本書第四章專述），金石書畫類畫報約出版了四十餘種，國畫類美術刊物約出版了五十餘種，版畫類刊物約出版了六十餘種。當然，這些類別並不是清一色截然分明，多數是相互交叉重疊，只是側重點有所傾斜，相對集中發表某一類美術品種而已。下面按類概述：

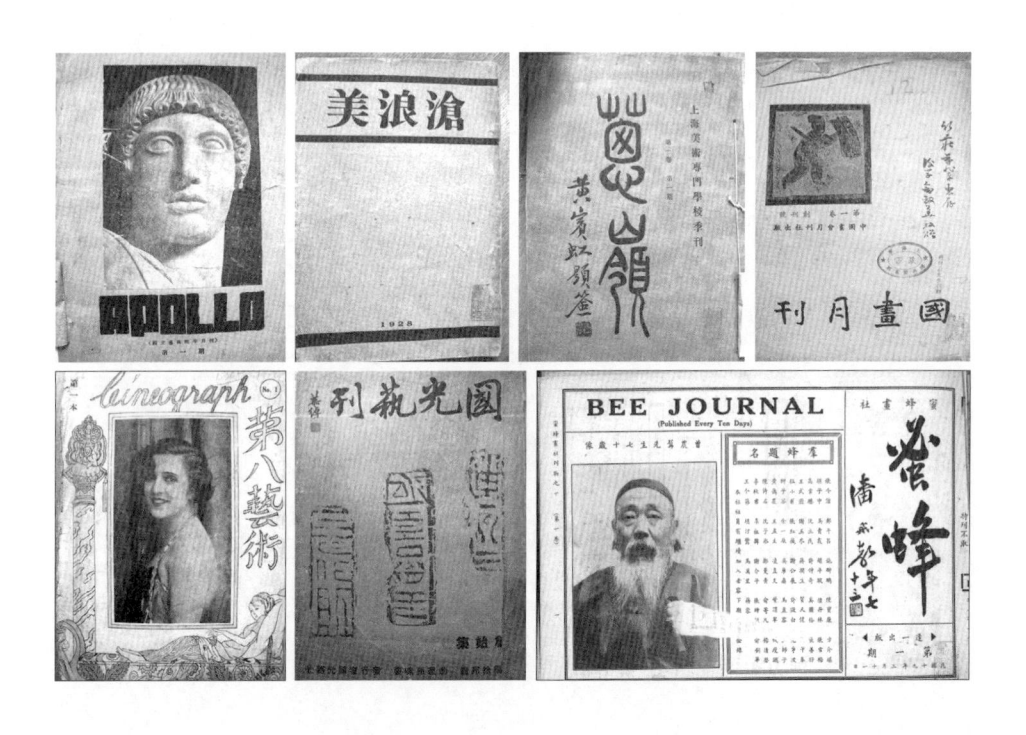

一、綜合性美術刊物

綜合性美術刊物是此類畫報中數量最大的一類畫報，約一百五十餘種。它的基本特點是：

（一）圖文並茂，內容豐富

將各類美術理論與作品融為一冊，內容一般包括歷代書法、金石考古、文物攝影、美術理論、各類繪畫技術、攝影作品、美術教育、中西美術史、美術代表作品、中外美術界動態等等。

（二）出版背景，紛繁各異

大部分的創辦者主要源於三種途徑：一是專業性的美術學校。美術學校出版的代表畫刊有《上海美術專門學校季刊》，1929年1月由蘇州美術專門學校編印的《藝浪》、《滄浪美》、《滄浪聲》、《新滄浪》，浙江杭州西湖（國立）藝術院編輯出版的《亞波羅》等等。二是出自於全國性美術團體。這類畫報一般發表較高的專業美術理論研究文章，傳授美學知識和繪畫技巧。全國性美術團體創辦的重點刊物有中華全國美術協會於1940年創刊的《中華全國美術會會刊》（重慶），1936年1月由中國美術會編印的《中國美術會季刊》（上海），1931年中國畫會在上海創刊發行的《國畫月刊》、《國畫》，1928年1月中國國學研究會主編並發行的《藝林旬刊》（1930年7月後改名為《藝林月刊》，旬刊出了72期，月刊出了118期，1942年10月停刊），1930年9月由上海書畫聯合會編輯的《墨海潮美術月刊》等等。

三是自組的民間美術機構。民間美術機構創辦的畫刊主要有1931年5月湖北漢口藝甄社編輯的《藝甄》，1934年6月蘇州娑羅畫社編行的《娑羅畫社畫刊》（吳似蘭主編），1930年由上海蜜蜂畫社編創刊的《蜜蜂》（鄭午昌、陸丹林主編），1928年10月由天津綠蕖畫會主辦的《綠蕖畫刊》（共出4期），1933年3月由上海曼陀羅社主編的《曼陀羅》，1934年6月由上海長虹社編印的《長虹社畫刊》等等。

（三）作品專輯，成果豐碩

　　部分畫報是某展覽會結束後，將展覽作品彙集編輯出版的美術畫報。如：1928年出版的《首都第一屆美術展覽會特刊》，1929年出版的《國立藝術運動社第一屆展覽會特刊》，1930年出版的《西湖一八藝社展覽會特刊》，1929年4月出版，彙集全國第一次美術展覽會作品的《美展》，1934年出版的《中國女子書畫展覽會特刊》，1937年出版的《第二次全國美展廣東出品專刊》，1949年出版的《浙江第一次全省美術展覽紀念特刊》等等，均屬於此類刊物。

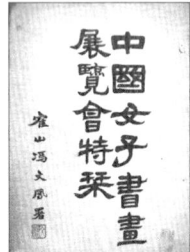

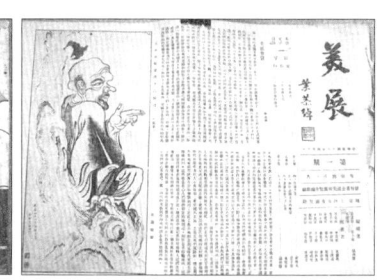

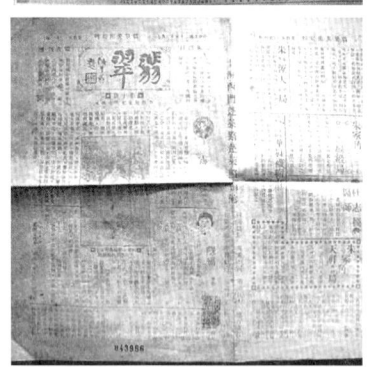

（四）跨類融合，精粹館藏

　　綜合類及國畫類的美術刊物，它們雖然有基本的美術主題傾向，但並不截然獨立，而是互相交叉雜糅，即同一種刊物具有兩種或三種的類別，它既有金石書畫的作品，也有國畫、油畫或雕塑的作品。這類互有參差的刊物約有五十餘種。比較典型的刊物如：1926 年 2 月，由上海兄弟印局館主辦發行的《藝林》（又稱《藝林畫報》、《上海藝林畫報》，共出 6 期），1931 年 12 月出版的《翡翠美術旬刊》，1926 年 7 月由香港迴圈報社編輯的《微笑：迴圈美術特刊》（共出 2 期）。另一種是由博物館或美術專業機構出版的刊物，如：北京故宮博物院出版的《故宮旬刊》、《故宮月刊》，河北博物院出版的《河北博物館畫刊》、《河北第一博物院半月刊》等。

　　在綜合性的美術刊物中，《美術》和《藝林月刊》最值得稱道：

1.《美術》：

　　1918年11月25日創刊於上海。這是近代中國創辦的最早一份圖文並茂的美術畫報。署上海圖畫美術學校編輯並發行，初為半年刊，後改不定期。1922年5月出至第3卷第2期後停刊，共出了8期。其中第1、3卷各2期，第2卷出了4期。創刊號封面由時任江蘇省美術研究會會長，及該校校董會主席蔡元培題寫。全刊採用道林紙、銅版精印，內插有三色版圖片。魯迅曾用「庚言」筆名寫過一文，充分肯定了該刊的成功：「這麼大的中國，這麼多的人民，又在這個時候出版，確如雪中送炭」，同時他又深切乞望這份刊物「從此能夠引出許多創造的天才，結得極好的果實」。[121] 該刊出版後不負社會重望，內容極其豐實，不僅深入研究美術教學活動規律，總結中外古今美術史，批評與建設新美學理論，評論中西方各種畫家畫風流派風格，介紹國內外新美術活動。而且報導重要的國內外畫壇動態資訊，深入探討國內美術界現狀和問題，探究色彩學、透視學、構圖學、藝術解剖學、寫生、素描等繪畫技巧等。使得該刊物成為後起的綜合性美術刊物的楷模，此後的美術刊物基本上是按照該刊物的模式編輯的。

2.《藝林月刊》：

　　前名為《藝林旬刊》，1928年1月創刊於北平，出版至1929年12月第72期後停刊。1930年7月改為本名後繼續出版，1942年10月停刊，又出了118期。前後歷時14年，共出190期。這是綜合性美術畫報中出版時間最長，出版期數最多的一份刊物，也是近代中國北京畫派美術刊物的佼佼者。它由中國畫學研究會編輯出版。該會於1920年春，由民國著名書畫家兼收藏家金城與同好周肇群、陳師曾等

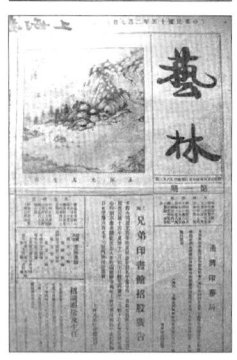

人共同創於北平。金城，1878年出身於浙江古鎮南潯的富商家庭，名紹城，字拱北，一字鞏伯，號北樓，又號藕湖。自幼鍾情傳統山水畫，早年求學於英國金堅司大學。回國後創立了湖社畫會。1920年成立了中國畫學研究會，力志實現「精研古法，博取新知」的目標，並以創新的理念，力拓中國繪畫的新領域。《藝林旬刊》的出版正是他實現自己理想的美術陣地，使這塊園地一時麇集了北方畫壇的精英，群賢必至，成員一度達到兩百餘人，並使該團體和本刊物成為近代中國最重要的書畫社團和美術刊物之一。可惜他英年早逝，走時才48歲（1926年逝世）。他走後，使得該研究會一分為二，一是他的兒子金開藩（蔭湖）於1927年11月，另外創辦了一份美術刊物《湖社月刊》。另一是周肇群仍堅持在中國畫學研究會的陣地上，就在《藝林旬刊》停刊半年後的1930年7月出版了《藝林月刊》。據《藝林旬刊》稱，該刊創辦的目的在於「純在宣導美術，所集材料，以具有美術價值為限，選擇精審，考訂詳明，絕不濫竽充數，亦不隨俗徇知」。[122] 其內容涉及研究和發表古今優秀書畫作品，推薦介紹金石碑刻，刊載古跡名勝攝影，評論古今美術理論、書畫篆刻、陶瓷工藝、鑒賞釋介與古典詩句等。初創時旬刊為八開四大頁，改為月刊後為十六開本，兩刊均用道林紙銅版精印，十分精美。

　　由於此類刊物較多，下僅列主要刊物，製成簡目表，以供參考。

表八：主要美術刊物簡目

名稱及刊期	創辦人及編輯	出版單位（發行）	創停刊日期
《中國名畫》不定期刊	張寒題寫刊名	上海：有正書局發行，本刊後遷北京出版	1908年—1918年11月（1—15）
《曼陀羅》半月刊	上海曼陀羅社編	上海：廖石成發行	1911年3月創刊號（1）
《美女風景畫片》不定期刊	新中華圖書公司編輯	新中華圖書公司代辦部發行	1914年9月（1—2）
《美》半月刊	美術茶會幹事部編輯	上海虞文（發行人）	1914年10月—1948年2月（1—11）
《美術》不定期刊	美術雜誌社主辦、編輯	上海圖畫美術學校出版部發行	1918年10月—1922年11月（1:1—2，2:1—4，3:1—2）
《美育》月刊	美育雜誌社編輯	中華美育會發行	1920年4月—1922年4月（1—7）
《繪學雜誌》半月刊	北京大學繪學雜誌社編輯	北京大學畫法研究會發行	1920年6月—1921年11月（1—3）
《新聲》月刊	新聲雜誌社編輯	上海新聲學社發行	1921年1月—1922年6月（1—10）
《絢報畫苑》刊期不詳		上海絢報館	1921年4月（1—4）
《晨光》雙月刊	晨光美術會主辦	上海該會發行	1921年6月（1）
《江蘇省立第三師範學校圖畫研究刊》期不詳	錢松岩、陳越編輯	江蘇該校發行	1921年10（1）
《神州吉光集》不定期刊	上海書畫會編輯	上海該會發行	1922年10月—1925年11月（1—8）
《藝術評論》週刊	上海藝術師範學校編輯	民國日報社	1923年4月—1924年9月（1—72）
《造形美術》刊期不詳	（國立）北京大學造形美術雜誌社編輯	北京造形美術研究會	1924年6月（1）
《人體模特兒》刊期不詳	美術學會編輯	上海該學會	1924年9月（1）
《藝林叢刊》不定期刊	南通金石書畫通訊處吟秋館編輯	江蘇南通該處發行	1925年2月—1930年2月（21—38）
《鼎臠福墨》週刊	巽社編	上海該社	1925年10月—1927年2月（1—30）
《藝觀》月刊	上海藝觀學會編輯部編輯	該會發行	1926年2月—5月（1—4）
《圖畫週刊》週刊	菊池貞二編輯	奉天遼寧：盛京時報社發行	1926年4月—8月（1—21）
《新藝術半月刊》半月刊	藝術學會編輯	上海光華書局發行	1926年5月—10月（1—12）

名稱及刊期	創辦人及編輯	出版單位（發行）	創停刊日期
《鼎臠：美術週刊》週刊	巽社編	上海該社	1926年10月—1927年3月（1—60）
《藝觀雜誌》月刊	藝觀學會編輯部	上海該會發行	1926年6月—1929年8月（1—6）
《微笑：迴圈美術特刊》刊期不詳	迴圈報社編輯	香港該社	1926年7月—1927年1月（1—2）
《藝術界週刊》週刊	傅彥長等編輯	先後由光華書局，良友圖書印刷公司發行	1927年1月—12月（1—26）
《國畫特刊》不定期刊	國畫研究會編纂部編輯	廣州國畫研究會營業部發行	1927年2月—1928年8月（1—2）
《畫室》月刊	青年藝術社編輯	廣州該社	1927年11月（1—2）
《湖社月刊》月刊	金蔭湖編輯	北平湖社月刊發行部	1927年11月—1936年3月（1—100）
《藝林旬刊》旬刊	中國畫學研究會編輯	北平中國畫學研究會	1928年1月—1929年12月（1—72）
《首都第一屆美術展覽會特刊》不定期刊	首都第一屆美術展覽會籌備處編輯	第四大通俗教育館民眾週報社	1928年1月（1）
《青年藝術》半月刊	青年文藝社編輯	廣州該社	1928年7月（1—2）
《滄浪美》刊期不詳	蘇州美術專門學校出版科，蘇州美術館出版科編輯	滄浪美術社發行	1928年9月（1—2）
《亞波羅》半月刊	浙江國立杭州西湖藝術院編輯	杭州西湖藝術院	1928年10月—1936年10月（1—17期）
《藝浪》月刊	黃覺寺、錢人平等	蘇州美術專門學校校刊社	1929年—1947年1月（1—42期）
《藝苑朝華》月刊	朝花社選印（魯迅）	上海教育用品社	1929年1月—1930年5月（1—5期）
《國粹月刊》月刊	中國書畫保存會編輯	上海該刊編輯股	1929年1月—3月（1—2）
《畫風》不定期刊	國畫研究會畫風社編輯	廣州國畫研究會畫風社	1929年1月—1930年8月（1—3）
《藝苑朝華》月刊	朝花社選印	上海合記教育用品社發行	1929年1月—1930年5月（1：1—1：5）
《蕗谷虹兒童畫選》月刊	朝花社選印	上海合記教育用品社發行	1929年1月（1）
《比亞茲萊畫選》月刊	朝花社選編	上海合記教育用品社發行	1929年4月（1）
《上海美術專門學校季刊》又名《蔥嶺》季刊	上海美術專門學校編輯	上海美術專門學校	1929年4月—9月（1—2）

名稱及刊期	創辦人及編輯	出版單位（發行）	創停刊日期
《國立藝術運動社第一屆展覽會特刊》	國立藝術院編輯	該院發行	1929年5月（1）
《美周》週刊	徐志摩等主編	上海美周出版社	1929年7月—9月（1—12）
《藝術館特刊》刊期不詳		杭州（西湖博覽會）發行	1929年8月
《藝苑》不定期刊	藝苑研究所編輯	上海文化美術圖書公司	1929年9月—1931年1月（1—2）
《藝浪》月刊	先後由蘇州美術專門學校校刊、藝浪編輯室，黃覺寺、錢人平等編輯	蘇州美專校刊社發行	1929年10月—1947年11月（1—4:2）
《觀海藝刊》不定期刊	觀海談藝社編輯	上海社發行	1929年
《西湖一八藝社展覽會特刊》	西湖一八藝社展覽會特刊編輯部編輯	上海西藏路寧波同鄉會	1930年1月
《藝術畫報》月刊	徐韜等主編	上海微微出版社	1930年1月—3月（1—3）
《藝術》月刊	沈瑞先（夏衍）主編	上海藝術社	1930年3月（1）
《藝友藝術半月刊》	周世勳編輯	上海藝友社出版部	1930年4月—8月（1—5）
《新俄畫選》月刊	朝花社選編（魯迅）	上海光華書局發行	1930年5月
《字學雜誌》半年刊	天津楷學勵進社編輯	天津該社發行	1930年5月（1—2）
《藝林月刊》	中國畫學研究會編輯	中國畫學研究會發行於北平	1930年7月—1942年10月（1—118）
《墨海潮美術月刊》年刊	海上書畫聯合會編輯	上海該會發行	1930年9月—11月（1—3）
《亞丹娜》半月刊	上海芒種社編輯	該社發行	1931年3月—10月（1—10）
《美術叢刊》年刊	天津美術館編輯	天津美術館	1931年10月—1934年1月（1—3）
《藝甄》刊期不詳	藝甄社編輯	該社發行	1931年5月（初集）
《翡翠美術旬刊》旬刊	朱家角翡翠館編輯	上海青浦該館	1931年9月—12月（1—10）
《美術叢刊》不定期刊	天津美術館編輯	天津美術館編輯	1931年10月—1932年10月（1—3）
《藝毂》刊期不詳	談月色輯編	廣州藝毂社	1932年6月（1）
《畫學月刊》月刊	劉海粟等主編	上海利利公司文藝部發行	1932年9月（1）
《藝風》月刊	藝風雜誌社編輯	上海嬰嬰書屋	1933年1月—1936年12月（1:1—4:9）

名稱及刊期	創辦人及編輯	出版單位（發行）	創停刊日期
《藝術》月刊	摩社藝術月刊編輯部編輯	該刊出版部發行	1933年1月—2月（1—2）
《神車》半月刊	藝術運動社編輯	杭州西湖藝術出品社發行	1933年2月—1935年3月（創刊號—3：10）
《輔仁美術月刊》	輔仁大學教育學院美術科編輯	北平：輔仁大學美術月刊編輯部發行	1933年4月—1934年1月（1—10）
《藝聲》刊期不詳	鄞縣縣立中山民眾教育館書畫研究會編	浙江鄞縣該會	1933年8月（1）
《新聞報婦女作品專刊》刊期不詳	新聞報館編輯	上海新聞報社	1933年10月—1934年1月（1—2）
《美術雜誌》月刊	方雪、陳秋草編輯	上海良友圖書印刷公司發行	1934年1月—6月（1—3）
《翰墨彙刊：民國先導報附刊》	徐翰臣主編	上海喚群書報社發行	1934年1月—8月（1—11）
《美術生活》月刊	美術生活社，金有成、俞家賢創辦，鐘山隱總編	上海新聞館	1934年4月—1937年8月（1—41）
《萬象》不定期刊	張光宇，葉靈鳳主編	上海時代圖書館	1934年5月—1935年6月（1—3）
《娑羅畫社刊》刊期不詳	吳似蘭主編	江蘇蘇州該社發行	1934年6（1）
《中國女子書畫展覽會特刊》不定期刊	陳小翠、李秋君編輯	上海中國女子書畫展覽會	1934年6月（1）
《長虹社畫刊》刊期不詳	長虹社編輯	上海該社	1934年6月（1）
《金石書畫》半月刊	余越圓主編	杭州東南日報社	1934年9月—1937年8月（1—87）
《國畫》月刊	國畫學會編輯	國畫學會發行	1934年11月—1935年8月（1—12）
《藝術旬刊》	摩社編輯部編輯	該刊出版部發行	1935年9月—12月（1—12）
《美術月刊》	廣州美術學校編輯	廣州美術學校	1935年10月—1936年6月（1—6）
《上海美術專門學校25周年紀念一覽》刊期不詳	上海美術專門學校編輯	上海美術專門學校	紀念刊1936年
《國畫》月刊	中國畫學生版社主辦	上海該社	1936年1月—12月（1—6）
《中國美術會季刊》	中國美術會編輯委員會編輯	南京該會發行	1936年1月—1937年1月（1—4）
《木刻界》月刊	唐英偉編輯	廣州現代版畫會	1936年4月—5月（1—2）

名稱及刊期	創辦人及編輯	出版單位（發行）	創停刊日期
《藝術建設》半月刊	何勇仁編輯	上海雜誌公司發行	1936年6月（創刊號）
《維納絲》月刊	維納絲雜誌社編輯	天津維納絲社發行	1936年8月—1937年11月（1—9）
《青年藝術》月刊	青年文藝社編輯	廣州該社	1937年3月—7月（1—5）
《廣東美術：第二次全國美展廣東出品專刊》不定期刊	伍千里編輯	廣東該刊	1937年5月
《美術》季刊	天津市立美術館編輯	天津該館	1937年7月（1）
《戰時藝術》半月刊	戰時藝術半月刊社編輯	該社發行	1938年3月—1939年5月（1—25）
《西洋美術雜誌》不定期刊	麗沙編輯	西洋美術雜誌社	1938年7月（創刊號）
《紅醪》刊期不詳	儲商光、顧一之編輯	上海紅醪社發行	1938年10月（1）
《工作與學習·木刻與漫畫》半月刊	工作與學習社、木刻與漫畫社編輯	桂林：工作與學習社、木刻與漫畫社	1939年5月—9月（1—6）
《藝術界》刊期不詳	潘念辰主編	上海潘念辰（發行人）	1939年8月（1）
《美術界》月刊	美術界月刊社編輯	上海該社	1939年9月—1940年3月（1：1—3）
《藝術與生活》月刊	袁笑星編輯	藝術與生活雜誌社	1939年10月—1944年11月（1—44）
《戰時木刻半月刊》	浙江戰時美術工作協會木刻研究社研究組編	浙江麗水美術工作協會發行	1939年11月—1940年4月（1：1—2：2）
《國光藝刊》季刊	徐光達主編	上海國光藝刊發行	1939年11月（1—2）
《木刻叢集》	浙江省戰時美術工作者協會主編	浙江金華浙東印書局發行	1939年11月—1941年6月（1—2：1）
《木刻陣地》	張慧主編	廣東大埔生活書店發行	1939年11月—1940年3月（1：1—2：3）
《刀與筆》月刊	刀與筆社編輯	浙江金華該社發行	1939年12月—1940年2月（1—3）
《畫陣》	陳振龍、黃振琪主編	浙江永嘉動員委員會教文會發行	1940年6月—11月（1—6）
《耕耘》月刊	重慶耕耘社編輯、編輯郁風	發行人：黃苗子	1940年4月—8月（1—2）
《現代藝術》月刊	錢力行編輯	上海中國現代公司出版部	1940年8月—9月（1—2）

名稱及刊期	創辦人及編輯	出版單位（發行）	創停刊日期
《畫萃》月刊	羅東編繪	西安中國文化服務社陝西分社	1940年8月—1941年（1—11）
《現實版畫》	中央大學藝術科李慧中等人編輯	重慶藝術大學發行	1940年11月—1941年（1—5）
《詩歌木刻》月刊	魯陽、葉金主編	江西詩歌木刻社	1940年12月—1942年5月（1—9）
《中華全國美術會會刊》月刊	中華全國美術會編輯	該會	1940年1月—1941年9月（1—8）
《獨立展集》刊期不詳	（日）高田廣海畫	日本朝日新聞社發行	19？？—1935年3月（1—5）
《晨鐘半月刊》半月刊	黃達人編輯	上海晨鐘廣告社：金門廣告社發行	1940年12月（1—2）
《藝術論壇》刊期不詳	劉獅主編	上海藝海書店	1941年1月（1）
《木刻藝術》月刊	先後由木刻藝術社、中國木刻研究會、中華木刻協會編輯	先後由浙江麗水木刻藝術社、重慶中國木刻研究會、上海中華木刻協會出版	1941年9月（1）1943年12月（2）1946年8月—9月（新1—2）
《草書月刊》不定期刊	上海草書月刊社編輯	上海草書月刊社發行，社長于佑任，發行人賈毓生	1941年12月（1：1）1947年5月—7月（復刊1：2—4）1948年3月（復刊5—6）
《木合》不定期刊		福建中國木刻用品合作社工廠	1941年1月—1945年8月（1：1—2：4）
《刀筆社》，又名《魯迅五年祭》	刀筆社編輯	上海刀筆社發行	1941年10月（1）
《戰時描集》刊期不詳	廣西省立藝術館美術部	廣西該部	1941年5月（1）
《上海藝術月刊》月刊	上海藝術學會編	上海該學會發行	1941年11月—1943年2月（1—14）
《中國木刻》月刊	中國木刻社編輯	上海中國木刻作者協會發行	1942年12月—1943年4月（1—3）
《書學》不定期刊	中國書學研究會編輯，主編高承祥、沈子善	重慶文信書局	1943年7月—1945年9月（1—5）
《藝潮》月刊	南京藝潮社編輯	南京該社發行	1944年4月—1945年1月（1—6）
《新藝》月刊	王希瑾主編	成都新藝月社	1944年11月—1945年7月（1—5）
《現代藝術》年刊	徐傑民主編	廣西桂林現代藝術社馬衛之發行	1946年6月—1947年5月（1—3）
《美術彙報》刊期不詳	上海美術會主辦	上海該會	1948年1月（1）

名稱及刊期	創辦人及編輯	出版單位（發行）	創停刊日期
《美術年刊》年刊	新加坡華人美術研究會編輯	新加坡該會	1948年3月
《新藝苑》月刊	新藝苑雜誌社編輯	該社發行	1948年5月—6月（1—3）
《時代藝術月刊》月刊	黃獨峰主編	廣州該社	1949年4月—5月（1—2）
《浙江第一次全省美展紀念特刊》刊期不詳	郭子美等編輯	杭州長天文藝社發行	1949年4月（1）

二、傳統圖文典籍

繽紛斑斕的美術刊物因其本身的特點，因此極大多數刊物均是圖文並茂式，且以各類美術作品照片為主。

金石書畫類畫報可視為搜羅弘揚傳統圖文典籍的領軍文獻。這類畫報往往以刊物為號召，結社成團。它們的內容主要集中在文物考古、篆刻、傳統中國畫、歷代名家書法、古詩詞研究、碑帖、墓誌銘、青銅陶器研究等領域。幾乎都採用重磅道林紙銅版精印，其風格與二〇年代中期所風行的《上海畫報》、《北洋畫報》類似。圖版精美，印工考究，圖文並茂。如：1925年同時出版的《金石畫報》、《鼎臠》、《聯益之友》，1934年9月10日出版的《金石書畫》，1908年2月出版的《神州國光集》，1928年1月創刊的《藝林旬刊》，1926年2月創刊的《藝林畫報》，1939年出版的《國光畫刊》，1931年出版的《墨海》、1933年出版的《墨林》和《娑羅畫刊》等，均屬此類畫報中的佼佼者。

1908年2月（光緒三十四年戊申二月）出版的《神州國光集》乃是金石書畫類刊物中，迄今發現最早出版的美術刊物。由國學保存會精印。它的發行與當時國學保存會有關。國學保存會成立於1905年初，主要創辦人即是鄧亥（鄧秋枚），該會主要成員是參加同盟會與南社的一批人。如：黃節（晦聞）、劉師培、陳去病、馬敘倫、高天梅、馬君武、柳亞子、黃侃（季剛）、黃質（賓虹）等一批反清志士。該

會不僅出版了它的機關刊物《國粹學報》，宣傳以「研究國學、保存國粹為宗旨」，而且聲明，該會「志在收羅遺籍，其有古人之毀版之書，或尚有板而不多見之書，或寫完未刊之書，或久佚之書」[123]，皆可投寄本會，該會將擇優登在《國粹學報》，或重版印行。神州國畫集即是在此背景下，由該會精印出版。後人研究該會，稱其推崇的國粹思想和出版物是「資產階級民主革命思潮的一部分」，不僅「有力地推動了中國傳統學術的近代化」，而且它們以復興中國文化為己任，對「發展中國新文化的思考，具有可貴的前瞻性」。[124] 畫刊的主編是該會的發起人鄧秋枚，1911 年出版至第 21 期後，因辛亥革命爆發而停刊。1928 年復刊，改由上海神州國光社出版發行。1931 年停刊，又出了 11 期。其中的插圖已採用銅版精印。這比盛行於二〇年代中期的銅版畫報整整早了 17 年，這也許與刊物的性質有關。

《金石畫報》，1925 年 11 月 12 日創刊於上海。它是由：「海內金石書畫家珍藏家」所發起，其宗旨為「保存國粹，提倡金石書畫」。[125] 每三日出版一期。全刊設編輯部、介紹部、代售部和廣告部。每半年舉辦一次展覽會，同時還約定國內書畫界人士如初次蒞滬，它還負責住宿飲食安排，類似這樣組織齊備的刊物在當時並不多見。發行本

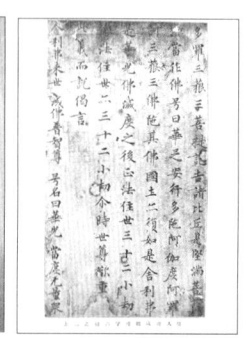

刊意在「發起精蘊，聲氣於焉溝通，情感尤為聯絡」，每當「春秋之日，同約勝游，金石焉、書畫焉、古樂焉、詩詞焉，此唱彼和，其樂陶陶」[126]，儼然就似一個同道的組織機構。類似以刊物為號召，結社成團在此類美術刊物中已成一種普遍的現象。如上列舉的刊物，除《故宮旬刊》外，都屬此種情況。它們的內容主要集中在文物考古、篆刻、傳統中國畫、歷代名家書法、古詩詞研究、碑帖、墓誌銘、青銅陶器研究等領域。

三、版畫類畫報

　　版畫類畫報乃是美術類畫刊中，傳承中國版畫技藝手法中最具個性色彩的美術類畫報。版畫的歷史可上溯至中國的傳統年畫技術，最早見於文獻記載的木版年畫，見於北宋熙寧五年（西元1072年）沈括的《補筆談》，以及《東京夢華錄》書中，兩書都曾描寫過宋代市場出現買賣門神、鍾馗、桃符之類的木版畫。這類用於驅邪避凶，求福吉祥的木刻畫到清代康熙、乾隆年間達到高峰，至辛亥革命前已經衰落。但是這種木刻作畫的技術手段卻被現代繪畫技術所吸納，而成為三、四〇年代木刻版畫的基礎，在構圖、刀法和內容上已脫胎換骨，成為一種新型的藝術手段。在內容上，這時的版畫已賦予了新時代新藝術的特徵，它們已脫離舊版年畫祝福避邪的傳統舊器，轉變成全面反映民眾現實生活，針砭官場政治腐敗，緊貼時代步伐的一種新型美術刊物。尤其是在魯迅身體力行的大力親自創導下，不僅

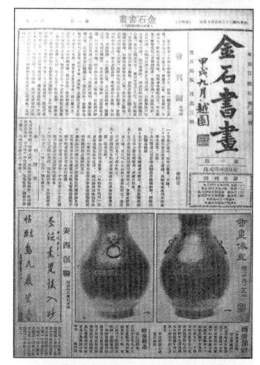

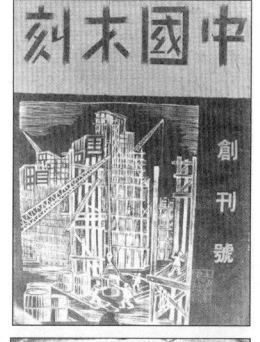

將西方和蘇聯版畫的寫實主義引進了中國版畫的領域，更為重要的是，木刻版畫刊物更是將創作畫面的視角聚集在低層為生活掙扎的勞苦大眾，前線英雄殺敵的抗日將士，天災人禍四處流浪的災民，花天酒地醉生夢死的達官貴人，畸形繁華都市中的芸芸眾生等。在創作手法上，它完全改變了年畫、刀刻者、繪畫者和印刷者分而為之的版畫刻製法，取而代之是將畫者、刻者、印者完全集於一人單獨完成。現代版畫的創作法，使其從傳統的「匠意」一下跨越到「創意」階段，正是這一飛躍式的轉變，使版畫藝術從此名正言順的成為美術領域內的一支奇葩。而這一飛躍完成的時期，正是在二十世紀三〇年代至四〇年代得以實現。在所存六十餘種木刻文獻實物資料中，我們可十分清晰地看見版畫木刻類畫報達到最高峰的這種趨勢。據筆者所見文獻就有：1933年出版了兩種：《現代中國木刻選》、《木版畫》。1934年出版了兩種：《現代版畫》、《木刻紀程》。1935年出版了一種：《迴瀾木刻》。1936年出版了兩種：《鐵馬版畫》、《木刻界》。1938年出版了三種：《抗戰版畫》、《抗戰畫刊》與《戰時畫刊》。1939年一下子出版了十五種：《敵後方木刻》、《星火》、《戰時木刻半月刊》、《戰畫》、《戰地真空》、《全國抗戰版畫》、《木刻陣地》、《木刻導報》、《木刻叢集》、《刀尖》、《大眾畫報》、《刀與筆》、《工作與學習・漫畫與木刻》、《漫木旬刊》與《漫畫與木刻》。1940年出版了十種：《戰時木刻畫報》、《詩

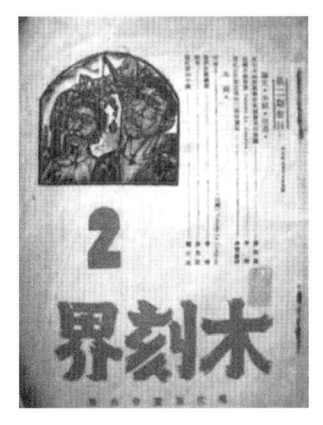

歌與木刻》、《現實版畫》、《木刻集》、《木刻畫報》、《木藝》、《漫畫木刻月選》、《抗建通俗畫刊》、《二合畫刊》與《樹範木刻》。1941年出版了七種：《戰地真容》、《版畫集》、《木刻通訊》、《木刻藝術》、《木合》、《刀筆集》與《漫畫木刻叢刊》。1942年出版了四種：《勝利版畫》、《全國木刻展覽會紀念特刊》、《中國木刻》與《木刻運動》。1943年和1944年分別出版了兩種：《西洋美術選集》與《大江木刻》。1945年出版了四種：《勝利木刻集》、《版畫文化》、《自由畫報》與《漫畫與木刻》。此後，1946年發行了《時代版畫》，1947年創刊了《新木刻》，1949年出版了《木刻》各一種。而這一時期，中國社會正是處於抗日戰爭和解放戰爭的兩大戰役中，版畫藝術反而得到了突飛猛進且長足的發展，這是一個值得令人深思和研究的問題。同時，我們也可看到，木刻版畫畫刊的出版趨勢呈現出「山」字型結構，兩端低，中間高；1939年至1940年達到其出版高峰。它們少則出版一期、兩期，多則出版時間較長，雖達兩年或四、五年，但出版的期數卻僅有四、五期，難見出版過八期以上的。這種現象也從一個側面反映了抗戰初期木刻版畫的活躍程度，以及戰爭時期物質匱乏，人才流動，陣地四處轉移，出版週期不固定等特徵。上述刊物中較為重要的有：

1.《木刻藝術》：

這是一份由中國木刻研究會編輯出版的刊物。1941年9月出版了第1期後，遲至1943年12月才出版了第2期，1946年8月復刊後，第1期出版於上海，第2期又至重慶出版，可見此類畫報的生存是十分艱難的。創辦者們在戰爭的惡劣環境下，面臨著政治與生活的雙重壓迫，不得不在狹小險阻的空間中實現自己的人生藝術理想。雖然稱為月刊，但總共出版了四期。

2.《木刻叢集》：

1939年11月創刊於浙江麗水，由浙江戰時美術作者協會主編。1941年6月停刊，共出5期。它最大的特點是，所有木刻版畫均圍繞一個抗戰主題，每輯作品均點出一個重點，從第一輯至第五輯的輯名重點分別為：《旌旗》、《號角》、《戰鼓》、《鐵騎》、《反攻》，

反映了編輯者匠心獨運，構思新穎，用心良苦的目的。

3.《現實版畫》：

1940年12月創刊於重慶，署中央大學藝術科編輯與李慧中等人編輯，1941年停刊，共出5期。它的最大特點是典型地反映了這時期出版版畫的內容特徵，每一期封面正面地刻印了中國抗日軍隊英姿颯爽奔赴抗日前線的偉大形象，如第1期的版畫，刻畫了雙手緊握刺刀，前仆後繼英勇殺敵的戰爭場面。第2期封面刻畫了我軍軍隊腳踏敵軍屍骨，收復失地，戰場飄揚「還我河山」大旗，戰士振臂高舉歡呼勝利的激動場景。第3期封面刻畫了抗日將士手敲戰鼓，身背步槍，腳踏戰馬奔赴抗日戰場的勃勃英姿。其細膩的刀法藝技，飽滿真實的人物形象，達到了藝術與內容的和諧統一，使人過目難忘。

4.《現代版畫》：

1934年創刊於廣州，1936年5月停刊，共出18集。由現代創作版畫研究會主編及出版。它的價值在於培養了一批中國近現代木刻工作者，如李

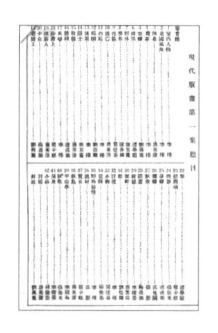

樺、賴少麒、唐英偉等人。從它的第一期作品目錄來看，它所反映的社會領域特別廣泛，既有反映人性的〈棄婦〉、〈持薪人〉、〈隱士〉、〈老礦工〉、〈孕婦〉、〈少女〉等，又有反映景物的〈礦道〉、〈沙灘上〉、〈秋景〉、〈河畔〉等，還有反映事件的〈逃亡〉、〈傀儡〉、〈賣女〉、〈收穫〉、〈播種〉等。

5.《中國木刻》：

　　1942年12月創刊於上海。署中國木刻社編輯，中國木刻工作者協會發行。1943年4月出版至第3期後停刊。共出3期。創辦該刊的是「一群年輕的木刻底的學習者和愛護者」，他們在戰爭的艱難環境下，自發的組織了中國木刻工作者協會，積極的展開創作活動，其目的就是「為了挽救木刻界的危機」，使這項才發展了十幾年的新型藝術「在技術上、思想上都使它走上新生的道路，使它繼續發展，趕上劃時代轉變的前夜」。[127]

　　這時期的版畫畫刊大致可分成兩大類：一類是介紹西方或蘇聯版畫成就的畫報。創辦這類畫報的先驅者和領袖是魯迅，他曾以朝花社的名義，在三〇年代連續編輯並刊印過五種國外的木刻版畫集，如：《近代木刻選集》（共出一、二集）、《菇谷虹兒畫選》、《新俄畫選》（中國第一本蘇聯版畫集）、《木刻紀程》、《凱綏‧珂勒惠支版畫選集》。另一類是以中國傳統版畫為基礎，由中國本土版畫家創作出版的刊物。

它的旗手是鄭振鐸，代表作是 1940 年出版的《中國版畫史圖錄》，它雖然不是連續性的畫刊出版物，或純粹的畫報，但它卻開創了從年畫向版畫「續脈」的新局面。由刀筆雕刻出方寸之間廣闊天地的版畫畫報，為中國近現代美術畫報史上添上了繽紛斑斕的濃重一筆。

第五節
都市休閒文化的新寵兒：娛樂業畫報

娛樂業畫報盛行於三〇年代中期，都市商業經濟的高度繁華與發展，都市市民群體的急速擴張，都市文化娛樂消遣場所的此起彼伏，使得一批以娛樂業為基礎的圖文並茂式刊物風起雲湧。作為一種通俗化的文獻載體，在霓虹彩燈炫耀四射、聲色歌舞紙醉金迷、犬馬賽跑遊藝玩樂、娛樂廣告林林總總的各式氛圍中，為這批消遣娛樂刊物提供了最直接的市場管道和溫床，並使它們迅速地在大都市的文化圈中占有一席之地。值得注意的是，中國經濟愈是發達的地區，此類刊物就愈多。據粗略統計，僅在上海一地，就有近百種此類畫報先後問世。這批刊物的共同特點是：

一、出版者或創辦人大多是各遊藝場老闆、主幹或娛樂界的名人：

如：仙樂舞廳出版了《仙樂畫報》、維也納舞廳出版了《維也納畫報》、上海舞廳出版了《舞聲週刊》和《舞生活》、國泰舞廳出版了《樂藝週報》、上海咖啡廳出版了《跳舞新聞》等。當時上海灘的著名小開葉逸芳甚至自購印刷機器，自己印行，經他一手創辦的刊物，就有《影舞新聞》、《影舞時代》、《舞與影》、《彈性姑娘》等。

娛樂界名流顧亞凱自1936年至1946年，先後創辦過《上海畫報》、《舞序》、《舞風半月刊》、《舞市》、《影戲彈》、《影劇》、《影舞週報》等娛樂畫刊，以及《力報》中的附刊《舞市》等。韓素心創辦過風光一時的《彈性畫報》和《跳舞世界》。因印刷精美著稱的《舞聲》，由施煌主編，秦義為圖畫編輯，被同行譽為是「舞刊之奇葩」。

二、創辦人結合自身優勢創報：

新聞界人士或出版界人士利用業餘或兼職，及其自己的社會網路和文化知識結構優勢，創辦了此類畫報。如1936年8月創刊的《跳舞世界》，不僅報導舞星動態，而且傳授舞蹈技術，其主要編輯范寄病（張大帝）曾是《電聲》主編，被稱為「江南才子」。革新後加盟的編輯盧溢芳、陳積勳均編輯過不少小報。1937年春創刊的《舞影時代》，創辦人是《華美晚報》的廣告員胡逸明。1936年7月創刊的《舞國》，創辦人是上海灘娛樂界的名記者穆靜聲。《情歌妙舞》畫報的攝影是著名攝影家秦泰來、翁飛鵬等。這批人的加盟，使得此類畫報在編排結構、藝術趣味和內容情趣各方面都比一般同類畫報精彩專業。

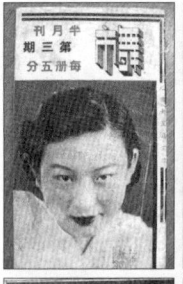

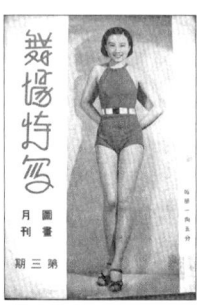

三、刊物印刷精緻：

從此類畫報的印刷技術審視，具有壁壘分明、精細粗糙的鮮明特徵。一部分畫刊採用重磅米色道林紙銅版印刷，圖片精美清晰，品質上乘，有的甚至可稱作是人物肖像藝術畫佳作，其中佼佼者有韓素心創辦的《跳舞世界》和《彈性畫報》、陳夢梅發行的《舞國》、賽珍珠主編的《舞藝週報》、孫克仁主幹的《舞星畫報》等。尤其是1934年創刊的《舞國春秋》，僅出1期，十六開本，以紅舞星梁賽珍為封面招牌，銅圖照片達七十餘頁，卻也反映了消費文化的高度飛漲和奢侈。而大部分畫報採用影寫凹版技術，有的甚至採用新聞紙加圖片的方式，品質低劣，圖片模糊，名為「畫報」，實則是文字刊物，配幾幅照片而已。

四、從娛樂場的類別和出版數量來看，共分二大類：

（一）舞廳刊物：

它們的出版數量最大，幾乎占此類刊物的80％左右。這與當時遍布上海角落的大大小小數百個舞廳有關，其內容是宣傳本舞廳的完備設施、開場時間、舞星介紹、舞場趣聞，力捧本廳的明星舞女。如《舞國》力捧維也納舞廳女星李妹妹。《舞風》力挺漩宮紅舞女薛美聲、殷美鳳等。《舞生活》力捧夏維英。《跳舞與溜冰》力捧揚子舞廳舞星金蝶等。《彈性畫報》甚至因為紅舞女陳莉莉與《力報‧舞市》大

打筆戰。這類現象的產生，反映了都市娛樂文化中低俗媚俗與格調低下的消極面。三〇年代此類代表刊物是被時人稱為三足鼎立的《影舞新聞》（1935年7月創刊，1938年12月停刊，共出105期）、《跳舞世界》（1936年8月創刊，1937年8月停刊，共出30期），以及《舞國》（1936年7月創刊，季刊，1937年9月停刊，共出5期）。

（二）綜合性畫報：

　　遊藝場所或文化人出版的綜合性畫報。此類畫報的內容已不局限於舞廳，而是將他們的視野擴展到體育、影戲（另有專節闡述）、遊樂、歌壇等領域，較有影響的就是有一度與《體育週報》合併的《競樂畫報》，該刊1935年10月26日創刊於上海，1937年3月停刊，共出100期，每週出版一次。其格調及風格較清新，具有一定的知識層次，文字也較活潑輕鬆。其它還有著名作家、美學家邵洵美和邵美麗主編的中英文對照的《聲色畫報》（1935年9月創刊於上海，次年2月停刊，共見5期）、著名漫畫家胡考和韓萍霞主編的《甜心畫報》（1931年1月創刊於上海，次年1月停刊，共出30期）、潘俠風主編的《遊

藝畫刊》（1940年4月創刊於天津，1945年9月停刊，半月刊，共出11卷約180餘期）、易立人（沙景）編輯的《跳舞與溜冰》（1938年創刊於上海，僅見1期）、穆靜聲（賽珍珠）主編的《舞藝週報》（其內容包括冰場花絮、戲劇評論、歌壇軼事、回力球座談等）、三〇年代上海出版的《遊藝畫報》、宋友梅主編的《歌星畫報》（1935年10月創刊於上海，同年12月停刊，共出4期）、1946年由聯合書報雜誌編譯公司編譯的《歌舞風光‧紅星專輯》等。

　　輕鬆休閒娛樂的圖象文獻在都市消費市場上一直占有較大的數量，它們一方面滿足了市民對通俗文化的精神需求，另一方面也填補了部分人們紙醉金迷的空虛心靈。作為圖象文獻的一個分支，畫報中所傳遞出的健康積極向上的一面，調劑著人類生產生活中的緊張競爭的情緒，它所宣揚的「及時行樂」、「今日有酒今日醉」的頹廢生活方式也同時腐蝕著人們的心靈。從筆者所看到的實物文獻中，這類刊物基

本集中在如上海、天津這樣極少數的大城市中，其他地區很難看見。它們的出版時間極大多數都發生在1935年至1940年間。尤其是上海淪為孤島後的1937年至1939年間，下附的娛樂消遣刊物簡目，反映出這個年代所獨有的文化出版現象：

表九：娛樂消遣刊物簡目

刊名及刊期	創辦、編輯及發行人	出版單位（發行）	創停刊日期
《彈性姑娘》週刊	主編李珂玲	上海該社	1936年7月—1937年6月（1卷1期至2卷13期，共出34期）
《彈性姑娘半月刊》	主編賽珍珠	上海現代出版社	1936年—1937年6月（1卷1期至2卷16期）
《跳舞世界》	創辦人韓奇心，范寄病主編	上海玫瑰刊行社	1936年8月—1937年8月（1—30期）
《聲色畫報》月刊	項美麗、曹洵美主編	上海時代圖書公司	1935年9月—11月（1—3期）
《聲色週報》	主編陳福愉	上海聲色週報社	1936年2月（1—2期）
《享樂圖畫月刊》	主編周世動	上海該社發行	1941年10月（1）
《香海畫報》	編輯盧一方	上海周挹農發行	1938年9月—1940年3月（1—210期）
《彈性畫報》週刊	創辦人韓素心，編輯郁君	上海玫瑰刊行社	1939年5月（1—2期）
《舞影時代》	編輯許明、徐月玲	上海舞影時代社	1937年2月（1）
《舞聲週刊》	主幹湯麟、傅高芳、張竹年，編輯趙超	上海舞聲週刊社	1937年4月（1—？）
《舞風》半月刊	創辦人及主編顧亞凱	上海舞風半月刊社	1937年1月—1939年2月（復刊1—15期）
《舞生活》周刊	主編魯夫	上海標準出版社	1937年12月（1）
《舞市》	主編顧亞凱	上海舞市出版社	1936年8月—9月（1—3期）
《舞聲電週刊：最新型之舞影綜合軟性刊物》	總編輯蕭鳴	上海米高梅出版公司	1939年8月（1）
《舞伴》週刊	編輯程霞夫	上海中華舞學社	1935年5月—6月（1—5期）
《舞國》不定期刊	編輯穆靜聲	上海現代出版社，發行人陳夢梅	1936年7月—1937年7月（夏季號、秋季號、狂大號）

刊名及刊期	創辦、編輯及發行人	出版單位（發行）	創停刊日期
《舞國半月刊》	編輯舞國編輯部	上海現代出版社	1937年5月—6月（1—4期）
《舞國春秋》不定期刊	不詳	上海舞國春秋社	1937年3月（1期）
《舞場特寫》月刊	主編虹影、白薇	上海一鳴出版社	1939年6月—8月（1—3期）
《舞之花》半月刊	主編蔣健	上海新亞出版社	1935年12月—1936年7月（1—7期）
《舞影》五日刊	編輯田中	上海舞影出版社	1936年10月—11月（1—3期）
《舞影》半月刊	編輯朱林	上海申新出版社	1938年10月—1939年1月（1—7期）
《跳舞世界》	主編張大帝	上海玫瑰刊行社	1936年8月—1937年7月（1—29期）
《跳舞與溜冰》	編輯沙累	上海，發行人易立行	1938年6月（1期）
《影舞週報》	主編顧亞凱	上海影舞日報館，鸚鵡出版公司	1942年11月—1943年1月（1—6期）；1943年5月—8月（復刊1—2期）
《影舞新聞》半月刊	編輯葉逸芳、周銘贄	上海影舞新聞社	1935年7月—1938年12月（1卷1期—5卷7期，共出130期）
《舞生活》	主辦夏維英，鄧蔭乞主持，後由陳耀庭主持	上海舞廳	1946創刊—？
《娛樂圖畫雜誌》	編輯徐進文、范光華	上海現象圖畫刊行社	1935年7月—1938年10月（1卷1期—3卷4期）
《娛樂》週刊，雙週刊	編輯梁桐	上海，發行人包德	1935年7月—1936年11月（1—37期）
《情歌妙舞》旬刊	編輯俞斯琪、蔡雯	上海光明出版社	1936年7月—1936年9月（1—6期）
《歌星畫報》	主編宋友梅	上海歌星畫報社	1935年8月—12月（1—4期）
《甜心畫報》	編輯胡考、韓萍霞	上海甜心出版社	1931年6月—1932年1月（1—30期）
《銀幕與摩登》半週刊	編輯夢菴	上海	1932年6月—8月（1—26期）
《遊藝畫刊》半月刊	主編潘俠風	天津，發行人潘俠風	1940年4月—1945年9月（1卷1期—11卷5期，共出176期）

刊名及刊期	創辦、編輯及發行人	出版單位（發行）	創停刊日期
《維也納畫刊》週刊	主編程志清	上海漢文正楷印書局	1934 年 10 月（1—4期）
《大觀園》半月刊	主編郭小楓	上海大觀園出版公司	1939 年 2 月—1940 年 8 月（1 卷 1 期—2 卷 4 期，共出 14 期）
《大觀園》週刊	編輯郭小楓、羅小廷	上海新時代出版公司	1939 年 9 月—1940 年 8 月（1 期—21 期）
《逍遙》半月刊	主編黃元甲	上海逍遙出版社	1936 年 7 月—9 月（1—5 期）
《摩登週報》	編輯胡憨珠	上海摩登週刊社	1932 年 11 月—1933 年 1 月（1—10 期）
《仙樂畫報》	編輯戴仲賢	上海英商仙樂有限公司	1938 年 12 月，僅見 1 期
《旁觀者》月刊	主編胡考	上海時代圖書公司發行 發行人楊存緒	1934 年 11 月創刊號（1）
《春色圖畫半月刊》	編輯（千秋出版社）	上海該社發行	1935 年 1 月—1939 年 2 月（1 卷 1 期—4 卷 5 期，共出 68 期）
《跳舞新聞特刊》	主編虞陵	上海舞訊社	1940 年 12 月（特刊）
《舞星畫刊》週刊	編輯程志清	上海大中華印務公司	1934 年 9 月（1 期）

　　概覽中國近現代畫報的發展脈絡，無論是綜合性畫報，還是專題性畫報，我們基本可歸納這樣一個大致的發展輪廓：在時間的縱線軸上，它大約遵循著孕育期（1875—1915 年）、發展期（1915—1925 年）和繁盛期（1925—1949 年）三個時間段；這三個時間段不是截然分明，有的類別存在著犬牙交錯的現象。在空間的橫線軸上，除了綜合性畫報和上述的五類專題畫報外，它還涉及到軍事、體育、婦女、戲劇、攝影等領域。事實上早在人類早期，文字未產生之前，圖象文獻就已經出現在人類的活動中，自古至今國內外不斷發現刻在懸崖上、洞穴內的圖象就記錄著早期人類生活、戰爭和情感的場景。在中國，五千餘年古國的文明痕跡又在青銅器、陶瓷器、竹器等各種載體上的圖象文獻，不斷傳遞著人類社會前進的種種資訊。一直到北宋慶曆年

間，畢昇活字印刷術的發明和紙張的普遍應用，才使以紙質為載體的傳統線裝古籍圖書一統天下。十九世紀的末期，在西學東漸的過程中，新型的文獻載體——畫報，開始在近代中國得以流傳。隨著科學技術的發展，到了今日的讀圖時代，圖文並茂的電子文獻更成為當今社會一道獨特的文化景象，儘管它顛覆了近代「畫報」這個曾在圖象文獻領域稱雄一百餘年的歷史，畫面靜態變動態，單元成多元，平面改為三維、四維空間，展現出無限的發展空間，但當我們翻閱這些成為歷史的紙質圖象，仍然能感受到歷史的過去、現在和未來。

本章注釋

108. 周瘦鵑，〈開場白〉，《電影畫報》創刊號。1926 年 10 月。
109. 〈卷頭語〉，《新銀星》創刊號。1926 年 8 月。
110. 鄭漱芳，〈對於劇組說幾句話〉，《中國電影雜誌》第 5 期。1927。
111. 〈獻詞〉，《電影戲劇》第 1 期。1936 年 10 月。
112. 〈編後記〉，《電影戲劇》第 1 期。1936 年 10 月。
113. 〈編餘插話〉，《聯華畫報》第 1 期。1933 年 1 月。
114. 〈卷頭語〉，《電聲》創刊號。1932 年 5 月。
115. 〈編輯者言〉，《電聲》創刊號。1932 年 5 月。
116. 陳志群，〈序〉，《袁政府畫史》。1913 年 8 月。
117. 本表格源自於中國攝影家協會網站（www.cpanet.cn/cms/index.html）的《風光名勝攝影集》章節。
118. 〈彭翼仲五十年歷史〉，《京話日報》社編印版。1913 年 12 月。
119. 〈蒙學公會公啟〉，《蒙學報》第 1 期。1897 年 10 月。
120. 〈蒙學會報簡章〉，《蒙學報》第 1 期。1897 年 10 月。
121. 庚言（魯迅），〈美術雜誌第一期〉，《每週評論》第 2 號。1918 年 12 月。
122. 創刊詞，《藝林旬刊》第 1 期。1928 年 1 月。
123. 〈簡章〉，《神州國光集》第 1 期。1908 年 2 月。
124. 《晚清國粹紙文化思想研究》。北京：北京師範大學出版社，1997。
125. 〈簡章〉，《金石畫報》創刊號。1925 年 11 月。
126. 〈發刊詞〉，《金石畫報》創刊號。1925 年 11 月。
127. 〈發刊詞〉，《中國木刻》創刊號。1942 年 12 月。

後　記

2011 年 6 月 20 日，當我按下電腦最後一個鍵盤字審校完本書的第三稿後，如釋重負。一年多來我「躲進小樓成一統」，幾乎回絕了所有的講學邀請或社會活動，連續奮戰，終於完成五十餘萬字的圖文書稿，交付出版社審讀。出版本書的緣由始於三年前，2008 年我從工作了 36 年的崗位上退休，隨即先後受臺灣中央政治大學中國文學系、臺灣清華大學中文系、臺灣暨南國際大學中國語文學系，以及德國海德堡大學漢學系等的邀請，在這些學校進行講學或舉辦講座，講課的主題均圍繞著 1840 年至 1949 年間，中國所出版的近現代文獻的發展脈絡展開。圖文並茂的講解受到了學生們的歡迎，在課堂上與學生們的互動環節中，中外學生們提的最多的問題和希望是「老師，你的講課內容太豐富了，是否出版過專著？我們很需要這些資訊」，尤其是許多撰寫中國近現代史相關學科領域碩博士論文的研究生們，或是迫切地當面向我表達了這種願望，或是追蹤到我的住所，或是發郵件，詢問他們所研究的相關問題。2010 年 8 月我又應臺灣中央研究院近代史所的邀請出席該所主辦的《小報文化與中國城市性》工作坊學術研討會，會議期間在臺灣中央政治大學中國文學系鄭文惠教授的引薦下，與華藝數位股份有限公司學術出版事業部的原執行主編張芸會面，近二個多小時的愉悅晤談才催生了該書的出版計畫。

　　當然要想在短短的一年多的時間內「白手起家」完成這樣一部專著，這對任何一個學者來說都是不可能的，我也不例外。形成該書的內容基礎源於三個管道：一是來自我多年來在境內外各大學講學的稿子；二是來源於受邀出席國內外十多次各種專題學術研討會的發言稿；三是取自於本人二十多年來，發表在國內外各種報刊上的相關研究文章。九個多月來，根據本書擬定的撰寫大綱，重新將這些講稿和文章進行篩選、歸併、梳理和重點補充，尤其是從本書所涉及的各類文獻歷史源流的宏觀角度出發，去挖掘、提煉、分析、把握它們的發展脈絡、時代背景及其價值特點，最後才形成了今天讀者所看到的本書。值得寬慰的是，本書所使用的圖文資料都是第一手原始文獻，這一切

都與我的工作環境密不可分。

　　1972 年，我被學校直接分派到上海圖書館徐家匯藏書樓工作，自此就和這批文獻結下了不解之緣。十多年後，當我的第一篇小文在上海社會科學院的院報《社會科學報》的小專欄〈罕見報刊過眼錄〉上發表後，就此開始了我的「業餘」學術研究之途。上海圖書館徐家匯藏書樓是國內外學術界著名的藏書機構，從現有館藏文獻上所鈐印的館藏章脈絡審視，以 1949 年為限，可分為二階段：第一階段為 1949 年前，其涉及的圖書館達十家，它們分別是：上海工部局公眾圖書館（Public Library of Shanghai Municipal Council）。上海市圖書館（江灣）、上海市立圖書館（福州路）、徐家匯天主堂藏書樓、英國皇家學會亞洲文會北中國支會圖書館（Library of the North China Branch Royal Asiatic Society）、格致書院藏書樓、中華學藝社圖書館、尚賢堂圖書館、東方經濟圖書館、海光圖書館。（此外還有西僑青年會、工程學會、古錢學會等）。第二階段為 1949 年後，計有上海市人民圖書館、上海市歷史文獻圖書館、上海市科學技術圖書館、上海市報刊圖書館四家。在兩大階段的上述圖書館中，其中構成現有館藏文獻重要基礎的主要來源有三處：

　　一是來自徐家匯天主堂藏書樓。徐家匯天主堂藏書樓乃是上海開埠後成立的第一個具有「西方圖書館內涵意義」的近代圖書館。其文獻收藏歷史可上溯自十九世紀中葉。1844 年，法國天主教傳教士南格祿（P. Claudius Gotteland）受南京教區主教的派遣，來到青浦橫塘恢復已中斷二百餘年的天主教活動，1847 年，耶穌會教士梅德爾（Matharin Le Maitre）在徐家匯購地建成耶穌會修院新院，隨之，藏於青浦橫塘三間平房的天主教經典圖書，及一批參考書籍也移至該院修士室內，成為天主堂藏書樓最早的一批文獻資料。此後天主堂傳教士們徵集文獻的種類，也從宗教西文書擴展至中文圖書、地方誌、報紙、雜誌等領域。為了容納成倍增長的中外文獻，1896 年即在老堂附近新建了徐家匯天主堂圖書館（即徐家匯藏書樓）。1955 年 11 月 14

日，藏書樓所藏的二十餘萬冊的文獻歸併於上海圖書館。1956年11月12日，徐家匯藏書樓正式成為上海圖書館分館。與此同時，原徐家匯天主堂耶穌會總院隸屬下的耶穌會神學院、徐匯公學、博物院、土山灣孤兒院、大小修道院的部分中外文藏書約十萬冊，也一併劃歸上海圖書館。

二是來自於上海市歷史文獻圖書館。上海歷史文獻圖書館正式成立於1955年2月25日，其前身是1939年創建的上海市合眾圖書館。取名「合眾」乃意「眾擎易舉」，它是在1937年11月上海淪為「孤島」，為避免日本侵略者注意的特定歷史背景下開始籌備的。創辦人有張元濟、葉景葵、陳陶遺、陳叔通、李拔可等。1941年8月正式掛牌於古柏路（今長樂路）746號，由陳陶遺任董事長，葉景葵為常務董事，陳叔通、李拔可為董事，聘原在燕京大學圖書館工作的顧廷龍主持館務。1946年正式在市教育局立案，定名為上海市私立合眾圖書館。1953年董事會通過決議，將館藏總量已達二十五萬餘冊文獻全部捐贈給上海市人民政府。1958年10月，當歷史文獻圖書館合併進上海圖書館前，藏書量又增加了一倍，已達十萬種五十萬餘冊，其中近百年來它所收藏的圖書報刊尤為珍貴，據統計，該館僅收藏的近現代期刊就約五千八百餘種，四千九百餘冊。

三是來自於上海市報刊圖書館。上海市報刊圖書館正式成立於1955年1月，它的前身是1933年6月成立的鴻英圖書館，和1949年12月5日成立的上海新聞圖書館。鴻英圖書館淵於1924年2月成立的甲子社。創辦人有黃炎培、馬士傑、史量才等。1933年在上海著名實業家葉鴻英的捐助下，「甲子社」正式改名為鴻英圖書館。1952年9月，經該館董事會決議，鴻英圖書館交由市人民政府接辦。上海新聞圖書館是由上海解放日報社、新聞日報社和全國新聞工作者協會上海分會共同創辦的，它是中華人民共和國成立後建立的一個報紙專業圖書館。1955年初，該館與鴻英圖書館合併後，定名為上海市報刊圖書館。其時，全館藏文獻總量已達438,125冊，其中雜誌單本為336,274

冊，合訂本 1,151 冊，報紙合訂本 7,742 冊。1958 年 10 月，該館又與上海市歷史文獻圖書館、上海市科學技術圖書館、上海圖書館合併，全部藏書移至上海圖書館。

得天獨厚的客觀條件加上主觀上分階段有目的文獻研究，使我在近現代文獻研究領域裡頗有收穫。尤其是 1989 年後擔任上海圖書館近代文獻部主任、歷史文獻中心副主任、中國文化名人手稿館副館長的前後期間，我先後主持策劃並主編了幾套館藏文獻工具書和大型文獻資料集，並受邀前後參加了國家和上海市多項重點的文化出版專案，為此積累了大量豐富的第一手文獻資料。對我而言，很難想像，如果沒有上述這些前期的鋪墊準備與工作實踐，本書的出版是不可能的。

下面我就本書的結構、內容和注釋等問題作一些必要的說明：

第一，本書的框架結構按照文獻的類別屬性分冊敘述，各冊內容架構大致平衡，基本按照時間縱線來揭示文獻本身的發展脈絡，但時間階段的劃分並不絕對，有的大章節中的時間跨度有所交叉，某些章節的小結構也存在著橫跨不同時間段的現象，如期刊分冊中的婦女文獻、戲曲文獻，小報分冊中的第三章「百報群起，爭相鬥奇的小報陣營」中涉及的各類小報等，這樣處理一是出於集中敘述同類文獻特點及歷史價值的需要，二是避免在論述同類文獻出現「尾小被甩」支離分散割裂的現象產生。這種情況在本書匯總的各類文獻表格中也常有所反映。同時，鑒於近現代文獻散失嚴重，搜尋不易。各表格中所標明的創停刊日期以筆者所見的上海圖書館館藏實物為基礎，並參考了《上海圖書館館藏近現代期刊總目》（2004 年 6 月版）、北京書目文獻出版社出版的《全國中文期刊聯合目錄》（1981 年 8 月增訂本）等館藏目錄資料加以匯總成就。

第二，本書所敘述的近現代文獻浩如煙海，因此捨棄和選擇何種文獻是筆者撰寫本書重要思考的關鍵所在。在挑選重點文獻的過程中我確定三個原則：一是儘量發掘同類文獻的鼻祖或領頭羊。二是關注在各類文獻歷史發展源流或轉型變革期間，有著引領般作用的文獻和

占有重要地位的文獻。三是重點考慮填補同類文獻研究的某些空白點。而這部分文獻在同類文獻的歷史源流中，在前人的研究成果或文章中，極少涉及或根本未提到過，但它們卻十分重要，甚至不可缺少。本書的謀局布篇即是按照這三大原則來處理的，因此在全書中存在著文獻敘述詳略不一，甚至不太平衡有所偏頗的現象，如畫報分冊中涉及到的《飛影閣畫報》、《攝影畫報》等，小報分冊中論述到的黨派小報、黃色小報、戲曲小報等。尤其是期刊分冊數量類別特別巨大，僅重點集中地開掘了四類文獻，即清末民初期刊、文學類期刊、婦女類期刊、戲劇戲曲文獻，從宏觀的角度比較完整地梳理出它們的發展脈絡、代表性的期刊，及它們的特點與出版的相應歷史地位，從而避免面面俱到、大而統之，挖掘欠深的弊端。

第三，中國近現代圖象文獻的領域非常廣泛，從廣義概念來說，它可以包括一切圖象類的符號文獻，如年畫、月份牌、香煙牌、商業廣告、藝術繪畫、連環畫、漫畫、火柴盒面、郵票、攝影照片、明信片等等，從狹義概念來說，它主要指畫報類刊物。中國近代畫報史（1875年－1949年）是一個非常大的研究課題。我們只能在一些零星的報刊文章中，或成套的權威書中某些籠而統之的小章節中見到描述它的文字。正是鑒於此種現狀，所以至今還沒有一部完整的中國畫報史出版。本人只是利用了上海圖書館的館藏優勢，大致上將館藏的所有畫報徹底地篩選了一遍，基本是摸著石頭過河般的先積累一段資料，再寫一段畫報歷史，同時也參閱了一些零星散落在報刊文獻上有關畫報之研究文章擬就本篇。之所以從石印畫報、銅鋅版畫報，和影寫凹版畫報的印刷技術角度來闡述中國近代綜合圖象文獻的發展歷史，是由於這樣更能系統地闡解「畫報」這一文獻載體的發展過程。如果從畫報繁複龐雜的內容角度，去概括分析濾清其脈絡是一件十分難以分類概述的文獻。本分冊中所涉及的專題性畫報面相十分廣，幾乎遍及美術、電影、戲劇、娛樂，甚至個人生平、歷史事件、各地風土人情等各個方面，這類資料很少有學者涉足或發表過有分量的學術

性文章，因此筆者也將其納入本篇，大致勾勒出近現代期間，出版數量較多的這五種專題性畫報的基本輪廓和線索。鑒於近代漫畫是專題畫報中的一種，數量大而影響廣，專闢一章予以介紹。由於館藏文獻有限，一些在畫報史上可能具有重要地位的文獻因筆者未看到實物文獻，也許並未列入敘述中，因此難免挂一漏萬，以偏概全，企望同行指正。

第四，小報分冊的歷史沿革以上海小報為主線，兼及其它地區。這是基於兩大因素：一是上海圖書館收藏的其它地區小報數量不多，筆者難窺全貌。二是上海作為近現代小報的發源地和出版中心，在數量上它獨占鰲頭，幾乎占據了全國小報發行數量的 90%，而且唯有這個城市出版的小報，後來發展成可與新聞主流媒體相抗衡的一股新聞出版力量。可以說如果沒有上海小報的誕生，也就沒有中國近現代小報的歷史和地位。小報分冊的結構採用與畫報分冊同樣的縱向和橫向相結合的方法布局：第一章至第六章以時間軸為主線梳理小報的源流脈絡；第七章以小報的內容屬性歸類集中分述其基本的特點。小報的研究在中國近現代史的研究領域裡尚屬一塊仍待開發的空白之地，儘管近年來海內外已有學者出版過兩種該領域的專著，發表過少量的相關文章，但它們或是從某種文學、地域等學術角度，或從分析某種小報的微觀角度加以論述。本篇與其最大的區別是從小報文獻本身的宏觀角度進行概述，信息量巨大，這樣可為後者提供新的資訊源和研究途徑。

第五，筆者確定引文注釋出處的總原則為：一律採用所見的原始實物文獻為準，非親眼所見的「間接引用」堅決捨棄。同時有意識的儘量採用同時代創編者們、文化人和報刊的評論，這樣能更真實地反映同時代文化人對這些文獻的客觀評價，以及這些報刊在當時背景下，在同類文獻中所處的歷史地位。本書的注釋條文共達 615 條，根據全書結構由「畫報分冊注釋目錄」、「期刊分冊注釋目錄」和「小報分冊注釋目錄」組成。每分冊單獨成序，統一順序號，分置放於各冊論

述的每個章節之後末尾，以便讀者查閱。引文的內容主要來自三個途徑：一是引自於文中所提到的各類文獻實物中所發表的創刊詞、卷頭語、編者例言、復刊詞、序言、啟示、簡章及作者的文章等。二是對某些重要的報刊文獻資訊筆者作了些歸納統計，尤其是清末民初西學東漸過程中，曾對中國近代思想史有著重要影響的文摘類、翻譯類期刊等，從這些資料中可明顯的體察到中國近代社會逐步開放的步伐。三是對一些政治報刊的出版背景作了一些介紹，如小報分冊裡黨派小報中提到的各個政黨派別成立的背景和案例等。此外，書中所用圖片除了人物、實景照片在書中作些必要的註釋說明外，其它報刊書影均不作文字說明，它們均採自上海圖書館的館藏文獻，遺憾的是有些書影貼有條碼標籤，有礙觀瞻。

　　這裡有必要也必須說明的一點是，書中各分冊中都有極少數加引號的引文沒有標明出處，這種情況緣於兩種原因：一是少數引文因為重複引用，也就不再重複標明。二是由於筆者歷年積累的資料中僅記錄了所摘的內容，疏忽註明資料的來源出處，這次雖曾費時費力做過重新查詢資料出處的努力，但收效甚微，有的也因人事物非等各種客觀原因，沒有查到原刊，這是非常遺憾的。

　　近年來隨著中國經濟的迅速發展，世界各國建立孔子學院的數量也不斷增多，研究中國文化與漢學的隊伍不斷擴大。每逢寒暑假時，上海圖書館近代文獻閱覽室裡，總是擠滿了國內外研究中國近現代史的學者和學生。我相信「史為鏡鑒」這句古訓，本套書的出版將有利於拓展國內外漢學研究的視野，有利於海峽兩岸學者的文化交流，更有利於浩如煙海的中國近現代文獻的縱深開發與利用。最後我想借此機會，感謝華藝數位有限股份公司的決策者，在審定本書的最後出版形式時，將筆者原定的一本書分拆成三個分冊作為一套叢書系列出版，我想這是一個極好的點子，它為研究者和讀者們提供了一個選擇本書內容的餘地。同時我還得感謝學術出版事業部的總編輯古曉凌、編輯方文凌及她們同事們所付出的辛苦與協力作戰。尤其是作為本書責任

編輯的方文凌小姐，面對近兩千張的文獻圖片，更是付出了極大的心血，使本書的圖文編輯相得益彰，增色添彩。唯有一點遺憾的是，紙本全書所列圖片比例顯得小了點，以致畫面中許多具有時代風格且精彩絕倫之細節難窺全豹，這也是受困於全書篇幅和印刷成本等客觀條件限制所致。好在全套書另出電子書。電子書保留了原刊物圖片的彩色原圖，且讀者可以自行縮放圖片，這對學者和研究者而言也可補紙本書之缺陷矣。

最後我也得感謝我原單位同事黃國榮、胡新、楊瀅、孫秀娣、陳蕾、甘振虎、黃蓉妹、湯一佳等人，在我查閱圖片書影的全過程中，給予我無私的鼎力相助。我也深深地感謝我的夫人汪怡，她不僅幫助我進行大量的書稿打字和資料統計工作，而且使我能心無旁騖的全身心的投入本書的撰寫。我期待本書的出版能為中國近現代文獻的研究添磚加瓦，為後人擴大近現代文獻的研究領域，並為加深本書所論述的文獻力度貢獻自己一份微薄的力量。

祝均宙（2012 年 6 月）

徵引文獻

上海百年文化史編輯文化委員會編,《上海百年文化史》。上海:上海科學技術文獻出版社,2002。

上海圖書館編,《上海圖書館館藏中文報紙目錄(1862—1949)》。上海:上海圖書館,1982。

上海圖書館編,《上海圖書館館藏中文報紙副刊目錄(1898—1949)》。上海:上海圖書館,1985。

上海圖書館編,《中國近代期刊篇目匯錄》(共6卷)。上海:上海人民出版社,1965。

中共中央編譯局主編,《五四時期期刊介紹》(共3集6冊)。北京:生活・讀書・新知三聯書店(第1集上下冊1978年11月,第2集上下冊1959年4月,第3集上下冊1959年12月)。

中國社會科學院近代史研究所丁守和主編,《辛亥革命時期期刊介紹》(共5冊)。北京:北京人民出版社(第1冊1982年7月,第2冊1982年10月,第3冊1983年11月,第4冊1986年10月,第5冊1987年11月)。

方漢奇主編,《中國新聞事業通史》(上、下卷)。北京:中國人民大學出版社,1992。

伍杰主編,《中文期刊大詞典》(上下2卷)。北京:北京大學出版社,2000。

全國圖書聯合目錄編輯組編輯,《全國中文期刊聯合目錄》(增訂本)。北京:北京書目文獻出版社,1981。

阿英著,《晚清文藝報刊述略》。上海:上海古典文學出版社,1958。

范伯群著,《中國現代通俗文學史》(插圖本)。北京:北京大學出版社,2007。

孫文光主編,《中國近代文學大辭典》。合肥:黃山書社,1995。

祝均宙、蕭斌如編,《薩空了文集》。上海:上海科學技術文獻出版社,2002。

祝均宙主編,《上海圖書館館藏近現代期刊總目》。上海:上海科學技術文獻出版社,2004。

祝均宙編著,《建國前上海地區文化報刊提要摘編》。上海:上海市文化局黨史資料徵集領導小組、上海市文化系統地方志編輯委員會,1992。

馬良春、李福田主編,《中國文學大辭典》(共8卷)。天津人民出版社,1991。

馬庚存著,《中國近代婦女史》。青島:青島出版社,1995。

賈植芳主編,《中國現代文學流派社團》(上下 2 卷)。江蘇:江蘇教育出版社,1989。

熊月之主編,《上海名人名事名物大觀》。上海:上海人民出版社,2005。

魏紹昌主編,《中國近代文學大系史料索引集》(第 29 至 30 卷)。上海:上海書店,1996。

羅蘇文著,《女性與中國近代社會》。上海:上海人民出版社,1996。

國家圖書館出版品預行編目資料

圖鑑百年文獻：晚清民國年間畫報源流特點探究／祝均宙著．
-- 初版．-- 新北市：華藝學術，2012.11
面；公分
ISBN 978-986-88916-0-9（平裝）
1. 晚清史 2. 中國史 3. 新聞報導

627.6   101021789

圖鑑百年文獻：晚清民國年間畫報源流特點探究／祝均宙 著

作　　　者／祝均宙
出　版　者／華藝學術出版社（Airiti Press Inc.）
　　　　　　234 新北市永和區成功路一段 80 號 18 樓
發　行　人／陳建安
經　　　理／范雅竹
總　編　輯／古曉凌
責任編輯／方文凌
執行編輯／方文凌、謝佳珊
美術編輯／薛耀東、王筱瑄
版面構成／薛耀東
封面設計／薛耀東
發行業務／楊子朋
行銷企劃／賴美璇
訂購方式／華藝數位股份有限公司
　　　　　戶名：華藝數位股份有限公司
　　　　　銀行：國泰世華銀行　中和分行
　　　　　帳號：045039022102
　　　　　電話：(02)2926-6006　傳真：(02)2231-7711
　　　　　服務信箱：press@airiti.com
法律顧問／立暘法律事務所　歐宇倫律師
ISBN　／978-986-88916-0-9
出版日期／2012 年 11 月初版
定　　價／新台幣 500 元

版權所有．翻印必究　　Printed in Taiwan